ビジュアル衣生活論

岡田宣子　編著

植竹桃子・川端博子・深沢太香子・布施谷節子・三ツ井紀子　共著

建帛社
KENPAKUSHA

ビジュアル衣生活論
はじめに

　ヒトは脳と心で衣服を生みだし，たくみに装い，地球の資源を自らの力で利用し，豊かな文化を築いてきた。市場には色とりどりの衣料品が多数出回っている。大量生産・大量消費・大量廃棄の時代から，昨今，適正生産や循環型社会による持続可能型社会，生物多様性を維持できる自然との共生社会などが叫ばれつつある。ヒトが地球の有限な大きさや資源の枯渇に気づいた現在では，バランスが崩れ疲弊した地球の，人間生活基盤の破壊が懸念されて，自然環境の保全への関心が高まっている。また，人間は心とからだが一体となって行動している。ストレス刺激の多い現代社会ではその環境に対応して生じる変化（ストレス）にうまく身を処して健康を維持できる方策が問われている。

　このような状況の中で，第一に「健康」，第二に「安全」「快適性」を，本書全体を一貫するキーワードとした。教員養成大学の「家庭科－被服－衣生活分野」，ならびに大学・短期大学の生活科学・家政関係学科で「衣生活論」を学ぶ学生，衣生活の各分野を有機的に関連させ，総合的にとらえてアパレルの設計・生産にたずさわりたいと願う人，衣生活を健康で快適に過ごすことを望む生活者向けのテキストとして活用されることを願っている。

　本書では関連領域の最新情報を盛り込みながら，見やすく，わかりやすく，文字離れ傾向の人たちにも取り付きやすく，楽しく，ビジュアルに，をモットーとした。そのため，右ページに示す図・表により理解が深められるよう配慮している。

　本書は13章より構成されている。

　1章「ヒトはなぜ装うのか」では，衣の発生に伴うヒトの心の働きや行動特性から，また，3章では衣の変遷を社会・文化的にたどり，現代人の衣生活行動の原点を理解する。

　2章では気候風土の大きく異なる地球上で，ヒトが健康でたくましく生き抜くのに環境適応として形成された民族服，5章ではさまざまな生活環境や厳しい自然環境の中で，安全に過ごせる快適衣服内気候や着装について解説する。

　4章では健康で安全な衣生活の快適性とはどのようなことか，人間・衣服・環境系における基礎について理解を深める。外界の刺激を感知し脳に伝える皮膚とそれを覆う肌着の快適性，健康な睡眠を得るための寝床環境，健全な歩行のための足と靴に焦点を当てている。

　6章ではヒトの動態に着目し，運動器として変形する人体にかかる負担を減らした運動適応性のよい衣服やゆとり量について学び，7章では健康な衣生活に必要となる目的に合った快適な素材・加工選びや，8章では消費者の衣服の適正な選択・購入，取り扱いができる知識と管理能力を高める。

　9章では着衣基体の身体計測，ヒトの成長・性差・年齢と体型をとらえ，さらに10章ではアパレル産業と既製服サイズシステムについて知識を深める。

11章では社会と人間との衣を介したコミュニケーションについて，12章では高齢者やハンディキャップのある人が，安全で健康にできるだけ自立して暮らせるユニバーサルデザイン衣服について学ぶ。実生活で有効活用できる工夫事例をパターンで図解し，健康で豊かな奥行きある衣生活への実践能力が高められるよう配慮している。

　13章「装いと生活環境」では，地球の資源から作り出された衣服がどのように利用され，使用済みの衣料資源が地球にどのように戻されるのか，図解により衣生活を巡る私たちの行動を見つめ直す。地球という惑星の希望ある未来へ向けて，従来の価値軸を大きく軌道修正し，一人ひとりが行動に責任をもち，ヒト本来の健康な衣生活への志向を喚起している。

　本書が次世代を担う若者をはじめとし，すべての人の，健康で安全・快適な衣生活を営む上での一助になれば，幸いである。また本書の執筆に際して，貴重な文献を引用・参考にさせていただいた。出版にあたり関係諸氏に心より謝意を表するとともに，読者の皆様の忌憚ないご意見・ご批判を，お寄せいただけることを願っている。

2010年（平成22年）9月

編者　岡田宣子

ビジュアル衣生活論
もくじ

1章　ヒトはなぜ装うのか
1　サルからヒトへ …………………………………… 2
2　装いの心と機能 …………………………………… 4

2章　気候風土と装い
1　気候風土 …………………………………………… 6
　　1．気候と風土　　　　　　　　　　　　　　　6
　　2．気候風土と民族服の基本形態　　　　　　　　6
2　民族服 ……………………………………………… 10
　　1．寒帯と冷帯　　　　　　　　　　　　　　　10
　　2．温帯　　　　　　　　　　　　　　　　　　10
　　3．熱帯　　　　　　　　　　　　　　　　　　11
　　4．乾燥帯　　　　　　　　　　　　　　　　　11

3章　衣服のかたちの変遷
1　西洋と日本の服装 ………………………………… 12
　　1．西洋の服装　　　　　　　　　　　　　　　12
　　2．日本の服装　　　　　　　　　　　　　　　14
2　和服文化 …………………………………………… 18
　　1．和服の種類と名称　　　　　　　　　　　　18
　　2．和服の染めと織り　　　　　　　　　　　　18
　　3．和服の着装　　　　　　　　　　　　　　　18
　　4．現代に引き継がれる和服文化　　　　　　　20
3　平面構成と立体構成 ……………………………… 20

4章　装いと健康
1　健康と快適性 ……………………………………… 22
　　1．人間・衣服・環境系　　　　　　　　　　　22
　　2．健康とは　　　　　　　　　　　　　　　　22

　　　　3．着心地と快適性　　　　　　　　　　　　　　24
　2　皮膚と快適性 ・・　24
　　　　1．皮膚と皮下組織　　　　　　　　　　　　　　24
　　　　2．快適性を感受するセンサー　　　　　　　　　24
　　　　3．タッチの加齢変化　　　　　　　　　　　　　26
　　　　4．皮膚と健康　　　　　　　　　　　　　　　　26
　3　寝床環境と快適性 ・・・・・・・・・・・・・・・・・・・・・・・・・・・・・・・・・・・・　30
　　　　1．睡眠のしくみ　　　　　　　　　　　　　　　30
　　　　2．寝床環境　　　　　　　　　　　　　　　　　32
　4　足の健康と履物 ・・・・・・・・・・・・・・・・・・・・・・・・・・・・・・・・・・・・・・　34
　　　　1．裸足と足指　　　　　　　　　　　　　　　　34
　　　　2．足と履物　　　　　　　　　　　　　　　　　34
　　　　3．ヒール靴の着装　　　　　　　　　　　　　　34
　　　　4．足のサイズと靴　　　　　　　　　　　　　　36

5章　装いによる気候調節

　1　体温調節 ・・　*38*
　　　　1．体温と皮膚温　　　　　　　　　　　　　　　*38*
　　　　2．体熱平衡　　　　　　　　　　　　　　　　　*38*
　　　　3．自律性と行動性の体温調節　　　　　　　　　*40*
　　　　4．発汗　　　　　　　　　　　　　　　　　　　*40*
　2　衣服内気候 ・・　*42*
　　　　1．衣服による体温調節　　　　　　　　　　　　*42*
　　　　2．衣服内気候に関与する着衣における熱と水分移動　*42*
　3　暑さ・寒さと快適性 ・・・・・・・・・・・・・・・・・・・・・・・・・・・・・・・・・・　*44*
　　　　1．温冷感と温熱的快適性　　　　　　　　　　　*44*
　　　　2．温冷感の感知機構と感受性　　　　　　　　　*44*
　　　　3．暑熱環境における衣服　　　　　　　　　　　*46*
　　　　4．寒冷環境における衣服　　　　　　　　　　　*46*
　4　濡れ・蒸し暑さと快適性 ・・・・・・・・・・・・・・・・・・・・・・・・・・・・　*48*
　　　　1．湿り感・濡れ感の感知機構と感受性　　　　　*48*
　　　　2．湿り感と温熱的快適性　　　　　　　　　　　*48*
　　　　3．濡れ感と快適性　　　　　　　　　　　　　　*50*

6章　動きやすさと衣服

　1　衣服による身体への拘束 ・・・・・・・・・・・・・・・・・・・・・・・・・・・・　*52*
　　　　1．衣服と運動機能性　　　　　　　　　　　　　*52*
　　　　2．過去から現在にみる衣服による拘束の例　　　*52*
　　　　3．動作時の人体と衣服の変形　　　　　　　　　*53*

		4．衣服の拘束性と衣服圧の測定	*53*
		5．衣服圧を利用した衣服	*56*
	2	動きやすさと衣服の工夫	*58*
		1．拘束性を低減させる衣服の工夫	*58*
		2．運動機能性が重視される衣服の例	*60*
		3．運動機能性と健康	*62*

7章　衣服の素材と加工

1	繊維と布の構成		*64*
	1．繊維		*64*
	2．糸		*68*
	3．布		*68*
2	素材の性能		*70*
	1．着心地にかかわる性能		*70*
	2．取り扱いやすさに関する性能		*72*
3	各種加工と新素材		*74*
	1．特殊加工		*74*
	2．高機能性素材		*74*
4	染　色		*76*
	1．衣料品の染色		*76*
	2．染色堅ろう性		*76*

8章　衣服の品質と管理

1	衣料品の品質と表示		*78*
	1．衣料品の品質		*78*
	2．衣料品の表示		*80*
2	衣類の洗濯		*82*
	1．汚れ		*82*
	2．しみ抜き		*82*
	3．洗濯		*82*
3	仕上げと保管		*88*
	1．漂白と増白		*88*
	2．仕上げ		*88*
	3．保管		*88*
4	衣生活と環境問題		*90*
	1．消費者苦情		*90*
	2．環境問題		*90*

9章　ヒトの成長とからだつき

1　身体形態とそのとらえ方 ……………………………… 94
　　1．身体形態　94
　　2．身体形態の把握法　94
2　体型の変異　96
　　1．成長と個体差　96
　　2．成人の体型　98
　　3．からだつきに対する意識　102

10章　アパレル産業と既製服

1　アパレル産業 ……………………………………………… 104
　　1．アパレル産業の発達　104
　　2．アパレル産業の位置づけ　104
　　3．アパレル製品の輸出入　104
2　既製服生産システム ……………………………………… 106
3　既製服サイズ ……………………………………………… 106
　　1．サイズ規格の必要性　106
　　2．サイズ規格の内容　106
　　3．既製服サイズの表示　108
　　4．海外衣料のサイズ　110

11章　装いのコミュニケーション

1　衣服の象徴性 ……………………………………………… 112
　　1．衣服の非言語情報伝達機能　112
　　2．服装の社会規範　114
2　色と装い …………………………………………………… 116
　　1．色彩感覚と感情　116
　　2．流行色　116
3　服装と流行 ………………………………………………… 118
　　1．流行の発生と伝播　118
　　2．流行の型　118
　　3．流行を採用する動機　120
4　個性と服装 ………………………………………………… 120
　　1．衣服の個性　122
　　2．着用者の個性　122
　　3．衣服の個性と着用者の個性の適合性：似合う・
　　　　似合わないについて　124

12章　ユニバーサルデザインと装い

- 1　ユニバーサルデザインの意味すること …………… *126*
  - 1．ユニバーサルデザインとは　*126*
  - 2．ユニバーサルデザインの展開　*126*
- 2　衣服とユニバーサルデザイン …………………… *128*
  - 1．安全・健康・快適性　*128*
  - 2．高齢者の装い　*128*
  - 3．ハンディキャップと更衣しやすい衣服　*132*
- 3　ユニバーサルデザイン衣服とその工夫 ………… *134*
  - 1．ユニバーサルデザイン衣服の市場展開　*134*
  - 2．ユニバーサルデザイン衣服の工夫とその事例　*134*
- 4　装いは生きるよろこび ……………………………… *136*

13章　装いと生活環境

- 1　衣服の再利用 ……………………………………… *138*
  - 1．循環型社会　*138*
  - 2．繊維産業　*138*
  - 3．グリーン購入　*140*
  - 4．衣生活からみた地球を守る循環型社会　*142*
- 2　将来への視点 ……………………………………… *144*
  - 1．CO_2排出量　*144*
  - 2．CO_2削減に向けて　*144*

文　献 ……………………………………………………… *147*

さくいん …………………………………………………… *151*

ビジュアル衣生活論

1章 ヒトはなぜ装うのか

1　サルからヒトへ

　この青く美しい地球上で生命誕生のドラマが繰り広げられた。地球の年齢を7億5,700万年と推定し，この長さを1年に縮めて，人類の種族としての年齢を見積もった人がいる。これによると，1〜3月には生命は現れず，4月初めに単細胞藻類が生まれ，5月初めに脊椎動物，11月終わりころに哺乳類の先祖が出現，12月31日の昼頃，ようやく人類の最初の姿が見える。結局，人類の生物的進化はこの最後の12時間に，文化的・行動的進化は最後の30秒間に進んだとみている。ではこの12時間の人類の足跡をたどってみよう（**コラム**参照）。

　体毛で覆われていたサルは毛が薄くなり裸のサルとなった。「類人猿は獲物を追って疾走することに適さなかったことから，過熱を減少させるように働く強い淘汰の圧力が存在し，体毛という厚いコートを失った。その代わりに体表全体に汗腺の数が増したことにより，相当な冷却効果を達成できた。」[1] 汗が1g蒸発すると，0.67 W・時（0.58 kcal）の体熱が奪われることから，効率よく体を冷やすことができたのである。体を覆う皮膚は発汗機能だけでなく多くの外界からの情報を感覚器として適確に捉え，それを脳に迅速に伝える働きを担っていった。そして，意志決定の脳の神経回路をはりめぐらせ，ヒトとしての思考・伝承など文化的・行動的進化につながっていった。

　体毛がどの程度あったかは定かではないが，約40万年前に，ネアンデルタール人の埋葬地からオークル系の色素が発見されている。最初の被服らしきものは，約5万年前に北ロシアで着用されたと思われる羊の毛皮である。スイスでは約1万年前の亜麻織物が発見されている。モスクワ付近で発見された2万4,000年前の埋葬人骨は，沢山のキツネの歯で装飾された帽子をかぶり腕輪やブレスレットをつけていた。

　図表1-1はチンパンジーの手・足とヒトのそれを比較している。

　直立二足歩行し，大脳が発達し，上肢が重力から解放されると，前腕の回転運動ができ，手指の巧緻性が増した。サル類は親指を人差し指のみに向かい合わせをすることができるが，ヒトの母指はすべての指に対向させられ，この母指対向性は「結縛（けつばく）」を可能にした。石を棒に結びつけて道具を作ったり，獲物を縛り運搬しただけでなく，体の一部，ウエストや腕・脚を紐で結べるようになった。これは体に着装する「衣の文化」をもつ動物，「着装するヒト」の存在につながった。ヒトは衣服で体のまわりに微気候（衣服内気候）を作り，寒冷環境・暑熱環境でも，快適に過ごせる技術を獲得した。現代では宇宙環境にまで生活圏を拡大していけるのである。

column

人類の足跡

　氷期と間氷期が繰り返される厳しい気候変動に適応できたものだけが地球上に生き残った。
　約700〜800万年前，類人猿が急激に減少し，氷期にアフリカの森林ではサバンナが拡大した。約440万年前のラミダス猿人（最古の人類像）に，直立二足歩行が認められた。脳の大きさはチンパンジーに近い。彼らは約400万年から100万年前に東アフリカの森で暮らす。250万年前，直立二足歩行する最初の人類（ホモ属）は脳を増大して，自由な手と賢い頭で石器を作り，狩猟採集して生き残り，間氷期にアフリカを離れて行った。100万年前の氷期に，私たちと同じ脳の大きさをもち，石器・握り斧を作るホモ属が現れ，間氷期に洗練した（アシュール：後に呼ばれた）技術をもってアフリカを離れた。35万年前の氷期に，大きい脳をもち眼窩上部が隆起したホモ属がアフリカに出現した。25万年前にユーラシアに広がり，ネアンデルタール人につながった可能性がある。17万年前の最も厳しい氷期に人類はほぼ絶滅しかけた。私たちより大きい脳をもつホモ・サピエンスが出現し，12万年前にアフリカを離れたが，2〜3万年前の氷期に絶滅した。15万年以上前にアフリカにいた現世人類に，巨大化した皮質を使い，いたずら，創造，思考，言語など，脳を巧みに使う文化的・行動的進化が起こる。脳の増大は止まった。
　オッペンハイマー（Stephen Oppenheimer，イギリス）は，DNAから得た人類の移動情報や気候変動などから，アフリカを起源とし8万5,000年前にアラビア半島からインドへ移動した一団が，すべての非アフリカ人の子孫となったと考えている。さらに6〜8万年前から突然変異が現れ始め，これらがヨーロッパ，アジア，アメリカへと生活圏を拡大していったとみている。
　人類の進化の営みは今後も検証・解明されていくものと思われる。

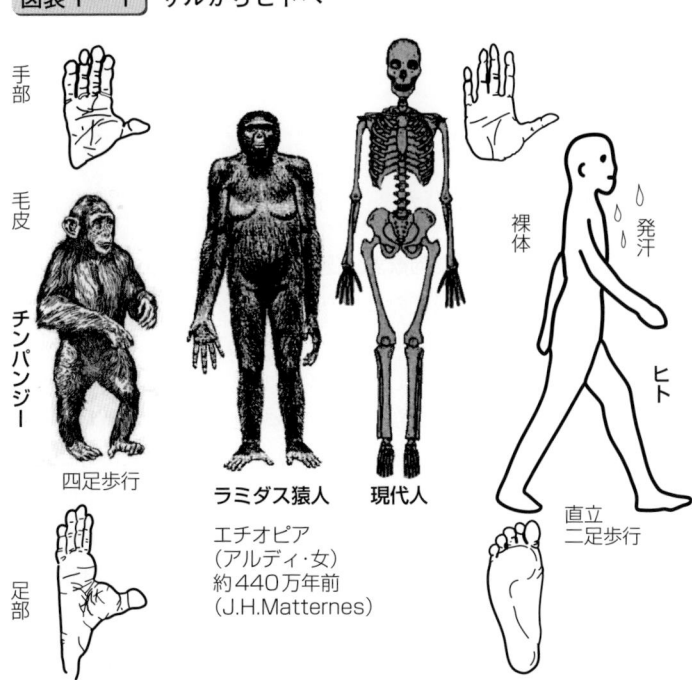

図表1－1　サルからヒトへ

手部／毛皮／足部　チンパンジー　四足歩行

ラミダス猿人　エチオピア（アルディ・女）約440万年前（J.H.Matternes）

現代人

裸体／発汗　ヒト　直立二足歩行

2 装いの心と機能

　全身が毛皮のサルから，体毛が薄く短く退化したヒトは，本能的に容姿づくりを行っている。カーライル（Thomas Carlyle，イギリス）は「飢えと復讐の苦労が満たされると次に気になったのは楽しみではなくて装飾だった。未開人の間では衣服よりも以前に入れ墨や彩色がみられる。衣服の第一の目的は保温や礼儀のためではなく装飾のためだった。」[2]と述べ，ギル（Eric Gill，イギリス）も「衣服は何よりもまず，威儀（人間として生きる誇り）と装飾のため」[3]と指摘している。カーライルやギルの"装飾の要求"にさらに踏み込んで，その後ラングナー（Lawrence Langner，イギリス）は「人間の身体装飾に対する精神的要求の根拠は人間本来の優越感に由来している。」[4]と主張した。

　ヒトはなぜ着ることを求め，衣を生みだして着装するのか，衣の起源については多く述べられてきた。しかし，ヒトの装いの心はそう単純なものではなさそうである。次に**コラム**で，ラングナーの「衣服が有史以前から有史時代へと発展するにつれて人間はいろいろな機能を一着の衣服に兼ね備えさせることに知恵を使うようになった。」[4]との指摘に沿い，なぜ衣服を着装するのかについて八つの事項，すなわち，①装飾性，②信仰，③実用性，④識別性，⑤変身願望，⑥性の象徴，⑦羞恥心，⑧感情移入を挙げて，装いの心と機能を事例とともにみていくことにしよう。なぜならこれらの心の働きや行動の特性は，現代人の衣生活行動の原点と考えるからである。

　人間の装いには一筋縄ではない，心の綾が織りなす多くの事柄が組み込まれているものと思われる。

---

column

ヒトはなぜ衣服を着装するのか

① **装飾性：人間として生きる誇りと美的欲求，優越感，審美的なもの**　　オフィスビルの立ち並ぶ高層ビルで，既製服の衣料サイズ設定のための体格調査が実施された。それぞれのスタイルで現れたビジネスマンが，その装いを解いて下着姿になって計測され，その後また元のいかつい背広姿にさっそうと戻るのを目の当たりにし，ワイシャツにネクタイを結び，カフスボタンをする，そして世界的な制服ともいえる背広に自分自身の心を託して仕事に勤しもうとするそのたくましい姿に圧倒される思いがした。これは戦国武将の戦闘での出で立ちにも通じるものである。

② **信仰・魔除け：悪霊から身を守る**　　「衣服は人間の中の神聖なものを祭る神秘な森に囲まれた神殿である。」[2]のカーライルの視点はギルにも通じる。人体に潜む生霊たちが外へ出てしまうと健康が損なわれる。悪霊が入り込むすきを与えないよう，生霊たちを体内に封じ込め管理しなければならないと考えた。そのために，怪我をしそうな腕や脚に赤や黄色の紐を巻き無事を祈る。医療のない厳しい環境で無事に大きく成長し安心できるまでは，その紐が体に食い込んでし

まってもほどかない。これは現存している裸族にみられる。多くの器官を包む大事な胴体の落ち着きのよい腰に紐を巻くことで体を守ろうとした。腰紐は巻いていると目には見えないがカーテンが降りて性器を保護してくれると信じている。手首に巻かれた紐・数珠など身体の呪具として使われる事例は現代でもみられる。

③ **実用性**　寒さや暑さから身を守るための衣服による気候調節や，外部の物理・化学的危害から身を守る身体保護，着用目的に応じ，より運動しやすく動態機能の促進をはかるなどである。

④ **識別性（表示目的）：地位・職業・性・既婚未婚**　衣服で地位や職業・性を表す。江戸時代に入って誕生した振り袖は，より強い力をもった男を引き寄せるための若い娘のシンボルになった。舞妓が振り袖を着て，芸妓になれば袖をつめる。結婚し一人前になれば振り袖は着ないで小袖を着る。袖の長さが既婚と未婚を見分ける手だてになっている。

⑤ **変身願望**　ニューギニアのアニミズム信仰を尊ぶ裸族は，強くたくましいワニの先祖の霊魂を自分の体内に取り入れ，ワニのように美しくなりたいと願い先祖帰りの儀式を行う。男たちは皮膚に小さな傷をたくさん付け樹液を塗り盛り上がらせ，ワニの皮やしっぽ・性器などをイメージしたデザインで肌を飾る。そして一人前の男に生まれ変わる。幼児期に，大きく広がるスカートや布でお姫様や人気アニメの主役に変身する経験をした人もあるのではないだろうか。

⑥ **性の象徴：エロスを必要とする文化**　ブラジャーやガードルなどでより魅力的に身体のシルエットを整容する，ボディーコンシャスなどのファッション。生物は選択結婚にいろいろの行動を示すことが指摘されている。人に対する調査から，未婚の青年男女の配偶者選択の要因に「外見のよさ」が抽出され，自己をよりよくみせるための衣生活行動が明らかになっている。これらから，人には衣を巧みに用いて個体化をはかり，性的魅力を発揮しようとする本能的欲求があるといえる。

⑦ **羞恥心：ある種の心を覆って保護する**　見られたくないものを隠す。裸体を隠すだけでなく，女子生徒がブラジャーが透けて見えないように，暑くても，ブラウスの上にカーディガンを羽織り，見せたくない気持ちを包み隠すのもこの事例といえよう。

⑧ **感情移入としての祈願・呪術・願望・愛情**　元気に育つように願って新生児を麻の葉柄の衣服で包む。魔よけの模様であるのと3か月で2m以上伸びる麻にあやかり，まっすぐ・素直に・大きく成長するように願う親の気持ちが込められている。「手作りしてもらったお気に入りのセーターを着ると，温かくて本当に幸せでした。今でも大切にしまっています。」これからセーターに愛情が編み込まれ宝物になっている様子が汲み取れる。着ていた人の肉体は離れても，霊は着物に宿っていて，それを身近に置く形見分けという風習がある。千人針とは，1m程の白布に赤糸で一人一針ずつ縫い，武運の続くことを願って玉留めをする。戦場で生死の瀬戸際にいる人にとって多くの人の赤い糸の一針一針が意味をもち，銃弾よけのお守りとしてそれを身につけることで心の拠り所となったのではないだろうか。ハレの日，特別な着物を着ることでその着物に神の霊が宿り正月や結婚式なども特別に立派な姿となる。農民にとって特別の日，晴れ・ハレの日となる種まきや田植えの日，八十八夜には，早乙女は特別の日として赤たすきをつけた。茶摘みの若い娘の赤たすきもこの風俗である。赤は太陽の昇る時の色で，ハレの日に用いられた特別な色なのである。紐でしっかり結ばれていることにより，人の中に神の霊を宿すと考えられた。また，衣服は人の心を表すシンボルと考えられ，しっかり締められていない状態やボタンを留めずに開けたままにしているとだらしないとか，ふしだらなどの表現が使われることがある。必勝などの願いを込める時は，頭にしっかりはちまきをして，強く願う。

2章 気候風土と装い

1 気候風土

1．気候と風土

　気候とは，その地域を特徴付ける自然環境のことで，気温，湿度，降水量，風，気圧などの温熱要素をはじめ，緯度や海陸分布や地形などが要素としてあげられる。**図表2－1**（p.8・9）は，ケッペン（Wladimir Peter Köppen，ドイツ）の気候分布に基づいた地球の気候帯を示している。熱帯から寒帯気候の五つに大別され（p.10・11），さらに各々の気候帯は，**図表2－2**に示すように15の気候帯に細区分される。

　土地固有の気候や地理的位置などの自然環境は，そこで居住する人々の生活様式や精神，文化に影響を及ぼしてきた。そのような自然条件のことをまとめて風土という。各地域では，各々の風土に適合した衣服が作られて，日常的に着用されてきた。これがいわゆる民族服である。

2．気候風土と民族服の基本形態

　民族服は，入手できる被服材料を用いて，気候風土のみならず生活様式そのものに適するように発展してきた。その形態，色彩や装飾には，民族の文化や精神，信仰などの民族における社会性が強く反映されている。したがって，民族服は，自然環境への適応と社会的背景によって作り上げられたものといえよう。ヒトが裸で生存できる温熱環境は限られているにもかかわらず，地球の広範囲に生活領域を拡大することができた。これは，民族服が環境適応に最も有効なツールとして発展してきたからであろう。

　小川は，民族服の形態には気候風土による類似性の存在することに着目して，気候風土に基づいてその基本形態を分類した。その分類とケッペンの気候区分との関係を**図表2－2**に示す。例えば，防寒が必要となる気候風土では体形型（**図表2－3－①**）のみを基本形としている。一方，対暑が必要となる気候風土では，気温と湿気に応じて基本形が異なる。暑い気候風土では，体温調節は発汗への依存性が高くなるため，汗の蒸発を促進する腰布型（**図表2－3－②**）を基本形とする民族服が多い。気温が高く，湿度の低い砂漠のような気候風土では，日射を遮るために全身を覆い，衣服のはためきによる換気で人体からの放熱を行うために，長裾のガウンタイプの衣服（貫頭衣型，**図表2－3－③**）を基本形とする。温暖で四季によって湿度の変化が大きい気候風土の民族服は，巻垂型（**図表2－3－④**）や前開型（**図表2－3－⑤**）を基本形としている。

図表2-2 小川による気候風土に基づいた衣服の基本形態の分類とケッペンの気候区分との関係

気候風土	ケッペンの気候区分	環境適応のために特に衣服に要求されること	衣服の基本形態
寒冷極寒	冷帯湿潤 高地地中海性 冷帯冬季少雨 ツンドラ 氷雪	・寒さからの防護 ・動作性	体形型（円筒衣型）
熱帯酷暑	熱帯モンスーン	・汗の蒸散の促進 ・肌の露出	腰布型（腰衣型）
砂漠性乾燥	砂漠 ステップ	・日射の遮断 ・水分損失を抑制するために体温上昇を防ぐ	外套衣型（全身包覆の長裾のガウン型） 貫頭衣型
温帯穏和	熱帯夏季少雨 サバナ	・軽装	巻垂型（袈裟型） 前開型（キモノ型）
多雨性湿潤	温帯雨林	・雨の濡れから身体を護る	開放寛裕型
夏湿冬乾	温暖湿潤 温暖冬季少雨	・夏の高温多湿環境，冬の低温低湿環境への対応	前開型（キモノ型）
夏乾冬湿	西岸海洋性 地中海性	・冬の低温高湿環境への対応	体形型（円筒衣型）

図表2-3 気候風土に基づいた民族服の基本形態

①体形型

②腰布型

③貫頭衣型

④巻垂型

⑤前開型

図表2-1 ケッペンの気候区分による世界の気候帯

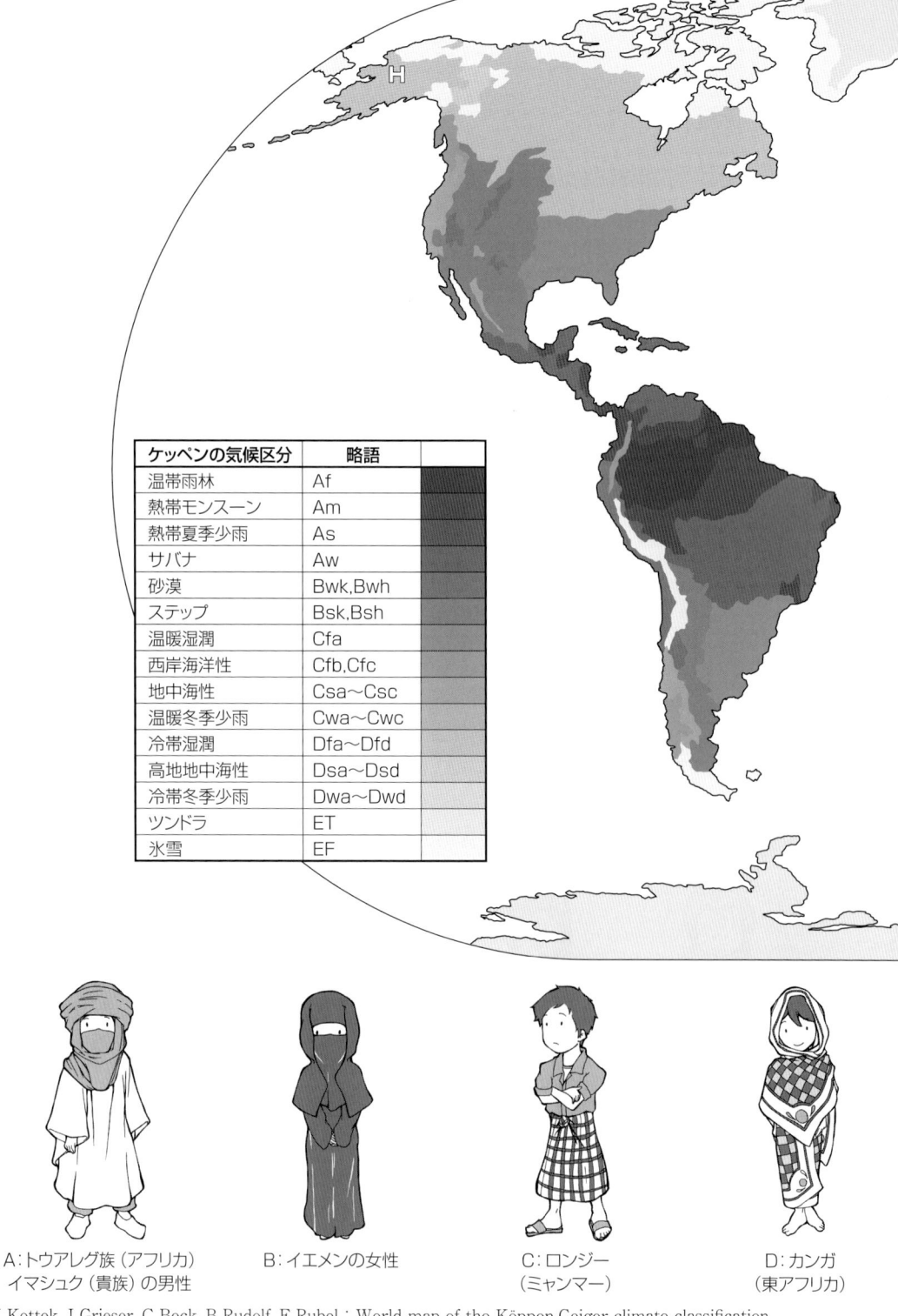

ケッペンの気候区分	略語
熱帯雨林	Af
熱帯モンスーン	Am
熱帯夏季少雨	As
サバナ	Aw
砂漠	Bwk,Bwh
ステップ	Bsk,Bsh
温暖湿潤	Cfa
西岸海洋性	Cfb,Cfc
地中海性	Csa～Csc
温暖冬季少雨	Cwa～Cwc
冷帯湿潤	Dfa～Dfd
高地地中海性	Dsa～Dsd
冷帯冬季少雨	Dwa～Dwd
ツンドラ	ET
氷雪	EF

A:トウアレグ族（アフリカ）イマシュク（貴族）の男性　　B:イエメンの女性　　C:ロンジー（ミャンマー）　　D:カンガ（東アフリカ）

資料）M Kottek, J Grieser, C Beck, B Rudolf, F Rubel：World map of the Köppen-Geiger climate classification

1 気候風土

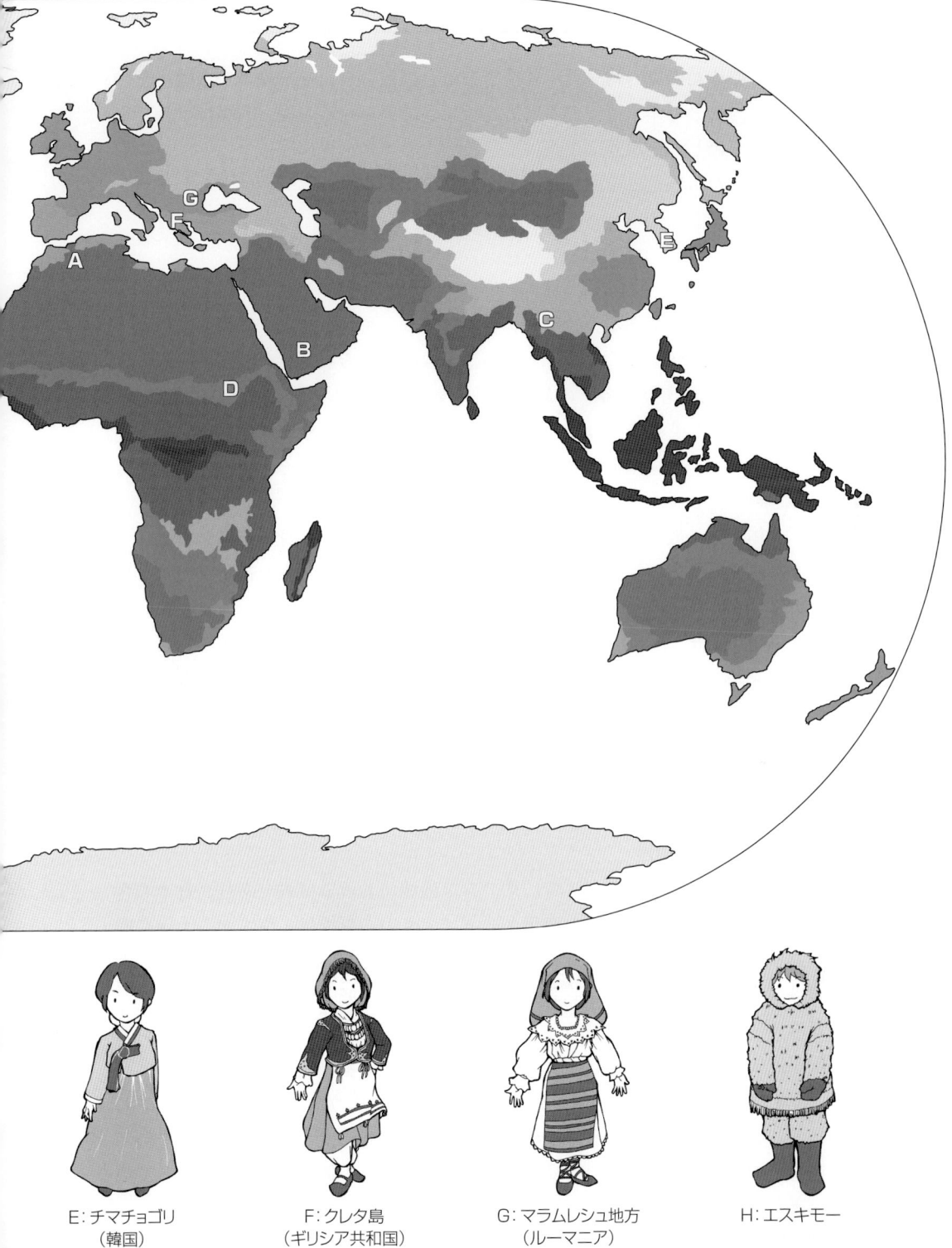

E：チマチョゴリ（韓国）　　F：クレタ島（ギリシア共和国）　　G：マラムレシュ地方（ルーマニア）　　H：エスキモー

updated, Meteorologischrift, 15（3），pp.259-263（2006）を改変

2 民族服

　人類が衣服を着用し始めたのは，約7万年前頃であると推定され，植物繊維から織物を作り出す技術を得たのは，約3万年以前であるとも推測されている。その後，人類は，長い年月をかけて民族服を作り出し，環境適応を遂げてきた。ここでは，民族服について，その形成に強い影響をもたらした気候帯との関係から述べる。

1．寒帯と冷帯

　冷帯気候の地域では，最暖月平均気温は10℃以上で，最寒月の平均気温は－3℃未満を示し，冬季の寒さの厳しい地域である。針葉樹林帯が広がり，キツネ，オオカミ，野うさぎなど毛皮を有するほ乳類動物が数多く棲息する。寒帯気候は，さらに寒さが厳しい。氷雪気候地域とツンドラ気候地域があり，各々の最暖月平均気温でさえも0℃未満と10℃以下を示す。冬は長くて非常に厳しく農業には全く適さないため，植物性の被服材料に乏しい。そこで，寒冷に適したキツネ，クマ，トナカイなどのほ乳類を狩猟して，その毛皮や皮革を衣服として利用してきた。

　寒冷環境では，身体からの放熱を抑制しなければならない。そこで，身体を外気に暴露する部位を極力少なくするために，放熱しやすい末梢部と頭部を含め，全身を被覆する体形型の衣服が適切である（p.7，**図表2-3-①**）。その際，開口部からの放熱の抑制も重要である。アラスカに居住するエスキモー（p.9，**図表2-1-H**）は，毛皮を内衣として着用する場合には，効果的な保温性を得るために，毛を内側に向けて皮を外側に向けて着用する。これは，皮で外気の侵入を防ぎ，毛で暖かい空気を保持するためである。一方，毛皮を外衣として着用する場合には，毛を外側にして着用し，毛の撥水性を利用して雪の付着や濡れを防ぐ。

2．温　帯

（1）夏季高湿で冬季低湿の地域

　中緯度の大陸東側の地域に多くみられ，特に東アジア地域における気候であり，日本も含まれる。モンスーンの影響により，四季の変化が非常に大きい。夏季は，海洋から大陸に向かって，温かく湿ったモンスーンが吹くため，暑く湿った気候となる。一方，冬季には，大陸から海洋に向けて冷たく乾いたモンスーンが吹き抜けるため，寒く乾燥した気候となる。

　夏季に高温多湿，冬季には低温低湿環境となる地域では，環境に応じて簡単に着脱が行える前開型の衣服が民族服（p.7，**図表2-3-⑤**）として発展している例が多くみられる。前開型の衣服（p.9，**図表2-1-E**）は，袖と裾の長い，ワンピースのような形状で，襟元や袖口，裾に開口部がある。腕や脚の動きによるはためきによって，衣服内の湿気を含んだ暖かい空気は，その開口部を通じて放たれるため，夏季における蒸し暑さの低減に，よく対応している形状である。また，暑さや寒さに応じて，重ね着する量を調節しやすい形状でもある。

（2）夏季低湿で冬季高湿の地域

　大陸西側の緯度40度から60度の高緯度地域や太平洋岸北西部沿岸に多くみられる。夏季

は涼しく，冬季は北大西洋海流と偏西風によって暖かい空気が大陸に送られるため，気温の年較差は大きくない。

夏季は涼しく乾燥していて，冬季には湿気の高い気候は，主に，ヨーロッパにおいてみられる。ヨーロッパでは，古代ギリシャ彫刻にみられるような巻垂型衣服（p.7，**図表2−3−④**）と，現代の洋服の祖型である，筒袖の上衣にズボンあるいはスカートを組み合わせる体形型衣服（p.9，**図表2−1−F，G**）の二つが着用された。体形型衣服は，人体形状と動作性を考慮して作られているのが特徴で，パジリク古墳（ロシア）に残された壁画より紀元前8世紀から紀元前3世頃には，すでに体形型衣服は存在していたと思われる。

3．熱　帯

南回帰線から北回帰線の間の島々や大陸の中西部の地域に多くみられる気候である。一年を通して赤道低気圧帯の影響を受けるため，年間を通じて降水量が多い。太陽光度が高いことにより年間の気温は高く，最寒月平均気温でさえも18℃以上を示す。その影響で，地上からの多量の水分が蒸発して，湿度は高値を示す。

高温多湿環境下では，ヒトの体温調節は，汗の蒸散による冷却に頼らなければならない。したがって，身体からの放熱や汗の蒸散を妨げる衣服を着用する必要はないので，裸体か腰布を巻くだけであった（p.7，**図表2−3−②**）。しかし，西洋文明の流入によって，衣服が着用されるようになり，これを地域の気候風土に適合させて独自の民族服が発展していった。その形態を大別すると，一枚の大判の長布を，腰に巻き付ける腰布型（p.8，**図表2−1−C**）と身体に巻き付ける巻垂型（p.8，**図表2−1−D**）がある。いずれも，身体に布を巻き付けるものであるが，上体は上肢を露出して汗の蒸発を促進し，下体は裾長となっているので動く際の換気によって放熱を促進する工夫が着装方法にみられる。

4．乾　燥　帯

主に緯度20度から40度付近に分布する地域を指す。大陸性の乾燥した高気圧の影響で，雨が極端に少なく植生が乏しい。日照時間が長いため，日中に示す温度は30℃以上と高いものの，夜間の温度低下が著しいため，昼夜の気温差が非常に大きいことが特徴である。

砂漠性乾燥気候帯の地域では，日中の高温乾燥に加えて，砂嵐から身体を保護することを目的として，頭部を含めて全身を覆う衣服が着用されるようになった（p.7，**図表2−3−③**）。

全身を衣服で覆うと，体熱放散の抑制によって体温は上昇し，多量の汗をかいて水分を損失してしまう。そこで，その対策として，長い袖の付いた，裾長のローブタイプの貫頭衣型が多く着用されている。この衣服は，一見，厚着の印象を与えるが，身体からの放熱を促進することができる。衣服と身体との空間が大きく，歩行等の動作の際に衣服内の空気に流れを強制的に生じさせて，衣服の開口部から暖められた空気を放出することができるからである。日射の強い環境では，頭部を保護することも重要となる。そこで，乾燥帯では，男性の場合には頭部に帯状の布（ターバン，p.8，**図表2−1−A**）を巻き，女性の場合には薄い布（ベール，p.8，**図表2−1−B**）を用いて頭部を覆う。特に，イスラム教徒の女性は，宗教上の信仰から頭部のみ，あるいは，頭部から顔を隠すようにして覆う。

3章 衣服のかたちの変遷

1 西洋と日本の服装

1．西洋の服装（図表3-1）

（1）古代（5世紀まで）

地中海沿岸地域を中心として発達した古代の服飾は，ほとんどが，裁断や縫製をせずに布をそのまま身体に掛けたり巻いたりして覆う形式であるドレーパリーが中心であった。古代エジプト，ギリシャ・ローマにその典型がみられる。

（2）中世（5世紀半ば～15世紀半ばまで）

5世紀にコンスタンティノープルに首都を置いた東ローマ帝国はその後1000年の繁栄の中で，ギリシャ文化を融合したローマキリスト教文化（ビザンティン文化）を発展させた。男女ともに基本的にはチュニック形式のダルマティカが用いられた。

13世紀になると，それまでのゆったりした寛衣型から身体に密着した窄衣型へ移行し，ヨーロッパの服装の原型が出来上がった。14世紀になると男性の上着（コタルディ）の丈は短くなり，脚部を包むホーズからなる二部形式となった。その後この二部形式は男性固有の形式となり，胴部がタイトでスカート部は裾広がりのワンピース形式が女性服の固有の形式となった。

（3）近世（15世紀半ば～18世紀末まで）

イタリア発のルネッサンス運動は，宗教改革，科学の発達，資本主義の勃興などを伴い，近世は西洋が世界のリーダーにのし上がった時期である。15・16世紀はルネッサンス，17世紀はバロック，18世紀はロココの美術建築様式を生み出したが，服飾もこれらの様式と強い共通性がみられる。

16世紀にはスペイン風の服飾が主流となり，男性の半ズボンと長靴下形式は19世紀初期まで続くことになる。女性は胴部をコルセットで締め，スカートは輪骨によって膨らまされ強調された。以後数世紀にわたり女性の服装を支配する，細いウエストと広がったスカートのシルエットの誕生である。

バロック期は，華麗なフランス宮廷の服装が全ヨーロッパのモードの中心となった。

18世紀になると，ヴェルサイユを中心としたフランス宮廷文化の華やかさが頂点に達し，軽快優美で繊細な雰囲気のロココ様式となる。男性服に大きな変化はなかったが，女性服は輪骨によって横広がりのシルエットとなり，表面は襞，リボン，造花などで優美に飾られた。

（4）近代（19世紀）

フランス革命によって貴族の服装は崩壊し，市民階級の質素で機能的な服装が広まった。

図表3−1　西洋の服飾の変遷

紀元	時代		服飾文化	イラスト	
前13-15 前5世紀 1世紀	古代	エジプト ギリシャ ローマ	シエンティ，カラシリス キトン，ペプロス チュニック，トーガ ストラ，パルラ	トーガ	ペプロス
5世紀 12世紀 13世紀 14世紀	中世	ビザンチン ロマネスク ゴシック	チュニック，ダルマティカ シェーンズ，ブリオー 服飾に明確な男女差が現れる プールポワン・ショース コタルディ 裁断技術の向上 レース工業隆盛	プールポワン	ブリオー
15世紀 16世紀 17世紀 18世紀	近世	ルネッサンス バロック フランス宮廷文化 ロココ イギリス産業革命 フランス革命	ローブ プールポワン ローブ，ラングラーブ アビ・ベスト・キュロット，ローブ コルセット，パニエ	アビ・ベスト・キュロット	コルセット，パニエ
19世紀 20世紀	近代	第一次大戦	パンタロン，フロックコート ミシンの発明，既製服の普及 エンパイア，ロマンティックスタイル クリノリンスタイル，バッスルスタイル S字ライン スポーツの普及　サイクリング服 二部式の服装 直線的スタイル ポワレ，ビオネ，シャネルのデザイン	パンタロン，フロックコート	サイクリング服
	現代	第二次大戦	ミリタリールック		

女性服はナポレオン帝政時代のほっそりした古代ギリシャ風のエンパイアスタイル，1830年代には王政復古により釣鐘型のロマンティックスタイル，1850年代には輪骨が復活してクリノリンスタイル，1870年代にはスカートのふくらみが後だけのバッスルスタイル，1890年代のS字ラインと，めまぐるしくシルエットラインが変化した。

一方，男性服は19世紀の中ごろから腰下丈のジャケットが日常着として着用され始め，今日の背広の原型となった。

19世紀はミシンが発明され，既製服の発展も促進した。スポーツの普及によってズボン形式や今日的なブラウスとスカートからなる二部式の衣服形態を生み出した。

（5）現代（20世紀以降）

20世紀のはじめにはコルセットからの完全な開放がなされ，自然なままで身体を包むシンプルなドレスが登場した。第一次世界大戦中から戦後にかけて女性の社会進出が進み，男性服の仕立てを取り入れたテーラードスーツが注目された。30年代半ばには肩幅が広いミリタリールックが歓迎され，第二次世界大戦に突入していく。男性服は19世紀末からはほとんど変わらず，着方にもルールが出来上がっていた。第二次世界大戦後のファッションについては，11章の「3 服装と流行」(p.118)で示す。

2．日本の服装（図表3-2）
（1）古代（縄文〜平安時代）

縄文人の衣生活は定かではないが，狩猟した獲物の毛皮を利用していたと考えられる。弥生時代には織物生産が盛んとなった。「魏志倭人伝」によれば，男性は横幅の布を懸け衣形式にまとい，女性は貫頭衣を着ていたと記されている。

古墳時代には，支配者層の男性は筒袖で腰丈の上衣にズボン形，女性は筒袖の腰丈の上衣に足首丈のスカート状の裳をまとった。この衣褌・衣裳の形式は，中国の北方の騎馬民族系の人々の衣服形式である。庶民は弥生時代以来の貫頭衣を身につけていることが多かった。

飛鳥・奈良時代には隋・唐との国交が開かれ，わが国の服装が唐の服飾に近づいたが，この頃の衣服の基本形は衣褌・衣裳の形式のもので裾に横布がつき上衣の丈が長くなったにすぎない。奈良時代の701年には，大宝律令の衣服令で中国にならって礼服・朝服・制服の3つの服装制度が設けられた。また，皇族以下庶民に至るまで着用を許される衣服の色が定められていた。男性の朝服は袍袴，女性は衣裙という形式であるが，これは前代の衣褌・衣裳の形式を踏襲するものであった。

平安時代の894年には遣唐使が廃止され，これを契機に長年にわたり吸収した中国文化の日本化が始まり，繊細で優美な貴族文化が開花していった。男性の第一の公服は束帯であり，奈良時代の朝服が日本化したものである。これは今日の宮中でも重要な儀式に着用されている。束帯に次ぐ公服は衣冠であり，これは束帯装束の簡略形である。上流貴族の男性の日常着は直衣であり，直衣の袍は色も材質も自由であった。

宮中に出仕する女房の正装は唐衣裳装束であり，現在では十二単の名称で親しまれている。この装束は唐衣裳・表着・袿・単・長袴からなる。自然の風情や季節感を取り入れた重ねの色目の遊びが盛んであった。上流貴族女性の日常着としては，唐衣裳を取り去った小袿

図表3－2　日本の服飾の変遷

紀元	時代	服飾文化	イラスト
2世紀 7世紀 8世紀	古代 縄文 弥生 古墳 飛鳥 奈良 平安	獣毛・獣皮を使用 布を織る 懸衣，貫頭衣を着用 衣褌，衣裳 袍袴，衣裙 袍袴，衣裙 束帯，唐衣裳（朝服の日本化） 直衣，袿（略式の朝服，私服） 狩衣（武士の日常着）	衣褌　　　女房装束
12世紀 14世紀	中世 鎌倉 室町	狩衣（武士の正式衣に昇格） 水干，直垂（武士の日常着） 小袖袴，小袖裳袴（女性） 金襴，緞子などの高級織物	水干　　　直垂
16世紀 17世紀	近世 戦国 江戸	肩衣袴，打掛姿，腰巻姿（公服） 小袖が中心となる 綿織物の普及，友禅染の発達 裃，羽織袴 いきの美学	肩衣袴　　　小袖
19世紀 20世紀	近代 明治 大正 昭和	斬髪，洋装化の進行 燕尾服，バッスルスタイル 女学生の着物・袴姿 ミシンの伝来 既製服販売開始，モボ，モガ 国民服制定 もんぺ姿 終戦	女学生　　　国民服

姿が一般的であった。この時代に下着の役割を果たしていた単(ひとえ)は、他の衣服とは異なり袖口が狭く閉じられた小袖(こそで)形式であった。これが後世の「きもの」の原型となる。

(2) 中世（鎌倉～室町時代）

鎌倉幕府は質実剛健を旨とした政治を行い、それまでのきらびやかな貴族の服飾から機能を重視する武家の服装に代わった。朝廷警護などに着用していた狩衣(かりぎぬ)が正式な衣服となり、日常着としては水干(すいかん)や直垂(ひたたれ)が着用された。上衣は袴の中に入れて着る形式であった。ここに後世の上下形式が整ったのである。一般武家の女性は小袖に裳袴姿であった。裳袴とはスカート状の袴である。室町時代後期には木綿が栽培されるようになり、庶民の衣生活を変えるきっかけとなった。

(3) 近世（戦国時代～江戸時代）

戦国の世の中で武家の公服として用いられたのは、袖なし形式の肩衣袴(かたぎぬはかま)姿である。女性の打掛姿とともに小袖中心の衣生活となった。繻子(しゅす)、綸子(りんず)、縮緬(ちりめん)などの高級織物が中国から伝えられ、今日に至るまで晴れ着の生地として用いられている。

江戸時代は町人階級が豊かとなり、庶民独自の美の世界が確立された時期である。庶民の服飾の中心は小袖であり、着るものといえば小袖であったことから小袖を「きもの」と称するようになる。男性は小袖の着流しの上に角帯を締め、正式には羽織と袴を身に着けた。女性の帯は装飾性が増し次第に幅広となった。江戸時代中期には友禅染めが発達し、色彩豊かな小袖が流行した。後期になると幕府の財政が逼迫し、度重なる贅沢禁止令によって町人階級は従来の美の世界とは異なった渋い色を基調とした無地や縞柄が流行した。この美の世界を「いき」という。一般武家の男性は、袴(はかま)が公服となった。羽織・袴も袴に注ぐ準公服となった。この時代に生まれた浴衣、丹前、半天、合羽(かっぱ)などは現代まで着用されている。

(4) 近代（明治～第二次世界大戦）

明治維新以後、斬髪廃刀令によって斬切り頭に帽子をかぶり、羽織袴を着用したり、洋服に羽織、洋服に下駄のような和洋折衷風俗がみられるようになった。軍人、警察官、鉄道員などの制服は詰襟形式の洋服となり、一般の官吏も礼服としてフロックコートにシルクハットを着用した。政府が設けた鹿鳴館に集う女性は、当時西洋で流行っていたバッスルスタイルのドレスを着用した。一般庶民は依然として江戸時代のままを伝承していたが、女子学生はきものに袴というスタイルが定着し、今日まで女子学生の卒業式のスタイルとなっている。

男性の洋装化が進み、大正末期には7割くらいの男性が洋服を着用していたが、女性の洋装化は遅れていた。関東大震災を契機に普及の兆しはみえたものの、一部のモダンガールを除くと洋装化は遅々としたものであった。白木屋の火災は洋装化をうながすきっかけとなり、1930年代には働く女性の約半数が洋装となった。第二次世界大戦に突入すると衣料品が欠乏し、1940年には国民服令により、男性は国民服が義務付けられた。軍事教練が行われるようになり、女性はもんぺ姿となり、衣生活の暗黒時代が続いた。

(5) 現代（第二次世界大戦以降）

敗戦の混乱期を経て、次第におしゃれへの関心が向き始め、アメリカ文化やヨーロッパのモードにも関心が向くようになっていく。合成繊維の大量生産、既製服の普及を経て、その

図表3-3 和服の種類

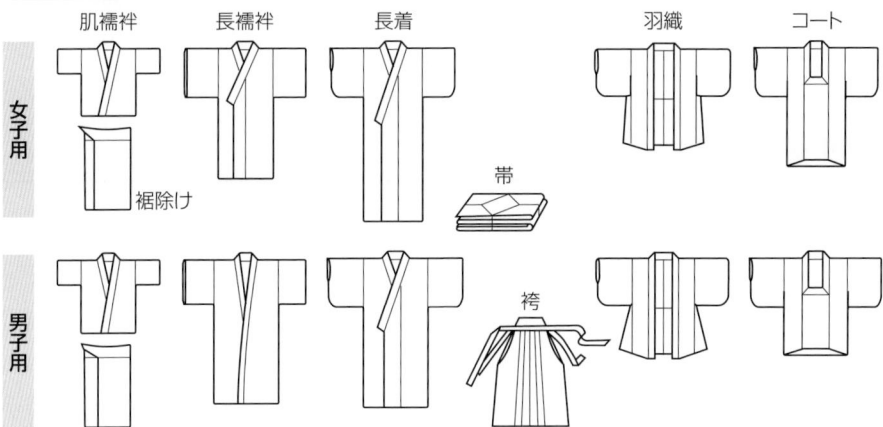

図表3-4 和服（大裁ち女物単長着）の名称

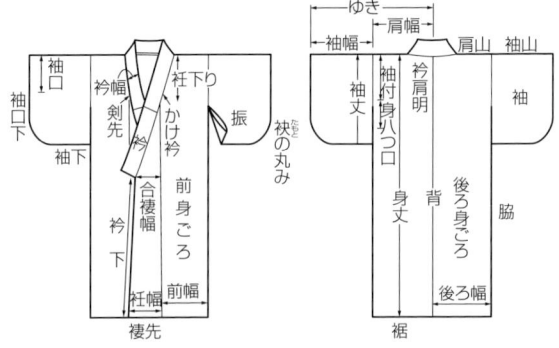

図表3-7 和服の着用目的による種類と模様

目的	種類	模様の付け方
礼装	留袖	江戸褄模様
	振袖	総模様
	喪服	紋付黒無地
略礼装	色無地	紋付無地
	訪問着	絵羽模様
	付下げ	付下げ模様
外出着	小紋	小紋柄
普段着	絣	絣柄
	縞	縞柄
	格子	格子柄

図表3-5 和服の文様（染め）

 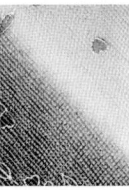  

友禅染め　　絞り染め　　ろうけつ染め　　型染め（江戸小紋）

図表3-6 和服の文様（織り）

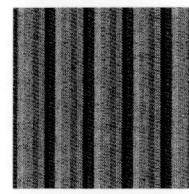 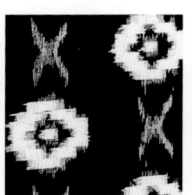 

縞　　格子　　絣　　金襴

後，ファッション界で世界をリードするような豊かな衣生活を享受するようになった。戦後のファッションの流行については**図表11－3**（p.117）を参照されたい。

2 和服文化

1．和服の種類と名称

　和服は大きさ，層構造，服種，性別によって分類される。大きさは成人用（大裁ち），子ども用（中裁ち），乳幼児用（小裁ち）に分類され，層構造は単と袷，綿入れに分類される。単とは裏が付かない一枚仕立てであり，袷は裏付き，綿入れは表と裏の間に綿を入れるものであり，季節によって使い分けられる。服種には表着の長着，羽織，袴，コート，帯があり，下着には肌襦袢，長襦袢，裾除けがある（p.17，**図表3－3**）。長着とは一般的に「きもの」と称するもので羽織やコートに対して丈が裾まであるものをいう。和服の形は流行の影響が少なく，江戸時代以来の「きもの」の形を踏襲している。**図表3－4**（p.17）には大裁ち女物単長着（浴衣）の部分名を示す。ほぼ定型のきものは布地の素材，色・柄に重点が置かれ，帯や付属品の取り合わせで独特の着装美が形成される。

2．和服の染めと織り

　和服の布地には反物が用いられ，幅36～38 cm程度（並幅），長さ11～12 mが普通である。素材は木綿・麻・絹，ウールその他合成繊維などさまざまである。
　和服の色柄の表現には染めによるものと織りによるものが中心であり，その他，刺繍や箔による表面装飾がある。染めのきものとは，白生地に後から色柄をつける「後染め」のきものである。無地染めはもちろんのこと，友禅染め，絞り染め，ろうけつ染めなど多種多様な染め方がある（p.17，**図表3－5**）。絹地の染めのきものは豪華で美しいものが多く，晴れ着やおしゃれ着として用いられる。織りのきものとは，糸の段階で「先染め」して織り上げたものであり，縞や格子や絣柄などがある（p.17，**図表3－6**）。趣味のきものとして，普段着や仕事着として用いられる。染めのきものは織りのきものよりも格が上とされ，きちんとした席には染めのきものという原則がある。帯にも染と織があり帯は織りの方が格上である。
　和服は着用目的（TPO）によって，用いる服種とそれに付けられる模様表現が異なる。これは習慣的なものではあるが，特にフォーマルやセミフォーマルの場面では，**図表3－7**（p.17）に示すような基準に準拠することが求められる。

3．和服の着装

　きものの着用には，まず，肌襦袢，裾除けをつけ，長襦袢を着て，表着であるきものをはおる。これを紐と帯を使って結び，からだに着せ付ける。女物の場合は裾を引く分をたくし上げて，お端折りを作る。着物は洋服と異なり体型を筒状に整えた方が着姿は美しく，着崩れも少ない（**図表3－8**）。きものを着たときには，和装ならではの立居振る舞いが必要である。
　和服は非活動的なために，日常着としてよりも特別の場合の外出着として用いられる。フ

2　和服文化

図表3-8　和服の着方

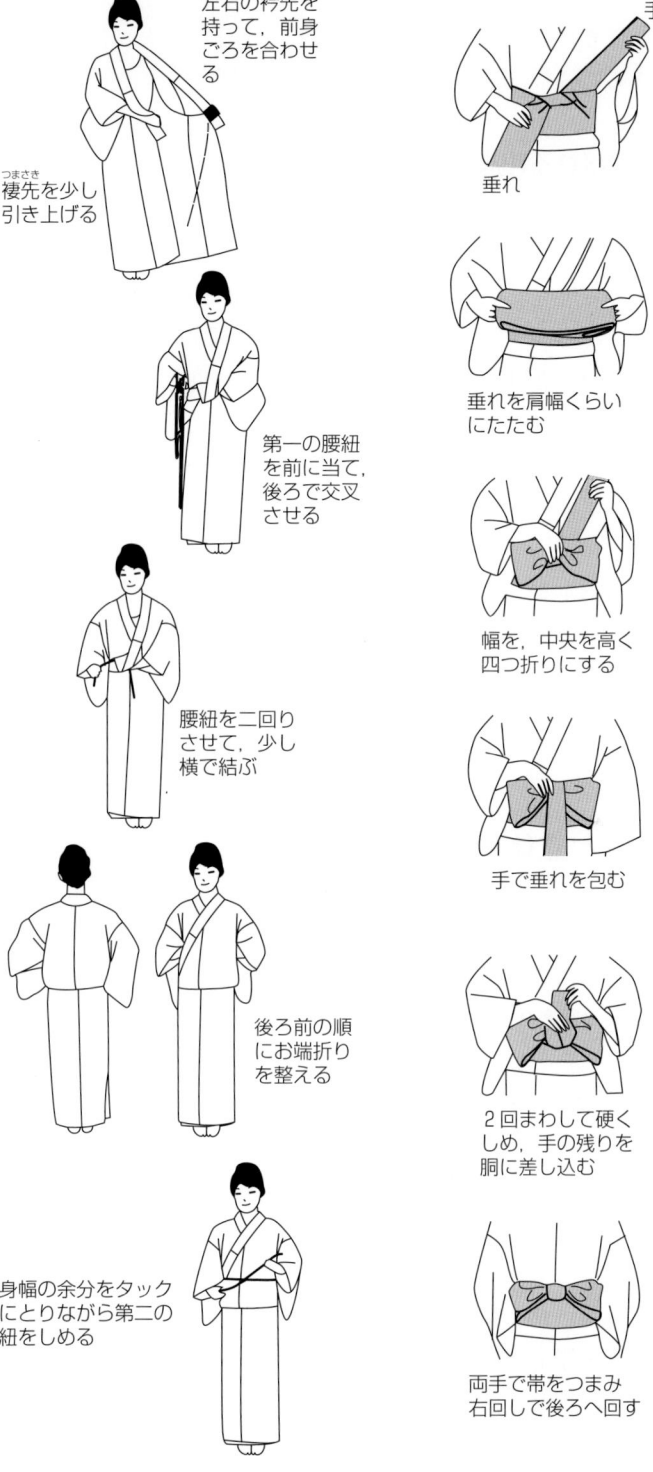

ォーマルやセミフォーマルの場面では、着用者の年齢、性別、着用目的、季節などによって着装に一定の決まりがあるので注意が必要である。

季節と和服とのかかわりについてみると、古くから季節に合わせて衣服を変える衣替えという習慣がある。袷は10月から5月まで、単が6月から9月までとされていた。今日では空調設備が完備されていることから、和服だけでなく洋服でも、このような季節による衣服の原則は崩れつつある。

4．現代に引き継がれる和服文化

明治以降、わが国の衣生活は洋服文化と和服文化の両面から成り立っていた。先に洋装化の流れを概説したが、今日では和服を着用する機会は少なくなり、若者にとっては、幼い頃の七五三に晴れ着を着用してからは、夏の浴衣、成人式の晴れ着、卒業式の袴姿など行事のための衣装であり、イベント着となっているのが現状である（図表3－9）。すべてが洋風化の傾向の中で、きものの着用は非日常で特別な場面を作り上げる上で役立っている。若者はアンティークきものと称して古着を今風に装ったり、和柄を洋服や小物に取り入れたりしている。年配の人にとっては愛着があっても使わない死蔵品を、若者が新しいファッション感覚で形を変えてよみがえらせたり、帯、きもの、小物との意外なコーディネートを工夫したりしている。きものを伝統衣装としてそのまま受け継ぐだけに留まらず、時代に即した模様表現や素材の用い方をすることも必要であろうし、新しい着装を楽しむのもよいだろう。国際的にも名高く、美しい民族衣装としてのきものを途絶えさせることなく、時代に即して生き続けさせるためには、まず、私たちがきものに関心を示し、着用することが何よりも大切である。

3　平面構成と立体構成

和服は直線で裁断した細長い布をほとんど直線で仕立て上げる衣服で、平面構成の衣服の代表的なものである。人が着用して初めて立体化する。着用していないときにはたたんで平面的に収納するので（図表3－10）、場所をとらない。着用には、紐や帯を用いて着付けをするために着付けの技術が必要となる。サイズは大まかにとってあるために、体型や成長に柔軟に対応できる。形はほぼ定型であり流行の変化は少ない。帯ときものの組み合わせなど、TPOによる決まりごとが多い。

それに対して洋服は、人体の曲面に合わせて布を裁断し、ダーツを取ったりいせこんだりして布を立体的に成形して縫製する立体構成の衣服である。着用には特別な技術は必要なく、ボタンやファスナーなどで留めるだけである。流行によって色柄、形（シルエット）が変化する。収納には型崩れしないようにハンガーなどにかけて立体的に収納する。

私たちは、洋服も和服も製作する機会は少ないが、それぞれの構造上の違い、着装上の違い、保管上の違いを理解して、和と洋の両方の衣服文化をうまく取り入れて、豊かな衣生活を送りたいものである。

図表3-9　今日における和服の着用場面

子どもの浴衣と甚平

七五三（男児）

七五三（女児）

卒業式の袴姿

成人式の晴れ着姿

結婚式
（紋付袴・白無垢打掛）

図表3-10　和服のたたみ方（本だたみ）

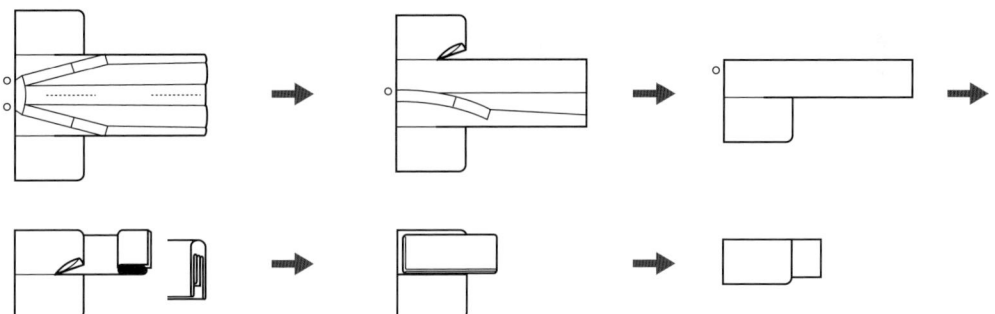

4章 装いと健康

1 健康と快適性

1. 人間・衣服・環境系

　地球の気候変動に大きく影響されてヒトは生物進化してきた。この地球上で健康で安全に生存していくには生物として自然環境とのかかわりをとらえることが大切である。また、着装するヒトとして快適性をとらえるには人体とそれに密着する衣服とのかかわり、さらに、人体・衣服・環境の相互のつながりを把握する必要があろう。

　図表4−1は快適性にかかわる人間・衣服・環境系を示したものである。人体と衣服との関係をとらえるために人間のもつ特性を六つの要素に分けている。着衣基体と考えると人体は、静態形状だけでなく、運動器として動作し刻々と変わる動態形状をもっている。また、発熱し発汗する人体としての温熱生理的要素、外界情報を察知する感覚器としての感覚生理的要素、そして心の働きや行動にかかわる心理的要素、その他の身体機能的要素をもつ。これらの要素を兼ね備えた人体に衣服を着装すると、人体の外側に衣服環境が作られる。衣服環境は衣服それぞれの素材や、衣服の構造、すなわち開口部の方向・大きさ・位置、ゆとり量や切り替え・デザインなど、そしてこれらの衣服をどのように取り合わせて着装し、行動するのかなどに大きくかかわる。さらにその外側に環境が位置付けられる。環境は、自然環境と、文化的・社会的なヒトがつくりあげた人為環境の二つに分けられる。実際には、これらの要素が複雑にからみあいながらかかわっているのである。

2. 健康とは

　1946年にWHO（世界保健機関；World Health Organization）の世界保健に関する憲章では、個人の健康を社会の適応を含めて考え、「健康とは、単に病気や虚弱でないということだけではなく、生理的、心理的、かつ社会的にも十分やって行ける状態である」と規定した。

　健康に生きて行くために土台となる身体の姿勢制御ややけどをしないよう手を引っ込める防御反射はヒトの脳の脳幹・脊髄系で営まれる。ここでの最も重要な働きは、健康な身体を保障してくれる生体恒常性（ホメオスタシス）である。図表4−2は、ストレスがかかったときのヒトの防衛のための生理反応を示したものである。外部環境から強烈な刺激を受けても、ある程度までは体温や血圧、内臓器官も正常性が保たれる。交感神経と副交感神経の自律神経系とホルモン系の微妙な調節作用が無意識でなされているからである。しかし、ある範囲を超えるストレスを受けると、身体のバランスは崩れ健康を損ねる。健康的な衣生活を過ごせるよう基礎知識を学び適確な情報を得て、賢く衣生活行動に配慮することが求められる。

1 健康と快適性

図表4-1 快適性にかかわる人間・衣服・環境系

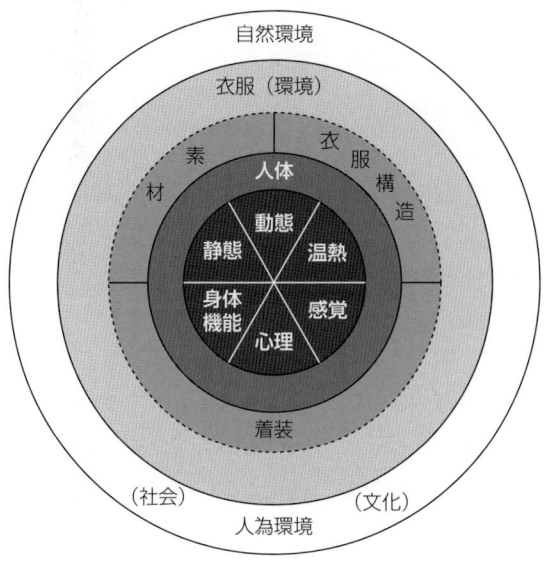

図表4-2 セリエのストレス説と防衛のための生理反応　　セリエ（Hans Selye），カナダ（1936）

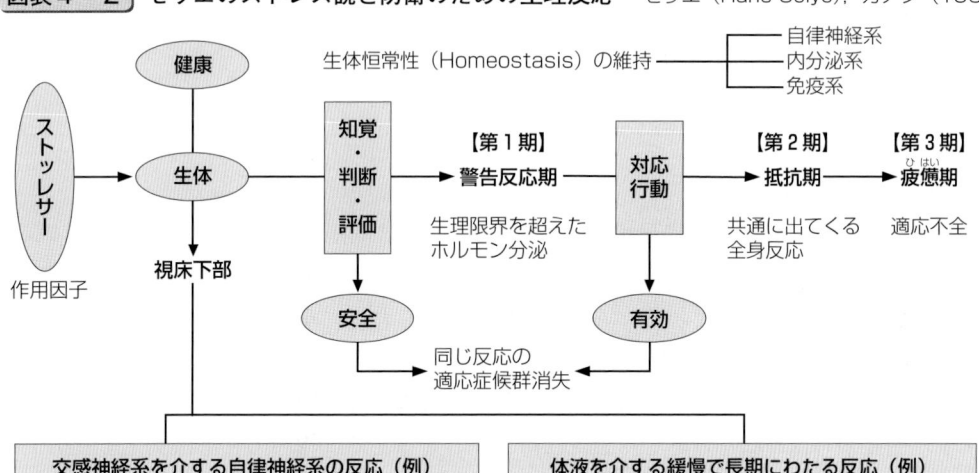

＊：適応のために内分泌腺から血中に放出されて遠隔器官を刺激し，また協調させる化学物質。

3．着心地と快適性

「着心地」とは着用者に生じる感覚的・生理的反応を指し，着心地がよいというのは，適度の保温性を保ち，肉体的にも精神的にも自分にふさわしいものをゆったりと装うことができ，心と体と衣とが一体となる状態と考えられる。「快適」とは環境が適切に保たれ，生体維持に負担を感じず，安定したストレスがない状態（comfort）と，心理的な好ましさも含め，価値観との相互作用として生まれる社会・文化的な積極的快適性（pleasant）とがある。

日本人は衣生活で何を意識し何を志向しているのかについて質問紙調査し，10歳代～80歳代を九つの年齢グループに分け因子分析したところ（**図表4－3**），第1因子は「着心地・快適性の考慮」で，健康で着心地のよいものを着て快適な衣生活を過ごしたいと望んでいる。第2因子は「体つきの意識」で，第1因子と第2因子で衣生活意識全体の64％を説明できる。第3因子は「衣生活文化，しきたり，伝承」を，第4因子は「衣生活行動の主体性，格好のよさ」を表すと解釈され，この因子は若年女子で大変強かった。なお日本人女子の3世代にわたる衣生活意識の調査でも，世代が若いほど体つきを強く意識し，見栄えのよさに配慮する結果が報告されている。**図表4－4**は第1因子の「着心地・快適性の考慮」について年齢グループ別に因子得点の平均値を求めて男女で比較したものである。10歳代を除けば女子の方が意識が強く，30歳以降，加齢とともにその意識は徐々に強まる。

2　皮膚と快適性

1．皮膚と皮下組織

図表4－5は皮膚と皮下組織を示している。人の皮膚は有毛部と無毛部に分かれている。手掌や足底は無毛部で，その表皮は0.7～1.3 mmと厚いが，他の部位ではほぼ表皮が0.1～0.3 mm，真皮が2 mm内外といわれている。絶えず作られている表皮細胞は，成長しながら約2週間で角質となり，その後約2週間で皮膚表面に押し出され，垢として剥離される。皮膚は，内部組織を外界から守り，水の蒸発を防ぎ，有害な物質や微生物の侵入を防ぐ。毛に付属する脂腺からは皮脂を分泌し，表皮に滑らかさを与える。皮脂の分泌は女子より男子に多く，また新生児・思春期に多い。皮脂腺は，①顔，②胸・背，③腰・腹，④四肢，⑤手背，⑥足背の順で多い傾向がある。真皮を構成する膠原線維や弾性線維は，その下にある皮下脂肪とともに皮膚に強度と弾力を与えて伸展や圧迫に耐え衝撃を柔らげる。皮膚は外気と熱のやりとりを行うだけでなく，ほぼ全身に分布するエクリン汗腺の発汗により体温調節を効率よく行う。腋窩などの有毛部には，性ホルモンの影響を受けるアポクリン汗腺がある。

2．快適性を感受するセンサー

図表4－5には，体全体を包み込んでいる大変薄い皮膚に内在する各種センサーを示している。これらのセンサーは外からの情報を絶え間なく察知して快か不快かを感受し，脳に情報を伝えており，外界を監視する役割をもっている。マイスナー小体はわずかな変形を感じ取る繊細な触覚センサーで無毛部に多く分布する。メルケル盤も皮膚変形を感受する。皮膚

図表4-3 日本人男女の衣生活に関する意識調査25項目の因子分析結果

因 子	第1因子		第2因子		第3因子		第4因子	
解 釈	着心地・快適性の考慮		体つきの意識		衣生活文化，しきたり，伝承		衣生活行動の主体性，格好のよさ	
項目および因子負荷量	着心地のよいものを考慮	0.762	脚の長さが気になる	0.761	外出着として和服着用	0.599	自分の被服は自分で選ぶ	0.685
	夏季の快適性を配慮	0.715	胴の太さが気になる	0.752	アイロンかけなど被服の手入れは自分で行う	0.552	衣服の管理出し入れは自分で行う	0.625
	冬季の防寒・保温への配慮	0.699	腰の太さが気になる	0.742	和服を自分で着ることができる	0.543	アイロンかけなど被服の手入れは自分で行う	0.468
	飽きのこない長く着られる服	0.601	背の高さが気になる	0.601	被服の季節に伴う出し入れは自分で行う	0.448	流行が気になる	0.416
寄与率	40.0%		24.0%		12.3%		8.0%	
累積寄与率	40.0%		64.0%		76.3%		84.3%	

注）対象：10歳以上の男女 2,179人
出典）岡田宣子：各年齢男女の衣生活行動，日本家政学会誌，52 (7) p.611 (2001)

図表4-4 因子得点（第1因子）「着心地・快適性の考慮」の男女比較

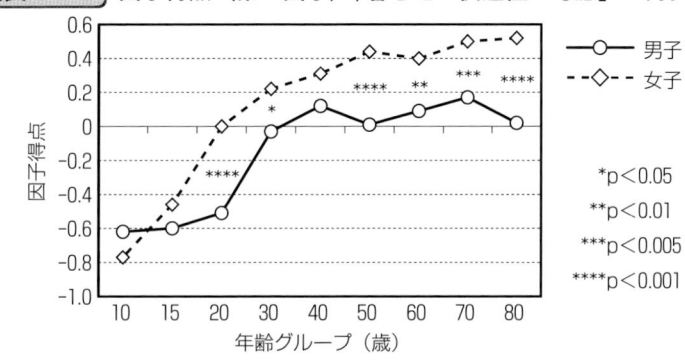

出典）岡田宣子：各年齢男女の衣生活行動，日本家政学会誌，52 (7), pp.612-613 (2001)より作成

図表4-5 皮膚と皮下組織

角質層：外界からの刺激を遮断する。保湿成分を含み水分を保つとともに弱酸性で，外界からの菌の浸入を防ぐ。

表　皮：新陳代謝を行う。紫外線から他の細胞を守るためにメラニン細胞はメラニン色素を作って紫外線を吸収する。

真　皮：膠原（コラーゲン）線維，弾性線維よりなる。

皮下組織：脂肪組織がクッションの役割を果たす。

アポクリン汗腺：性ホルモンの影響を受け，細菌により分泌物が分解されて臭気を放つ。

自由神経終末：痛覚，温度覚を伝える侵害受容器。
マイスナー小体：表皮の真下にある。わずかな変形を感受する。手のひら，足裏に多く，手の指腹に最も密に分布。
メルケル盤：表皮基底部にある。上皮細胞が特殊化したメルケル細胞と触覚円盤からなり皮膚の変形を感受する。
ルフィニ小体：皮膚の伸展を感受する。
毛包受容器：自由神経終末に似た神経が毛に絡みついており毛幹の傾きを感受する。非常に鋭敏。
パチニ小体：皮膚に加わった圧力を増幅して神経終末に伝える。

の伸展を感受するのはルフィニ小体，加圧を増幅して神経終末に伝えるのがパチニ小体，毛包受容器も鋭敏な触覚器である。表皮には自由神経終末があり温度感覚を伝える。これらセンサーから送り出される感覚の信号は皮膚感覚神経を介して脳の体性感覚野に送られ，温冷感や清涼感・湿潤感・接触感，拘束感・圧迫感・重量感などを感じ取り，健康保持のために即座に対応している。すなわち，体幹と体肢についてみると，触圧覚と深部感覚は「後索－内側毛帯路」の伝導路を，温痛覚と粗大な触圧覚は「脊髄視床路」の伝導路を介して体性感覚野に到達すると同時に，多くの脳領域に感覚情報を送る起点となっているのである。

3．タッチの加齢変化

図表4－6は上段に温覚感受性，下段に冷覚感受性の閾値を部位ごとに示したもので，若年（18～28歳）と中年（40～60歳）と高年（65歳以上）に分け各群20名で比較している。閾値の数値が大きいと鈍感である。温覚より生命に強くかかわる冷覚の方が感度が鋭く，温覚・冷覚ともに加齢変化は大きい。下腿部，特に足部で感度が鈍い。**図表4－7**は上段に空間識別閾値を，下段に閾値上昇率を示しており，若年（18～28歳）と高年（65歳以上）とを比較したものである。体表に接触させた2点が触れていると認知できる2点間距離を示した。高年では上腕部の識別可能距離が約5cmと最も大きい。全体的に高年で鈍く，特に足部や下腿部でその率が高い。高齢では冷えすぎても，暑すぎても，接触していても感じ取れず，低温やけどや本人の知らないうちに皮膚が傷ついていたりすることの可能性を示唆している。

4．皮膚と健康

（1）肌着の汚れ

表皮の角質は1日で6～2gが脱落するといわれるが，その成分のほとんどがタンパク質である。それに汗や皮脂，外からの塵埃などが付着し皮膚の垢は作られる。肌着には他にも化粧や食べ物などの汚れが付着する。放置された汚れ物質が体温で温められると，酸化され汗の成分が分解して刺激物質や臭い物質となる。それらは衣服を黄変させるだけでなく，チクチクやベタベタなどの不快感やかゆみの原因になり，細菌やカビなどの活動が始まる。

図表4－8は，入浴を済ませてから寝間着の代わりに着用した綿100%のメリヤス肌着の汚れをニンヒドリンで検色したものである。3日間，約7時間の睡眠時に付着した汚れは多く，タンパク質に反応し紫色に発色している。着用者の寝姿勢はうつぶせ寝と推察できる。

図表4－9に，5cm^{2}の布を縫いつけ，女子大生の2日着用肌着と靴下に付着した一般細菌の生存数を被服材料別，身体部位別に示す。病原体を確認してないが，細菌付着を汚れ付着の指標とみている。数値が大きい方が汚れを吸着して肌着として好ましい。いずれの部位も綿が優れ，ナイロンは腰部や胸部の数値が大変小さく，皮膚にそのまま汚れが残留していて問題は大きい。靴下の汚れは腋窩の汚れの100倍以上の数値を示し，汚染が顕著である。

汚れを吸着しやすい繊維の傾向は，①綿，②レーヨン，③麻・絹，⑤アセテート，⑥ナイロンの順で，吸湿性・吸水性が大きいと付着しやすい。糸の撚りの少ない，粗い織物，表面に凹凸が多く，毛羽立っているものも汚れを吸着しやすい。布の構造・組織についてみると，汚れを吸着しやすいのは①メリヤス，②平織，③綾織の順である。

図表4-6 温覚感受性閾値（上段）と冷覚感受性閾値（下段）

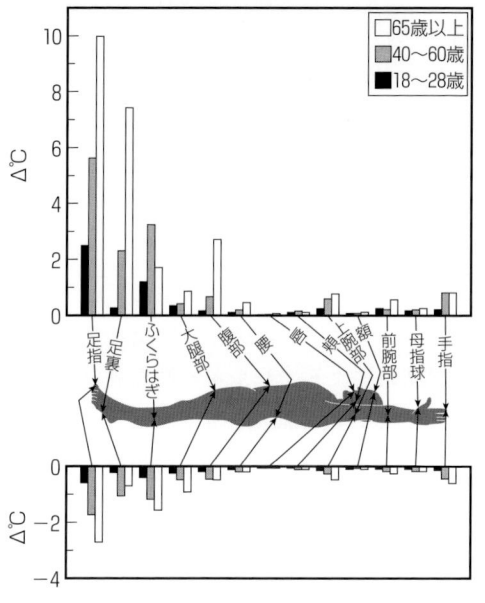

出典）Stevens JC, Choo KK : Temperature sensitivity of the body surface over the life span. Somatosens Mot Res 15, pp.13-28（1998）

図表4-7 加齢による空間識別閾値の上昇の体部位間比較（上段）と高齢者の閾値上昇率（対若年者）（下段）

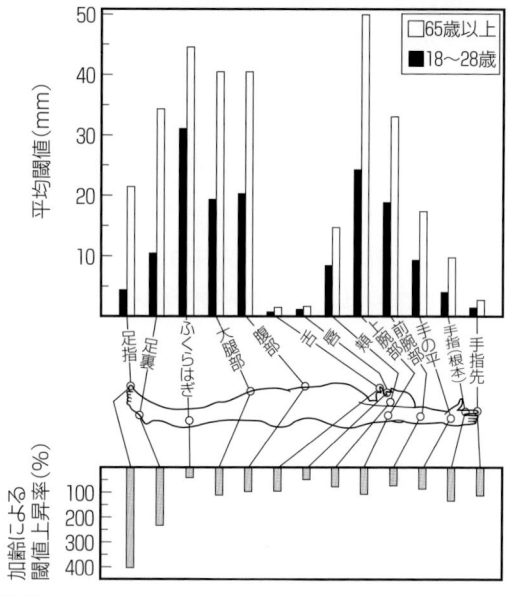

出典）Stevens JC, Choo KK : Spatial acuity of the body surface over the life span. Somatosens Mot Res 13, pp.153-166（1996）

図表4-8 メリヤス肌着のニンヒドリンによる汚れの検色

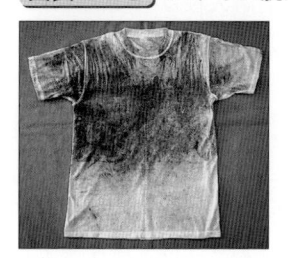

図表4-9 肌着に付着した細菌数　　（個／cm²）

被服材料 身体部位	木綿	ポリエステル	ナイロン
わきのした	1,500	550	1,000
胸	36	27	12
腰	340	47	18
足	200,000	77,000	110,000

出典）永田久紀：『衣服衛生学』，南江堂, p.78（1995）

汚れが肌着に付着し繊維間に汚れが入り込むと、含気率が低下しその結果保温性は低下する。また通気性・吸水性も低下するので、これらは快適性の低下につながる。

（2）肌着の肌ざわり

新生児や乳幼児、高齢者、アトピーなどのデリケートな肌に直接触れる肌着の肌ざわりは快適性に大きく影響する。軽くゆったりとし、伸縮しやすく柔らかく肌ざわりにすぐれ、洗濯などの手入れがしやすい肌着を求めたいと思う。冬は空気が乾燥し肌の水分が放出されやすい。**図表4−10**は手掌に肌荒れを起こしている事例である。皮膚の角質層の潤いがなくなり、表皮がめくれ真皮から水分が蒸発しやすく、表皮のバリアが壊れると、皮膚の接触感はかゆみや湿疹、痛みを増強し健康が損なわれる。**図表4−11**は肌着素材の綿100％の天竺ニットを1回、10回、20回繰り返し洗濯し、その表面の変化をみたものである。洗濯回数が増すにつれ、収縮して試料の表・裏ともに寸法が詰まり表面に毛羽立ちが生じている。また、この素材は洗濯回数が増すにつれ、ゴワゴワ感とチクチク感が増強していた。

肌に触れるレースのナイロンおよびポリウレタン混紡糸によるアレルギー性接触皮膚炎の発症も、物理的刺激に起因する。綿ネル寝間着に残留していた界面活性剤のナフトールASによる化学的刺激や、静電気刺激、衣服内が高温多湿になることによる生理的刺激、ブラジャー着用による胸部の締め付けによる色素沈着など多くの事例が報告され、その原因の特定は衣服の生産工程にまで遡っても困難なこともある。成瀬[1]は衣服による皮膚障害の防止策として次の六つを挙げている。①チクチク感のない衣服の着用、②縫い代を折り伏せ縫いや共布でくるむ、③化学物質は適正に洗浄し除去しておく、④静電気の影響を受けない重ね着の着用、⑤適度な吸汗・吸湿・透湿性を有する衣服の利用、⑥皮膚を清潔にし、繊維に抗菌性や保湿性を付与した衣服の着用が好ましい。肌着にはできるだけ皮膚の汚れを吸着させて、皮膚の新陳代謝を助け、皮膚の浄化をはかる大切な働きがある。布汚れを吸収しやすく肌にやさしい素材としては綿が最適であろう。肌着購入後は一度洗濯をしてから使用するのはいうまでもないが、いつも清潔な肌着を着用することが求められる。

（3）紫外線とその対応

太陽光線に含まれる紫外線には殺菌作用があり、布団や衣類の日光消毒に有用である。また、皮膚で紫外線を受けるとビタミンDの生成に役立つ。日光不足の北欧では、自然の恵みを大切にして戸外で寸暇を惜しんで日光浴を楽しむ姿がある。**図表4−12**に、紫外線透過と色相との関係を示す。紫外線遮蔽には布の厚さや糸密度、織構造も影響し、黒色が最も紫外線透過量が少ない。フロンガスが太陽光で分解し、地上20～25 kmに存在する約3 mmのオゾン層を破壊し、薄くなった所から有害な紫外線Bの照射量が増え、身体への悪影響が懸念されている。メラニン色素は紫外線の影響から肌を守るために合成される（p.25、**図表4−5**表皮記述参照）。これが紫外線B：UVB（290～320 nm）による表皮の日焼けである。しかし、限度を超えて紫外線を浴びると肌の遺伝子が傷つき突然変異を起こし、シミや皮膚がん、白内障などの原因となる。UVBはガラスに吸収され、真夏に多く秋以降少なくなる。紫外線A：UVA（320～400 nm）は真皮まで届き線維質を傷める。コラーゲン線維やヒアルロン酸が減少し異常な弾性線維が増殖すると、皮膚の張りが失われ皺ができる。UVAは雲や窓ガラスを通過し秋以降も多い。紫外線対策としては、日傘・つばの広い帽子・サングラ

スの利用や，できるだけ肌を隠す作業用スリーブ・長袖や濃い色の衣服の着用がうたわれ，UVカット製品も多種が販売されている。日焼け止めクリームのPAはUVAを防ぎ「＋」，「＋＋」，「＋＋＋」，「＋＋＋＋」に，SPFはUVBを防ぎ10前後から50＋（50以上）まで日焼け止めの効力で段階付けされ，用途に応じ使い分けられる。子ども用日焼け止めクリームも販売されており，薄地長袖や帽子の着用がすすめられている。

　1998年からは母子健康手帳の日光浴が外気浴に変えられた。乳母車の中の乳幼児は路面からの反射による被曝が多いので日差しの強い時は外出を避ける配慮が必要となるだろう。皮膚がんの多発地域では子どもにサングラスの着用を義務づけており，夏の海辺ではサングラスを掛けた小さな子どもが多くみられる。わが国でも紫外線に対する意識が高まりつつある。紫外線量は標高の高い山で増加し，雪面・海面・路面・壁面の反射被曝も多く，冬季の晴れた日は夏季の曇天より紫外線は多いとされている。子ども・高齢者・女性，そして男性も紫外線に要注意である。

図表4-10 手掌（高年，母指皮腺）の荒れ

図表4-12 紫外線透過と色相との関係

綿布の色相	紫外線遮断に必要な材料の厚さ（mm）	紫外線透過量の比（黒色を1とする）
白地（漂白）	1.82	3.64
白地（未晒し）	1.62	3.24
青　色　地	1.13	2.26
紫　色　地	1.06	2.12
灰　色　地	0.92	1.84
黄　色　地	0.78	1.56
緑　色　地	0.70	1.40
橙　色　地	0.70	1.40
赤　色　地	0.68	1.36
黒　色　地	0.50	1.00

注）蛍光板法による測定
出典）小川安朗：『応用被服材料学』，光生館，p.149（1968）

図表4-11 天竺ニット表面の洗濯による変化

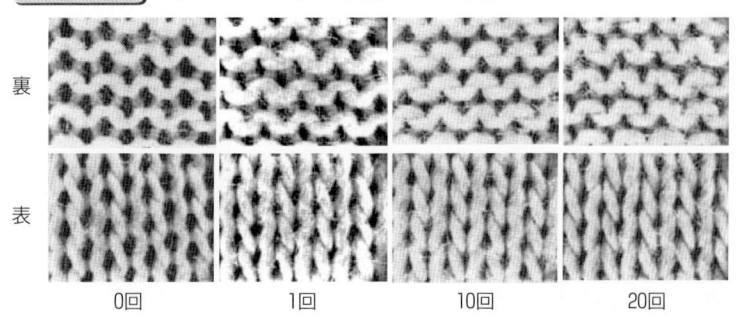

3 寝床環境と快適性

1. 睡眠のしくみ

　質のよい睡眠は，疲れた頭を回復させストレスを解消できる。睡眠時間に個人差はあるものの，できるだけ心地よい睡眠がとれるよう心がけ，健康を保持することが大切である。

（1）睡眠のリズム

　日の出とともに起き，日没とともに寝るという生物として自然の生活リズムを刻んでいた時代から，現代社会では24時間営業の店や夜間仕事に従事する人など，昼・夜逆の生活を強いられており，明るさのメリハリがつかず，睡眠障害が問題になってきている。

　ヒトには生物としてのリズム（**図表4−13**），体温の日内変動がある。入眠の4時間ほど前から次第に手足の血管が開いて温かくなり体温が下がりはじめ，起床時間前になると体温は上昇する。目覚めて太陽光を浴びると，朝の情報としてとらえられ視床下部の視交叉上核で体内時計（サーカディアンリズム）にセットされる。この約14時間後，眠りを誘発するメラトニンというホルモンの分泌が始まる。その1～2時間後，血中メラトニンの量が増え自然に眠くなる。これらのリズムを乱さないよう，夜には光を控えめにし，心身をリラックスさせ副交感神経の活動を高める。朝の目覚めを効果的にするには，軽く体操をして交感神経系の活動が高まるよう工夫することが大切である。

（2）眠るヒト

　ここでは，睡眠中のヒトの生理的変化に着目する。**図表4−14**は8時間の睡眠経過をみたもので，脳波による睡眠の分類，筋電図による顎下筋・眼球運動の観察，血圧・呼吸・心拍の変動を示す。これらに対応させ，各測定項目の睡眠時の特徴を**図表4−15**にまとめた。睡眠はレム睡眠とノンレム睡眠に分けられる。レム（REM）は Rapid Eye Movement（すばやい眼の運動）の略である。ノンレム睡眠では身体を支える筋肉は働くが，血圧・呼吸・脈拍は減少を示す。眼球運動もゆっくりで，大脳を鎮静化し脳が眠る深い睡眠で，いびきをかくことがある。レム睡眠は睡眠段階Iに類似し眼球運動がすばやく，血圧・呼吸・脈拍は不安定である。脳が起きているような浅い眠りで夢をみやすい。レム睡眠は高等動物にしかみられず，精神の安定や脳の活性化に役立つとされる。レム睡眠の比率は幼年で多く老年で少ない（p.33，**図表4−16**）。寝返りなどの体動は，ノンレム睡眠が浅かったり，レム睡眠の中断や終わりにみられる。大人では1日20～40回くらい，子どもではもっと多く体動する。ぐっすり眠れる姿勢は何かたずねると，横向きが46％，仰向けが34％，うつ伏せが18％，その他が1％であった。しかし実際には体動でいろいろな寝姿勢をとっていると思われる。

　睡眠中の汗は寝入りばなに多いが（p.33，**図表4−17**），夢で興奮するとレム睡眠でも汗をかくことがある。また，人体の表面（70％）や呼吸気道（30％）からは気づかなくても常に水分が蒸発している。これを不感蒸散といい，平均23 g/m^2・時の水分減少がみられる。この蒸発量は環境と皮膚の水蒸気圧の差によって決まるが，すべてが蒸発した場合，体表面積が1.5 m^{2}の人が8時間の睡眠で約コップ1杯分（23×0.7×1.5×8＝193.2 g）となり，この水分は睡眠中，寝衣・寝具に移動していく。

3 寝床環境と快適性

図表4-13 ヒトの生物としてのリズム

A：体内時計

視神経
視交叉上核
視床下部（体内時計）

「体内時計」は、視床下部の「視交叉上核」にある。光の情報は、目から入って視神経を通り、体内時計に届く。光で時間のずれを調節。

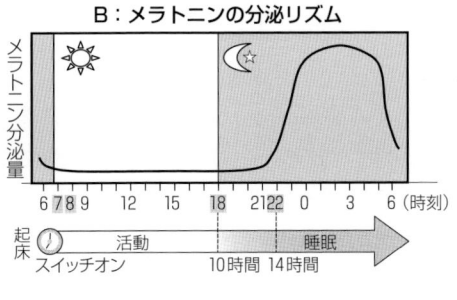

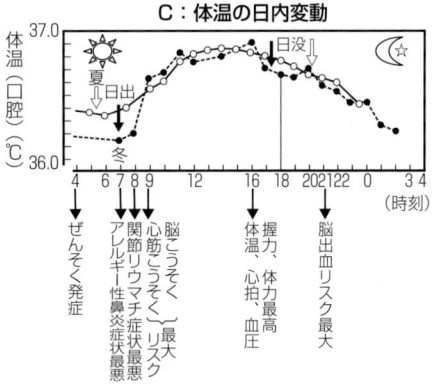

B：メラトニンの分泌リズム

（横軸：時刻 6 7 8 9 12 15 18 21 22 0 3 6）
起床 スイッチオン → 活動 10時間 → 睡眠 14時間

C：体温の日内変動

（縦軸：体温（口腔）（℃）36.0～37.0、横軸：時刻 4 6 7 8 9 12 18 20 21 22 2 3 4）
夏 日出／冬／日没

下部ラベル：
- ぜんそく発症
- 脳こうそく、アレルギー性鼻炎症状最悪、関節リウマチ症状最悪、心筋こうそく｝リスク最大
- 握力、体温、心拍、血圧 最高
- 脳出血リスク最大

出典）A, B：内山 真：「生活リズムをつくろう」、NHK きょうの健康, 11, NHK 出版, pp.55-56（2001）
C：筆者作成

図表4-14 ヒトの睡眠時の身体状況

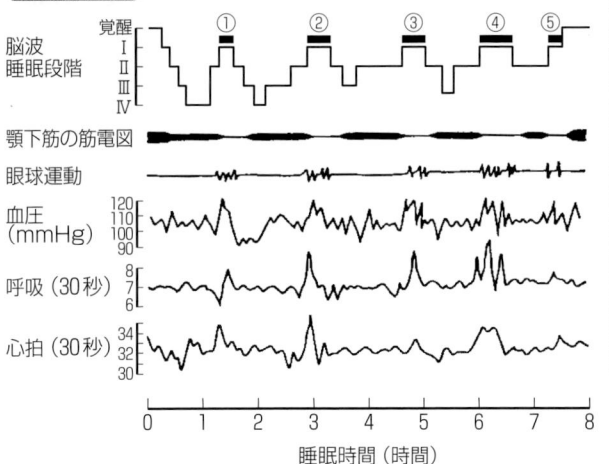

脳波 睡眠段階（覚醒、I、II、III、IV）①②③④⑤
顎下筋の筋電図
眼球運動
血圧（mmHg）90～120
呼吸（30秒）6～8
心拍（30秒）30～34
睡眠時間（時間）0～8

入眠後約90分周期で①第1回目のレム睡眠が15～30分続き、②第2回目のレム睡眠も15～30分続くというように、毎夜4～5回繰り返される。朝方、自然に目が覚めるのはレム睡眠で、目覚めの準備状態でもあり、気分は爽快である。

出典）時実利彦：『人間であること』、岩波書店, p.192（1986）

図表4-15 ノンレム睡眠とレム睡眠

	ノンレム睡眠	レム睡眠
睡眠段階	I II III IV	I に類似
筋活動	体を支える筋肉は働いている	体の力が完全に抜けている
眼球運動	ゆっくり	すばやい
血圧	低下	動揺
呼吸	減少	不規則（増加）
心拍	減少	不規則
	脳が眠っている状態の深い眠りで、眠りの深さによって4段階に分けられる。ぐっすりの眠りが脳を沈静化する。いびきをかくことがある。	脳が起きているような状態の浅い眠り。指の筋肉がピクつくことがある。夢を見る。精神を安定させ脳の活性化に役立つ。高等動物にしかみられない。

注）レム（REM）：Rapid Eye Movement

2. 寝床環境

(1) 周りの環境

　よい睡眠を確保するには，部屋の気温・気湿・気流，遮光，防音，スペース，部屋の色など周りの条件が複雑にかかわる。冷暖房の温度だけではなく特に夏の場合，湿度や風速とその方向，風が直接体に当たらず部屋の中にうまく気流ができて肌に快くゆるい流れを感じられるか，睡眠中周りの各条件が安定して保持されるかなどが，睡眠の質に微妙にかかわってくる。CO_2削減がうたわれているが，室温が29～30℃位でも，湿度調整と小型サーキュレーターで上手に気流が流れれば，夏の蒸し暑い夜を快適に過ごすことも可能である。また「かや」で快適空間を作る生活の知恵が見直されている。快適体感温度は個人差があるので，自分の快適条件を探って工夫を心がけたいものである。

(2) 寝姿勢の保持と寝具

　図表4-18に示すように寝床が柔らかいと，背面の曲線がc，d，e，fのように変化してしまう。寝姿勢は立位姿勢より脊柱の湾曲が減るので，寝床はその姿勢を保持できる硬さがあり，Aのように体圧が一か所に集中せず適度に分散されるものが望まれる。仰臥位の場合，腰（仙骨部）・背部（肩甲骨）・踵部が突出しているが体圧がBのように腰だけに集中すると，寝返りにくく腰に負担となり腰痛の原因となる。高齢者では寝返りにくいと同じ寝姿勢を長時間保持せざるをえない。また，皮膚や皮下組織が薄く弾力がなくなると体圧が仙骨部に集中し褥瘡が生じやすい。自力で寝返りやすい反発力のある適度の硬さの寝床を整える配慮や，定期的な姿勢の変換などが必要となる。頭部の高さと角度をささえる枕は，好みの素材と硬さのもので，肩こりにならない高さと，寝返りに対応した大きさが必要となる。枕の素材にはそば殻やパンヤ，羽毛，ひのきやプラスチック，備長炭，竹，セラミック，極細繊維状樹脂などが多種販売されている。そばや羽毛アレルギーなどには注意が必要である。

(3) 快適な寝衣・寝具

　上掛けやシーツ・寝衣は夏は涼しく冬は暖かくと，季節で要求される快適性はかなり異なる。寝床内の快適温度は33±1℃，湿度は50±5％とされている。睡眠中は体温の低下，発汗，寝返りなどがあり，季節に応じて保温性・吸湿性・透湿性に配慮し，軽く肌ざわりのよい掛け寝具選びが必要となる。肌ざわりも夏は肌にまとわりつかない適度なはりとこしのあるさらっとしたものが，冬は柔らかくふんわりと静止空気がからまった暖かそうなものが好まれる。頭髪やふけの汚れが付着しやすい枕カバーは最もダニが多いとされている。寝衣やシーツ・布団カバー・肌がけなどもこまめに洗濯し，清潔を心がける。マットレスは，特に隅溝にダニ量が多いことから，掃除機でよく吸い取る配慮が必要である。日干しした布団は寝心地よくストレス解消にもつながる。寝衣は汗を吸い取り肌ざわりがよく，夏は肌に密着しない綿や麻が適する。なお呼吸にともなうウエストの衣服圧と圧迫感覚値の検討では，吸息相に加圧影響が強く生じているが，脳波解析による体性感覚野の脳活動レベルでは，呼息相により強く加圧の影響が生じていることが明らかになっている。このことからもストレスを与えないようウエストのゴムはゆったりしたもの，またリラックスできるゆとりのあるデザインが好ましい。

3 寝床環境と快適性

図表4－16 年齢によるノンレム睡眠とレム睡眠の時間の違い

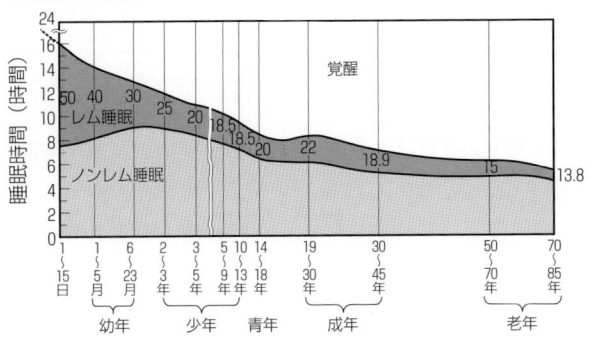

出典）時実利孝：『人間であること』，岩波書店，p.193（1986）

図表4－17 睡眠の深さの変化と汗の増減

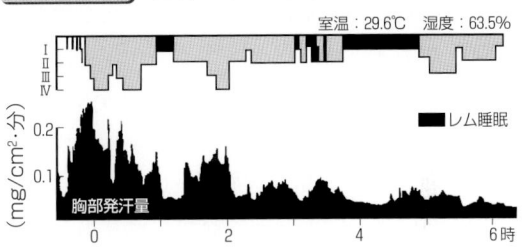

出典）小川徳雄：『汗の常識・非常識』，講談社，p.102（1998）

図表4－18 寝姿勢の保持とベッドの硬さ

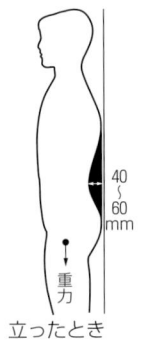

寝たとき 20～30mm 60～80mm

立ったとき 40～60mm 重力

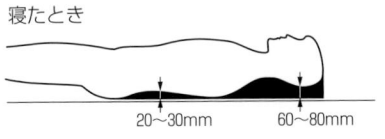

立ったときと寝たときの背面の形状の違い

立った姿勢をそのまま支えて横にしたら，さぞかし寝心地がよいだろうと思いがちだが，実はお腹が突きあがって寝にくい。それは，立ったときと寝たときとでは，身体にかかる重力の方向が違うためである。図に見るように，背面の形状は寝たときのほうがまっすぐである。

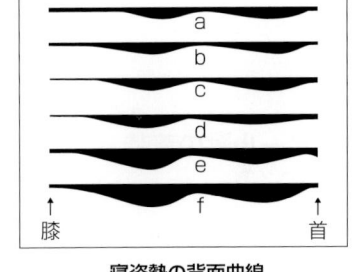

A：よいベッド
B：柔らかすぎるベッド

30
20
10
5g/cm²

寝姿勢の体圧分布

↑膝　↑首

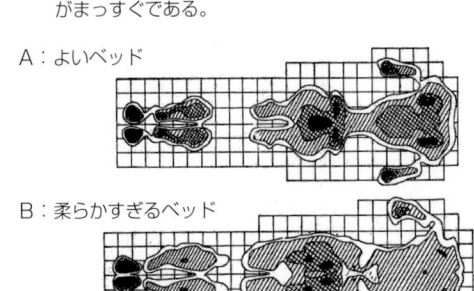

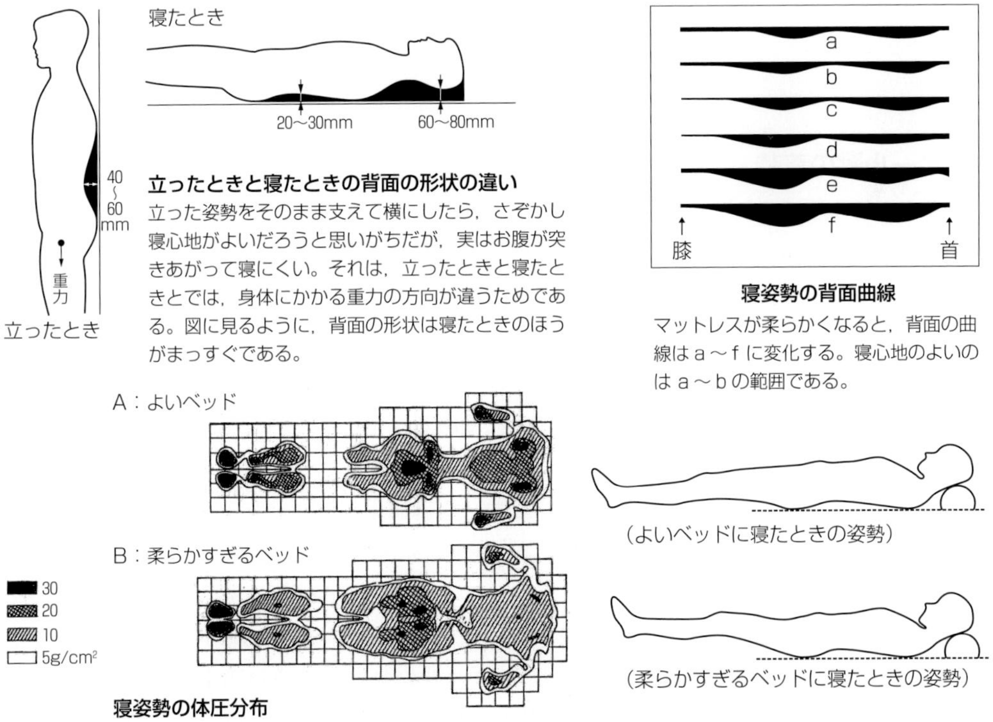

寝姿勢の背面曲線

マットレスが柔らかくなると，背面の曲線はa～fに変化する。寝心地のよいのはa～bの範囲である。

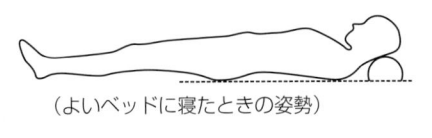

（よいベッドに寝たときの姿勢）

（柔らかすぎるベッドに寝たときの姿勢）

出典）小原二郎：『人間工学からの発想』，講談社，p.184，p.196（1985），小原二郎：『暮らしの中の人間工学』，実教出版，p.157，p.163（1980）より改変

4 足の健康と履物

1．裸足と足指

健康に生きる土台となる足は，本来物をつかむ能力にたけていた。隆起の険しい山道を，原住民の人たちは裸足で足指を開離し山路をつかんで巧みに歩く。足底の皮膚は厚く固く，休息時に足底に食い込んだ小石などを取るのだという。現代人は足の指の個々の存在感を正確に感じ取れない人がいる。しかし，鍛錬すれば手と同様な動きができるという。

2．足と履物

履物には，足の甲の部分の開閉の違いでサンダルや下駄・ぞうりなどの開放性と一般の閉塞性とがある。わずかに快い踏みごたえを感じる土や草地は身近な場所から消え，固いコンクリートやアスファルトの路面ばかりが目に付く。硬い路面を歩く時，履物は足の踏み出しにかかる力を支え，伝え，円滑な歩行ができる補助道具として使われる。**図表4－19**のステージ⑤踵が着地して，ステージ①小指のつけ根へ着地が移る時（p.37，**図表4－22－①－1，①－2**），靴の中で親指が背屈し，②足を外から内へあおる，③足指で靴の中底をつかんで，④足指のつけ根の関節を曲げながら蹴り出しを行う。このように足指が靴の中で巧みに動くことでしっかり歩くことができる。足指を動かす筋や腱は同時に3本の足のアーチ（**図表4－20**）を支えて土踏まずを作り出している。ヒトの縦のアーチは，足裏の神経や血管の保護，着地の時のショックの緩和などのほかに，歩くためのバネの役割をしている。子どもの時から裸足で凹凸のある地面や傾斜面で遊び，運動するのが土ふまず形成に最良の方法といわれている。

3．ヒール靴の着装

図表4－19は，若年女子の歩行一周期の下肢筋の筋電図を，裸足とハイヒール靴着装とで比較している。ふくらはぎの腓腹筋は，裸足では足裏全体の着床期と蹴り出し時に活動しているのに，ハイヒールでは着床・離床期ともに使われている。離床期の④ステージの筋活動はいずれも，ハイヒールでは活動し続けており，下肢筋の負担が大きい。下段の積分波形でも同様のことがわかる。ハイヒールの歩容は見た目にはきれいにみえるが，足のあおりがなく，上下動も小さく，不活発な摺り足式歩行である。

図表4－21は裸足と，ローヒール・ミドルヒール・ハイヒール靴を履き，立位姿勢1分間の重心動揺の測定結果を示している。ローヒールは裸足と同様ほぼ安定するが，ミドルヒールとハイヒールでは不安定性を下肢筋で調整するため，重心移動速度が増し重心移動面積，重心移動軌跡も大きく，若年の立位保持にヒールの影響が生じていた。ヒール靴着装時の重心動揺の周波数分析を行ったところ，中年女子では若年と比べ縦のアーチだけでなく，横のアーチの衰退が有意に生じていた。横のアーチを支える靱帯が弱まり開張足（p.37，**図表4－24**）になると，親指に力が入らず**図表4－22**（p.37）に示す足のあおりと蹴り出しの正しい歩行ができず，外反拇趾やタコ・ウオノメ，爪の変形などのトラブルが生じやすくな

4 足の健康と履物

図表4-19 ハイヒール靴を履いた時と裸足時の歩行

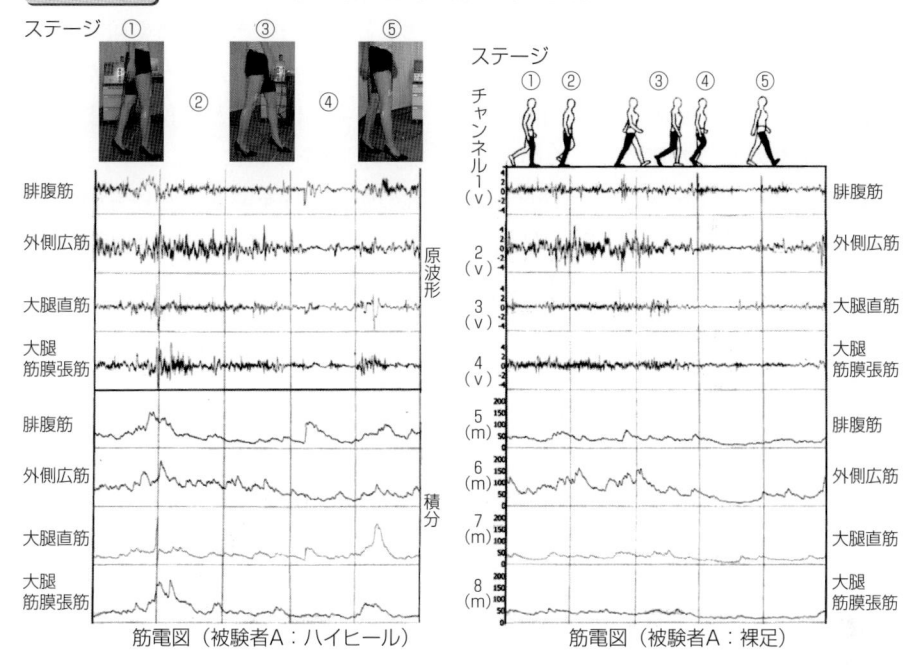

筋電図（被験者A：ハイヒール）　　　　筋電図（被験者A：裸足）

図表4-20 足の骨格図と靴のための計測部位

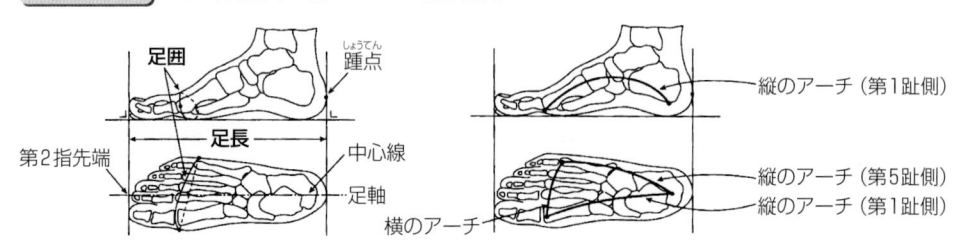

出典）田村照子，酒井豊子：『着ごこちの追求』，放送大学教育振興会，p.184（1999）

図表4-21 ヒール靴着装立位時の重心動揺

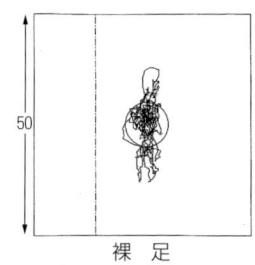

裸足
重心動揺振幅・左右方向：9.3mm
重心動揺振幅・前後方向：26.0mm
重心移動距離：56.5cm
重心移動平均速度：9.42mm/sec

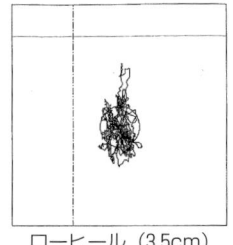

ローヒール（3.5cm）
重心動揺振幅・左右方向：10.5mm
重心動揺振幅・前後方向：23.3mm
重心移動距離：61.1cm
重心移動平均速度：10.19mm/sec

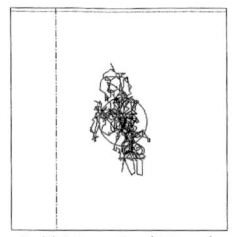

ミドルヒール（5.5cm）
重心動揺振幅・左右方向：13.8mm
重心動揺振幅・前後方向：25.3mm
重心移動距離：89.7cm
重心移動平均速度：14.95mm/sec

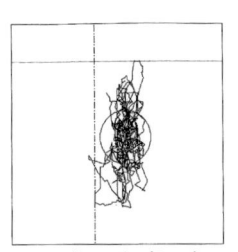

ハイヒール（8cm）
重心動揺振幅・左右方向：14.0mm
重心動揺振幅・前後方向：33.5mm
重心移動距離：109.9cm
重心移動平均速度：18.31mm/sec

る。パットや敷き底でアーチを高める必要があろう。ハイヒールはつま先立ちの姿勢をとるため，足関節を固定して足首の関節の運動範囲が狭まる。凹凸のある地面や傾斜面でバランスをとって歩く時の足関節の運動は，足の底屈，背屈だけでなく，足の内返しや外返し運動（**図表4-23**）が混ざった複雑で巧妙な複合運動となる。尖足になると足首が固まり立つことができない。足首の四つの運動で足の筋を鍛え，足の関節を柔軟にすることが大切である。また，足に負担がかからないよう，目的に応じた靴の履き分けを心がけたいものである。

図表4-24は，若年女子の足背と足底の形状を比較したものである。足背からみると，被験者Aは健康な足をもち，被験者Bはハイヒール靴の常用者で，外反拇趾傾向とハンマートウが観察される。足底の形状をみると，被験者Aでは各指が素直に伸びているのに対し被験者Bの拇趾は斜めに傾き，他の指はこごんでいて指の接地面積が少ない。足の状況は**図表4-24-A-②**に示すように靴の前方にずれ込んだ結果などの原因により生じたと考えられる。足指の開離能力のたけた人はしっかり足を踏ん張れるのに，このような足では力が入らず足の機能の減衰は明らかである。美しさだけを靴に追い求める若者には，自分の一生を共にする大切な足とよく相談して靴を購入することをすすめたい。

4．足のサイズと靴

足の蹴り出しは，関節部にあたる靴底の曲がりで助長される。蹴り出す時の甲周りにあたる足囲（p.35，**図表4-20**参照）は長腓骨筋の腱の収縮で約5％小さくなるので，その小さい足囲寸法（コロシ寸法）に合わせて靴は作られている。足には片足立ちや蹴り出しに体重の2割増し，走ると加重が2倍かかり，足長が増すので爪先にゆとりを加えて（捨て寸），靴の型が作られている。高齢者や幼児では，蹴り出しやすいよう成人より多く靴底の爪先が上げられている。足の計測は両足に均等に体重をかけて**図表4-20**に示す足長と足囲を計測する。

靴のサイズはJIS S 5037によると足長が0.5 cm，足囲が6 mm刻みで設定されている。男子では足長25 cmの場合，足囲はA：219 mm，B：225，C：231，D：237，E：243，EE：249，EEE：255，EEEE：261，F：267，G：273の10種類，女子では足長22.5の場合，足囲はA：201，B：207，C：213，D：219，E：225，EE：231，EEE：237，EEEE：243の8種類，男児・女児では足長12 cmの場合，足囲はB：110，C：116，D：122，E：128，EE：134，EEE：140，EEEE：146，F：152，G：158の9種類である。男子の足長が25 cmから25.5 cmになると，足囲Aは3 mm増え222，B：228となる。この変化量は女子や子どもも同様である。しかし，実際に販売されているのは男子用で一つの足長にEEのみ，またはEEEやEEEEがある程度なので，出現頻度の少ない足囲サイズの人は合わない靴で足にトラブルが生じやすい。なお，外国の靴サイズは靴の内底の実寸を表示したりしていて，日本の靴サイズで正確に換算することはできない。

ドイツでは足の検診が国でサポートされ，アーチの少ない場合は足底板を靴に装着し形成を専門的に指導する。「足は全身を支配する」という健康重視の考えで，正しい歩行をするためのフィット靴への国民の意識は大変高い。わが国でも，正しい歩行を助ける快適な靴が誰でも安価で入手できる生産体制や，足の健康サポートシステムの構築を期待したい。

4　足の健康と履物

図表4-22　足のあおりと蹴り出し

ステージ
- ④足離地 — 図表4-19-④
- ④第1・2・3趾で蹴り出す
- ③蹴り出しにかかる屈曲 — 図表4-19-③
- ②内へあおり 親指着地 外返し — 図表4-19-②
- ①-2 底屈しながら内返し — 図表4-23-ⓑ — 図表4-19-①
- ①-1 背屈しながら内返し — 図表4-23-ⓐ

出典）近藤四郎：『ひ弱になる日本人の足』，草思社，pp.108-109（1993）より改変

図表4-23　足首の運動

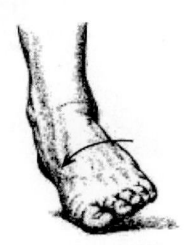

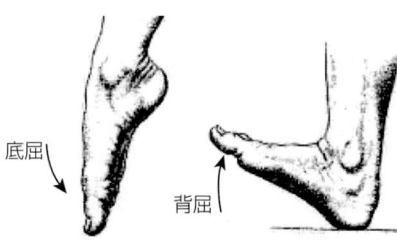

ⓐ内返し（回外）　　ⓑ外返し（回内）

底屈　　背屈

出典）近藤四郎：『ひ弱になる日本人の足』，草思社，p.23（1993）

図表4-24　健康な足とトラブルのある足

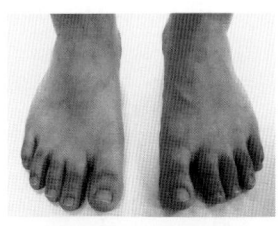

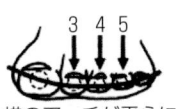

横のアーチ
正常な横のアーチ

横のアーチが平らになった「開張足」

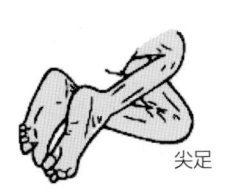

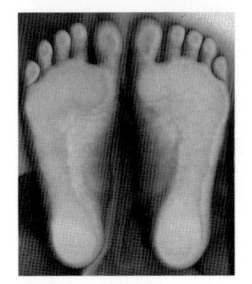

尖足

被験者A　23歳
靴を履き分けている人
A-①

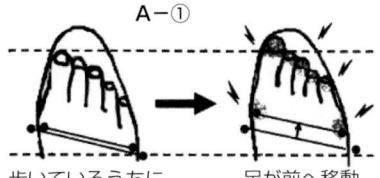

歩いているうちに　足が前へ移動
A-②

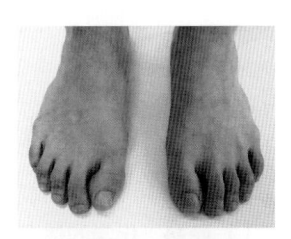

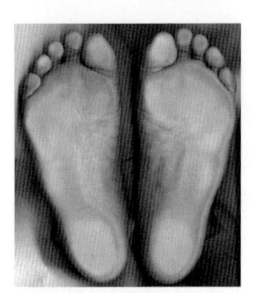

被験者B　22歳　ハンマートウ
ハイヒール靴常用者
B-①

ハンマートウ
B-②

5章 装いによる気候調節

1 体温調節

1. 体温と皮膚温

恒温動物であるヒトは，環境の影響を受けずにほぼ一定の体温を示す。これを，深部体温や核心温という。体温として，直腸温，口腔温，食道温，鼓膜温，外耳道温，腋窩温がよく用いられる。健康な成人の直腸温は，37.6℃位を示す（**図表5-1**）。一方，環境温の影響を受けやすい人体の外殻を皮膚温という。頭部や体幹から遠位にある部位ほど，寒冷環境下で低い皮膚温を示す。平均皮膚温は身体をいくつかの区分に分割し，各区分の代表の測定点で求められた皮膚温とその区分の皮膚表面積の身体全面積に対する比率の積和から求められる。

体温は，**図表5-2**に示すように約一日サイクルで日内変動（サーカディアンリズム）しており，早朝の睡眠時に最低値を，夕方に最高値を示す。その変動幅は，口腔温の場合，0.7～1.2℃位である。さらに，女子の体温は性周期によっても変動し，月経期から排卵期までは低値を，黄体期になると黄体ホルモンの影響を受けて0.2～0.4℃高値を示す。

2. 体熱平衡

体温を一定に保つために，体内で産生する熱と人体からの放熱が等しくなるように体温調節が行われる。産熱と放熱がバランスすることを体熱平衡という（**図表5-3**）。

（1）産熱：化学的体温調節（コラム参照）

産熱とは，①摂取した栄養素を体内で酸化させ，その化学的反応過程で熱エネルギーを産生することで，産生した熱エネルギーをエネルギー代謝という。②身体活動によるエネルギー代謝である仕事量 W（W/m²）は産熱量 M（W/m²）から基礎代謝 $M-W$（W/m²）を差し引いた値である。③基礎代謝とは，体温の維持と臓器の活動に必要なエネルギー代謝をいう。**図表5-4**（p.41）に年齢別，性別の基礎代謝量を示す。基礎代謝量は，低年齢では高値を示すが加齢に伴い低下する。全体に，男子の方が女子よりも高い。

（2）放熱：物理的体温調節

体内で産生された熱は，血流などの物理的調節によって人体から放散される。その移動経路には，伝導，対流，放射と蒸発があり（p.41，**図表5-5**），物理的体温調節ともいう。

  1）伝導（conduction） 熱エネルギーが高温部から低温部へ，一次元的に移動することを伝導という。伝導によって移動する熱エネルギー量 K（W/m²）は，物体の熱伝導率と移動距離，温度差に依存する。人体が常に接している空気の熱伝導率は，0.026 W/(m・K) と非常に小さいので，実際の伝導による人体からの熱移動量はわずかである。しかし，水中の場

1 体温調節

図表5-1 気温に対する日本人成人男子の体温と各部位の皮膚温

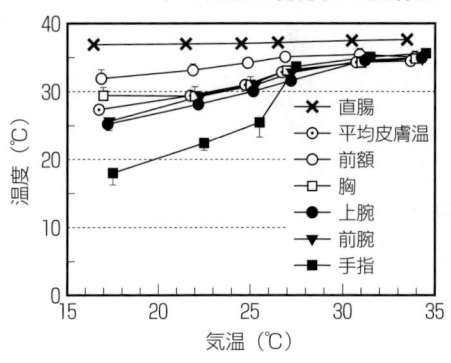

×直腸
○平均皮膚温
○前額
□胸
●上腕
▼前腕
■手指

出典）筆者研究によるオリジナルデータ

図表5-2 日本人成人女子の直腸温の日内変動（サーカディアンリズム）

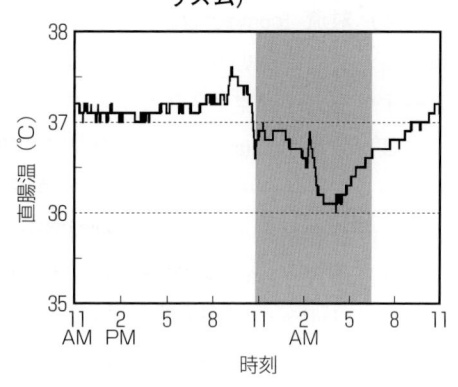

出典）筆者研究によるオリジナルデータ

図表5-3 体熱平衡の概念図

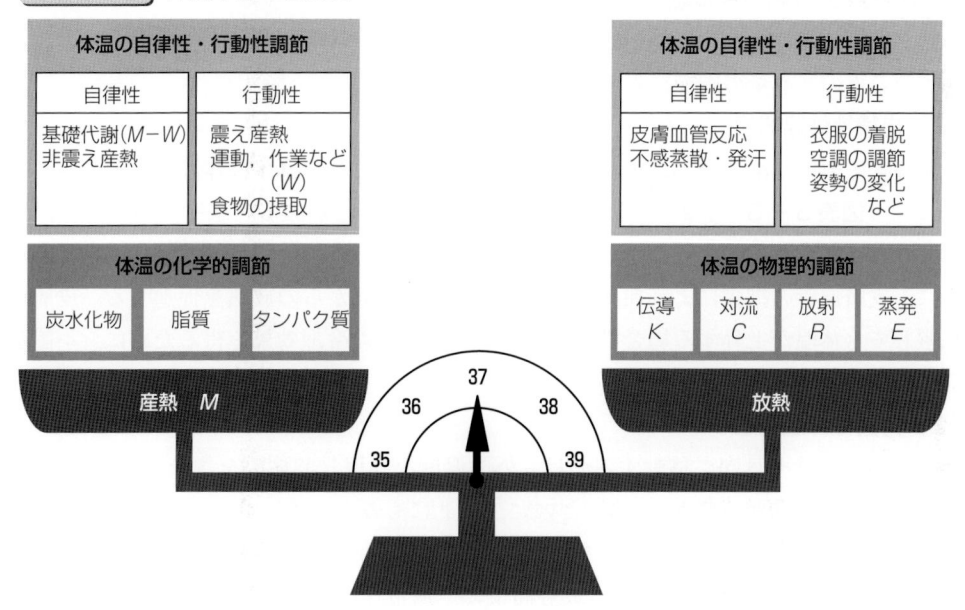

体温の自律性・行動性調節
自律性	行動性
基礎代謝($M-W$) 非震え産熱	震え産熱 運動，作業など (W) 食物の摂取

体温の化学的調節
| 炭水化物 | 脂質 | タンパク質 |

産熱 M

体温の自律性・行動性調節
自律性	行動性
皮膚血管反応 不感蒸散・発汗	衣服の着脱 空調の調節 姿勢の変化 など

体温の物理的調節
| 伝導
K | 対流
C | 放射
R | 蒸発
E |

放熱

column

化学的体温調節とは

① 炭水化物摂取の場合　（ブドウ糖）$C_6H_{12}O_6 + 6O_2 = 6CO_2 + 6H_2O + 673\,kcal$

② 身体活動　起きて運動・作業などをすると，その強度に比例して代謝量は増加し，筋活動レベルが上がり，産熱量は大となる。

③ 基礎代謝　20℃の室内で空腹時安静臥位の覚醒状態で，生命を維持するのに必要な最小限のエネルギー代謝。日本人の若い成人の基礎代謝量（日本人の栄養所要量，1990）は，1日男子1,550 kcal，女子1,210 kcalである。

合，水の熱伝導率は 0.602 W/(m・K) と非常に大きいので，伝導による熱移動量は空気の約23倍となる。

　　2）対流（convection）　　空気などの流体の運動によって，熱エネルギーが移動する現象のことを対流という。対流による人体からの熱移動量 C（W/m²）は，対流による熱移動のしやすさを表す対流熱伝達率と，皮膚温と環境温の差とによって決まる。

　　3）放射（radiation）　　物体間の熱エネルギーの移動には固体や液体等の流体を必要としないで，電磁波の形で熱エネルギーを放射すると同時に吸収する現象を放射という。放射による熱移動量 R（W/m²）は，放射率と物体間の温度差に依存する。

　　4）蒸発（evaporation）　　汗等の水が水蒸気に相変化することを蒸発という。蒸発した水 1 kg/(m²・s) に対して，2,430 kJ/kg の熱エネルギー E（W/m²）が使用される。例えば，体重 60 kg のヒトが 1,000 g の汗をかいて，そのすべてが蒸発した場合，約 12℃の体温上昇が抑制される。

3．自律性と行動性の体温調節

　体熱平衡は，自律性と行動性の体温調節によって維持される。特に，上述の四つの放熱経路および各々の放熱量の調節に対する影響が大きい。

（1）自律性体温調節

　自律神経系や内分泌系などによる不随的な体温調節のことを自律性体温調節という。その一つには，図表5-3（p.39）に示すように，皮膚血管反応がある。寒冷環境では体温低下を防ぐために，皮膚血管を収縮させて放熱を抑制する。一方，暑熱環境では体温上昇を防ぐために，皮膚血管の拡張により血流量を増加させて，体表からの放熱を促進する。皮膚血管を拡張しても体温が上昇する場合には，蒸発による体表の冷却効果を得るために，不感蒸散や発汗量が増加する。

（2）行動性体温調節

　変温動物が日陰や日向に移動するのは，外的温度を利用して体温を調節するためである。これを行動性体温調節（図表5-3）といい，ヒトにもみられる。ヒトの行動性体温調節の特徴的な点は，空調などの人工環境を利用することや衣服を着脱することである。特に，衣服の着脱は，寒さ・暑さに対応する最も簡便で，携帯性に優れた体温調節である。それゆえ，人類がさまざまな気候帯を示す地球に生活圏を拡大することができた。

4．発　　汗

　人体の表面からは常に水分が蒸散しているが，意識にのぼらない。そこで，これを不感蒸散という。成人若年男子における全身からの不感蒸散量は，1時間当たり 40 g 前後である。この不感蒸散量は，体重 60 kg のヒトの体温を，1時間当たり 0.4～0.5℃下げる熱エネルギー量に相当する。温熱的中性域下での不感蒸散量は，図表5-6に示すとおり身体部位差があり，乳幼児と成人で異なる。

　温熱刺激によって，汗腺のエクリン汗腺から分泌される水分を発汗という。体表から蒸発して体温上昇の抑制に貢献できた汗を有効発汗といい，他方，蒸発せずに体表に残留した汗

図表5−4 日本人における基礎代謝量の年齢差と性差

年齢（歳）	男子	女子
0	59.6	57.8
1-5	66.8	63.2
5-10	58.9	55.2
11-15	51.7	48.6
16-20	45.5	42.0
20-29	43.2	39.7
30-39	42.8	38.5
40-49	41.9	37.8
50-59	40.5	37.3
60-69	39.6	36.9
70-	38.0	36.5

注）単位：W/m^2
出典）鈴木隆雄：『日本人のからだ―健康・身体データ―』，p.130（1996）より引用・編集

図表5−5 ヒトの放熱経路

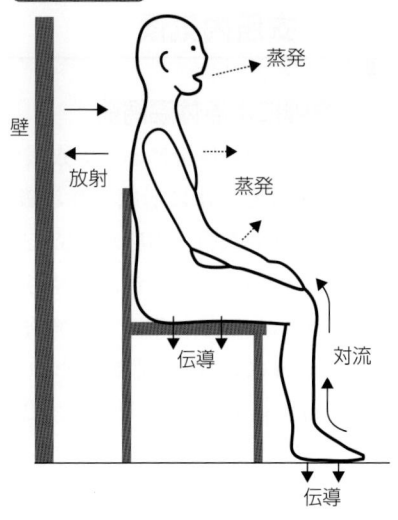

（壁、放射、蒸発、伝導、対流）

図表5−6 気温27℃から28℃に暴露したときの，乳幼児と成人女子の体表からの蒸散量

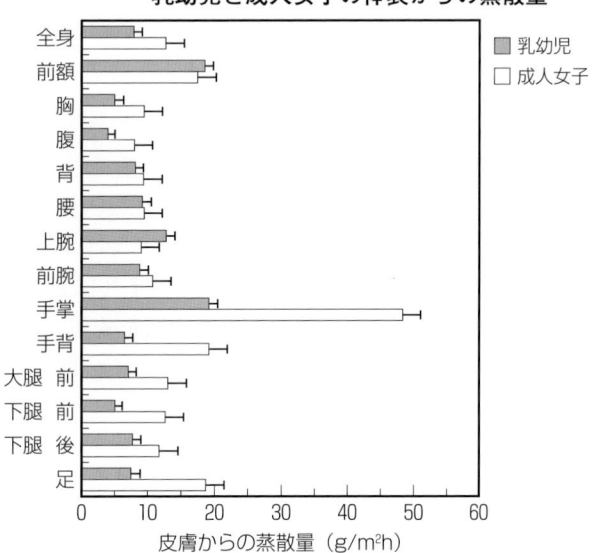

■ 乳幼児
□ 成人女子

（全身、前額、胸、腹、背、腰、上腕、前腕、手掌、手背、大腿 前、下腿 前、下腿 後、足）

皮膚からの蒸散量（g/m^{2}h）

注）図中データは，下記より引用して作成。
資料）乳幼児のデータ：原 裕英：皮膚からの水分蒸散量測定，日本香粧品学会誌，6 (2)，pp.113-121（1982）
成人女子のデータ：鄭 明姫，田村照子：ヒトの蒸散量の部位差及びその姿勢による修飾，人間と生活環境，5 (2)，pp.123-131（1998）

や，体表から流下した汗を無効発汗という。

2 衣服内気候

1．衣服による体温調節

　ヒトが周囲の環境に応じて衣服の着脱を行うのは，体熱平衡を維持するためである。このとき，衣服と人体に形成される微空間の気候のことを衣服内気候（**図表5－7**）という。人体に最も近い衣服最内層が，32±1℃，50±10%RH，気流0.15～0.25 m/sの範囲にある場合に，ヒトの温熱的快適性が維持される（**図表5－8**）。暑熱・寒冷環境にかかわらず，この温熱的快適域から離れるほど温熱的な不快感を覚えるので，衣服最内層がこの快適域範囲を維持するように衣服の着脱が行われている。それゆえ，欧米では，衣服最内層のことを衣服内気候（micro climate）として指すことが多い。なお%RHは相対湿度（relative humidity）を表し，空気中の水蒸気圧と，同じ温度における飽和水蒸気圧との比で求められる。

2．衣服内気候に関与する着衣における熱と水分移動

　周囲環境に存在する人体は，自ら産熱を行う発熱体であり，同時に水分（汗）も放出する。そこで，温熱的に快適な衣服内気候を形成するには，衣服を介した人体からの熱と水分移動性について考慮しなければならない。各移動性能には，衣服素材固有の熱と水分に対する基本物性（7章「2　素材の性能」(p.70)を参照）と，着装条件の双方が関与することから（本章「3　暑さ・寒さと快適性」(p.44)と「4　濡れ・蒸し暑さと快適性」(p.48)を参照），着衣の熱・水分移動と表現される。

（1）着衣の熱移動

　着衣の熱移動とは，着衣中の人体からの伝導，対流，放射による顕熱移動のことをいう。

　　1）着衣の熱抵抗　　この顕熱の伝えにくさ，つまり保温性のことを着衣の熱抵抗R_d（m²・K/W）という。寒冷環境では，熱抵抗の大きな衣服を着用する。それは，次式に示すとおり，着衣の熱抵抗が大きいと，人体からの顕熱の移動量を抑制できるためであり，その結果として体温が好ましい状態に保たれるからである。

$$R_d = \frac{\overline{T}_{sk} - T_a}{K + R + C} \qquad (式5-1)$$

　ここで，$\overline{T}_{sk}$は平均皮膚温（K），T_aは環境温度（K）のことである。

　　2）衣服の熱抵抗　　着衣状態にあるヒトの体表から衣服外表面までの熱抵抗R_{dcl}のことを，衣服の熱抵抗といい，重ね着している場合は，衣服アンサンブルの熱抵抗ともいう。前述の着衣の熱抵抗は，衣服の熱抵抗R_{dcl}と衣服外表面から環境までの熱抵抗R_{da}の，二つの熱抵抗より構成される。よって，式5－1を次式のように表すこともできる。

$$R_d = R_{dcl} + R_{da} \qquad (式5-2)$$

　　3）着衣および衣服の熱抵抗の求め方　　着衣や衣服の熱抵抗を求める際には，サーマ

2 衣服内気候

図表5-7 衣服内気候と着装例

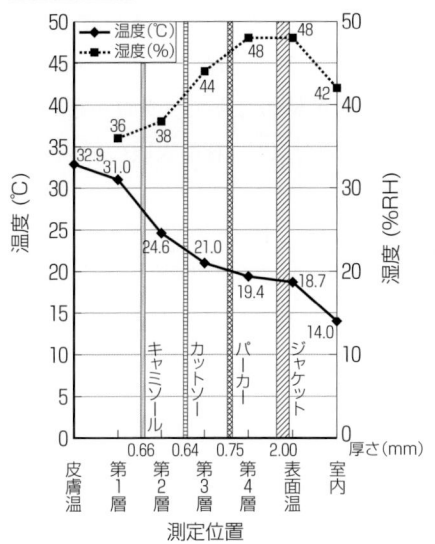

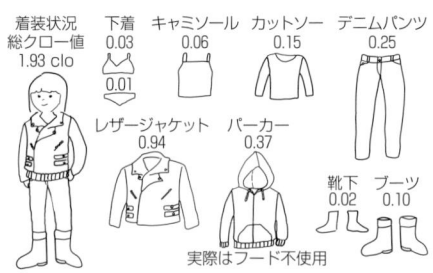

着装状況 総クロー値 1.93 clo
- 下着 0.03 / 0.01
- キャミソール 0.06
- カットソー 0.15
- デニムパンツ 0.25
- レザージャケット 0.94
- パーカー 0.37（実際はフード不使用）
- 靴下 0.02
- ブーツ 0.10

出典）岡田資料による

図表5-9 北欧の成人女子の平均的サイズを模擬したサーマルマネキン

裸体　　浴衣の着用時

資料）九州大学大学院芸術工学研究院

図表5-8 衣服内の温度と相対湿度とヒトの温熱的な快適感との関係

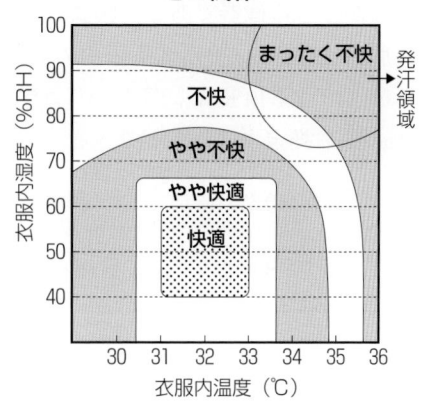

（まったく不快／発汗領域／不快／やや不快／やや快適／快適）

出典）原田隆司：『着ごこちと科学』（ポピュラー・サイエンス140），裳華房，p.19（1996）

図表5-10 一般的な単品衣服の熱抵抗

服種		熱抵抗 I_{cl}(clo)
下着	パンティー	0.03
	ブラジャー	0.01
	長袖シャツ	0.11-0.25
シャツ	襟付き半袖シャツ普通地	0.24-0.25
	襟付き長袖シャツ普通地	0.17-0.33
	襟なし袖なしシャツ	0.13-0.21
ズボン	半ズボン	0.06-0.11
	ズボンタイトフィット	0.18-0.24
	ズボンルーズフィット	0.21-0.28
セーター	丸首／Vネックセーター普通地	0.23-0.25
	タートルネックセーター普通地	0.37
ジャケット	シングルジャケット普通地	0.36-0.45
	ダブルジャケット普通地	0.42
スカート	ミニスカート（膝上丈）	0.10
	フレアスカート（膝下丈）	0.14
	プリーツスカート（膝下丈）	0.16-0.26
外衣	コート	0.60
	ダウンジャケット	0.55
寝間着	長袖パジャマ	0.48-0.57
	半袖パジャマ	0.42
その他	ソックス足首まで	0.02
	ソックス膝下	0.03-0.06
	手袋	0.05-0.08

資料）ISO 9920: Ergonomics for the thermal environment-Estimation of thermal insulation and water vapour resistance of a clothing ensemble, ISO Geneva (2007) より，データを引用してまとめた

ルマネキン（p.43, **図表5-9**）を用いて測定される方法が一般的である。サーマルマネキンは形状のみならず，その表面温度または熱量のいずれかを人間と同様となるように制御することができる機器である。**図表5-10**（p.43）に，サーマルマネキンで測定された一般的な衣服の熱抵抗R_{dcl}を示す。表中のI_{cl}（clo）とは，熱抵抗を表す単位のことで，クローといい，1 cloは0.155 m²K/Wに等しい（**コラム**参照）。この衣服の熱抵抗I_{cl}は，着用衣服の総重量W（kg）から推定することができる。

$$I_{cl} = 0.57 \cdot W \qquad (式5-3)$$

その他，ISO9920では，着用衣服単品の熱抵抗I_{clu}を求めて，その総計を衣服の熱抵抗I_{cl}とする方法も提案している[1]。

$$I_{clu} = 0.0043 A_{cov} + 1.4 d_{fab} \cdot A_{cov} \qquad (式5-4)$$

ここで，A_{cov}は衣服による体表の被覆面積率（％）で，d_{fab}は衣服の厚さ（mm）である。

（2）着衣の水分移動

着衣の水分移動とは，体表から放出された水分が衣服を介して環境に移動することである。そして，体表から蒸発した汗（水分）の移動しにくさを，着衣の水分移動抵抗R_e（m²·kPa/W）という。その抵抗は，体表からの蒸発に要した熱エネルギー量E_{sk}（W/m²）と体表$\overline{P}_{sk}$（kPa）と周囲環境P_a（kPa）の水蒸気圧差より得られる。前述の着衣の熱抵抗と同様に，着衣の水分移動抵抗は，体表から衣服外表面までR_{ecl}（m²·kPa/W）と衣服外表面から環境までR_{ea}（m²·kPa/W）の水分移動抵抗が，直列に繋がれているものとして考えられ，次式で表される。

$$R_e = \frac{\overline{P}_{sk} - P_a}{E_{sk}} = R_{ecl} + R_{ea} \qquad (式5-5)$$

3 暑さ・寒さと快適性

1．温冷感と温熱的快適性

快適な衣服内気候の温度から低温側に外れた場合，寒さによる不快を感じ，高温側に外れた場合には暑さによる不快を感じて，衣服の着脱などの行動性体温調節を行う。その動機付けとなる熱い／冷たい，というような温度の感覚のことを温冷感という。**図表5-11**に，全身の温冷感に対する平均皮膚温を示す。温冷感と平均皮膚温には正の相関が認められ，暑くも寒くもない状態にあるときの平均皮膚温は33～34℃位である。

2．温冷感の感知機構と感受性

（1）温点・冷点

温冷感は温度受容器によって感知され，温かさを感じる受容器を温受容器といい，冷たさを感じる受容器を冷受容器という。これらの受容器は，皮膚中の温度感受性自由神経終末に

column

1クロー (clo) とは

　気温21.2℃，相対湿度50％RH，気流10 cm/sの室内で椅子に座って安静にしている人が，暑くも寒くもなく快適に感じる程度，すなわち，平均皮膚温を約33℃に維持できるような，着衣全体の保温力と定義されている。なおこの定義は，産熱量50 kcal/m^2/hの成人男子で想定されているため，産熱量の少ない高齢者では1クローより多く，産熱量の多い乳幼児では1クローより少なくなることを考慮する必要がある。

図表5-11 椅座安静状態にある日本人成人男子における温冷感評価と平均皮膚温の関係

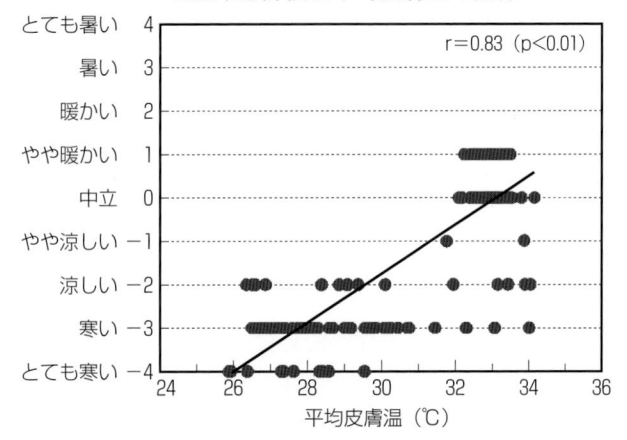

資料）深沢太香子，高原勇樹，栃原裕：常圧性低酸素と低圧性低酸素環境下における低温下作業能，日本生理人類学会誌，10 特別号 (2)，pp.128-129 (2005) よりデータ一部を引用し作成

存在する。そして，皮膚上で温覚または冷覚を覚える点を温点または冷点という。**図表5－12**は，全身における温点と冷点の分布を示しており，その分布密度は身体部位によって異なる。

（2）温冷覚の感受性

温点と冷点による温冷覚の感受性を**図表5－13**に示す。この温冷覚の感受性とは，もとの皮膚温に対して温度上昇あるいは低下を認識できる温度変化量をいう。したがって，感受性の高い部位ほど，僅かな温度変化をとらえることができ，ほぼ温点・冷点密度の順に従う。温冷覚の感受性は，**図表5－13**に示すとおり，加齢とともに低下するが，これは，温点と冷点密度の減少によるものであると考えられている。

3．暑熱環境における衣服

暑熱環境では，人体からの熱放散を円滑に行うために，通気性の高い衣服が望ましい。しかし，気温が人体よりも高い環境下では，環境から人体に熱を受けることになるので，汗の蒸散が体熱平衡の維持に有効となる。したがって，暑熱環境で着用する衣服には，気相の汗と液相の汗に対する二つの水分移動性能も，衣服内気候を左右することとなる。

（1）気相の汗処理

人体から蒸発した汗が衣服内に留まると，衣服内気候の湿度が上昇して不快となる。そこで，衣服内の湿気を繊維内部に取り込む吸湿性と，湿気を衣服外に透過させる透湿性のある衣服が好ましい。汗をかきやすい夏季に，綿や絹などの親水性の高い天然繊維の衣服を着用するのは，吸湿性が高いからである。一方，透湿性は繊維の親水性の影響を殆ど受けない。衣服中に小さな孔が多数ある場合（p.75，**図表7－23**参照）に高い透湿性を示す[2]。

（2）液相の汗処理

体表にある液相の汗は，皮膚の衛生を保つために，衣服に吸収されなければならない。そこで，衣服には吸水性が求められる。しかし，汗を吸収して濡れた衣服は，湿潤感による不快感をもたらし，さらに，吸水による衣服重量の増加が身体の動作性を妨げることもある。そこで，汗を素早く吸収して，それを環境側に拡散させて，素早く乾燥する性能も必要である。このような性能のことを，吸汗速乾性という。吸汗速乾性は，繊維の親水性よりもむしろ，衣服素材の表面特性や織編組織が強く影響する。

4．寒冷環境における衣服

寒冷環境で体熱平衡を維持するためには，高い保温性，言い換えると熱抵抗の大きな衣服が求められる。同時に，身体から蒸散する汗に対処するために，水分移動性についても考慮しなければならない。

（1）保温性

体温の低下や寒さによる不快感を防ぐために，保温性の高い衣服が必要となる。その際，重要なことは，衣服内に温かい静止空気を保持することであり，衣服素材そのものと着装条件の二つの影響を受ける。

1）素材の保温性

空気は高い断熱性を示す。厚い衣服の場合，体積中に含まれる空気量が多くなるので，衣服素材の保温性は高くなると思われるが，実際には，素材中で対流

図表5−12 日本人成人女子における温点・冷点の密度分布

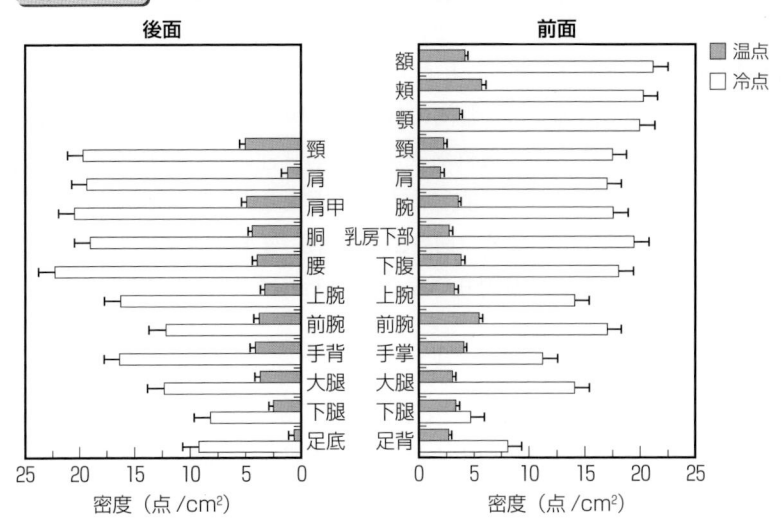

資料）李旭子，田村照子：人体表面の温度点分布（第1報）冷点分布密度の部位差，人間と生活環境，2 (1)，pp.30-36 (1995) と，田村照子，李旭子：人体表面の温度点分布（第2報）温点分布密度の部位差，人間と生活環境，2 (1)，pp.37-42 (1995) よりデータを引用

図表5−13 日本人成人女子における温冷感受性の身体部位差

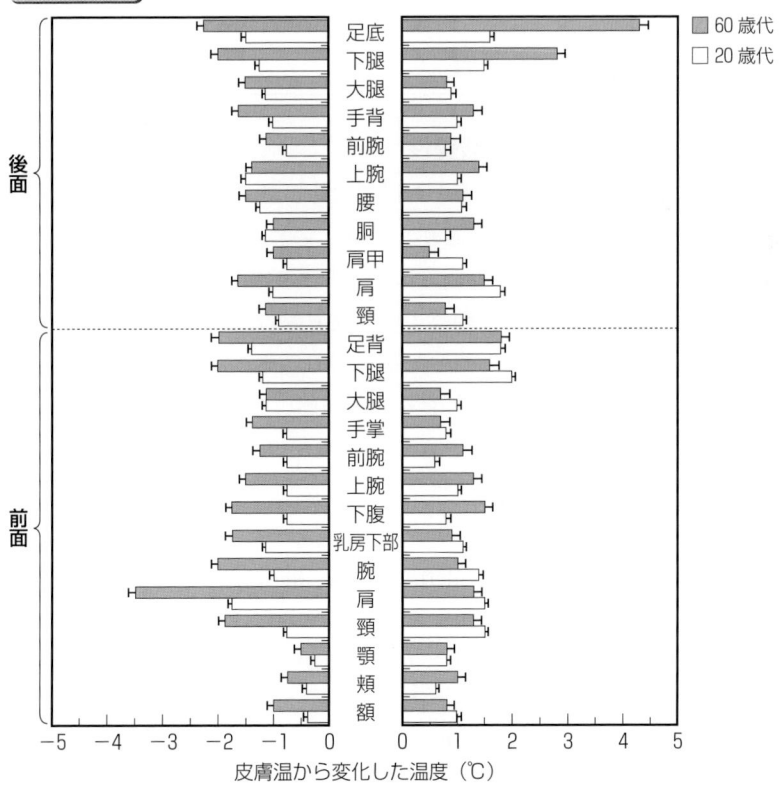

資料）内田幸子，田村照子：高齢者の皮膚における温度感受性の部位差，日本家政学会誌，58 (9)，pp.579-587 (2007) よりデータを引用

が発生して保温性が低下する[3]。そこで，厚い衣服を単数で使用するよりも，衣服を複数枚重ね着するほうが，高い保温性を得ることができる。

2) 着装条件　このとき，重ね着した衣服の各層の間隙量を3～5mm程度にすると，高い保温性を得ることができる[4]。衣服内の静止空気層を保持するには，外からの風の浸透も防がなければならない。そこで，最外層衣服には通気性の低い衣服を用いるのがよい。しかし，低通気性の衣服を着用すると，衣服内が陰圧となるため（**図表5－14左**），下端開口部から比較的速い風が入り込んでしまう（**図表5－14右**）。また，温められた空気は，密度差によって上方に流れが生じるので，首周りや裾などの上下にある開口部を閉じて，保温性を確保する。

（2）水分処理

濡れた衣服は体温低下を引き起こす。なぜならば，水の熱伝導率（p.71，**図表7－12参照**）は大きいので身体からの熱が移動しやすく，濡れた衣服から水分が蒸発する際に身体から蒸発熱を奪うからである。そこで，風の浸透を防ぎ，蒸発する汗が衣服内で結露するのを防ぐには，吸湿性と透湿性が必要となる。特に，透湿性は衣服内の結露を防ぐのに有効である。

衣服の濡れは，雨や雪などによっても生じることがある。そこで，外環境による濡れを防ぐためには，水を弾き落とす撥水性と水を衣服内に浸透させない耐水性，すなわち防水性も必要である（p.71，**図表7－11参照**）。

4　濡れ・蒸し暑さと快適性

1．湿り感・濡れ感の感知機構と感受性

全身が湿り感を覚えるのは，**図表5－15**に示すとおり，人体周囲の絶対湿度が15～22mmHg程度である[5]。この時感じる湿りや濡れ，いわゆる湿潤を感知する感覚受容器の存在は，今のところ見つかっていない。そこで，ヒトの湿潤感を感知するメカニズムとして，皮膚からの水分蒸散による潜熱移動によって皮膚温の微細な温度低下が生じ，この温度変化によって，特に冷覚が刺激された場合に感知されると考えられている[6]。冷覚には身体部位差があることから，**図表5－15**のとおり，湿潤感にも身体部位差が存在する。

2．湿り感と温熱的快適性
（1）皮膚濡れ率

温暖・暑熱環境や運動時における温熱的快適性は，温冷感よりもむしろ湿り感の影響を強く受ける。そこで，ギャッギ（A. P. Gagge，アメリカ）は，人体の湿り状態を表す指標として，"人体表面からの水分（汗）の蒸発量"を"人体表面からの可能な（汗の）蒸発量"に対する比で表す，皮膚濡れ率という概念を考案した[7]。これによると，不感蒸散における皮膚濡れ率は0.06程度であり，皮膚濡れ率が0.3程度までは，温熱的な快適感が維持される。

図表5−14 衣服間隙内の高さ方向における圧力分布（左）と下端開口部から入り込む風の流速（右）

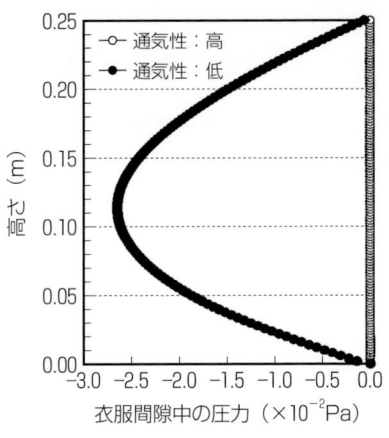

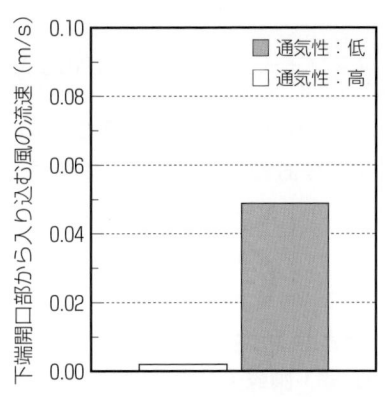

資料）深沢太香子，薩本弥生，竹内正顯，石川欣造：着衣の熱・水分同時移動への布の通気性，透湿性による影響，繊維学会誌，54（9），pp.443-451（1998）のデータの一部を利用して作成

図表5−15 湿り感を感知したときの皮膚近傍の水蒸気圧

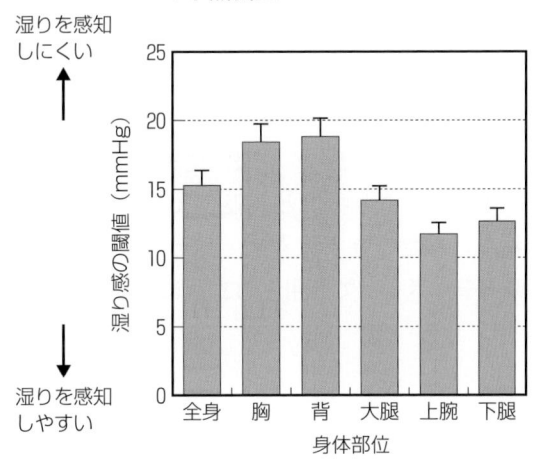

資料）深沢太香子，栃原裕，George Havenith：コルチゾールとアミラーゼ活性を指標とした局所と全身の温熱的快適性評価，デサントスポーツ科学，30，pp.87-95（2009）よりデータを引用

(2) コンフォートリミット

　温熱的に不快感を覚え始める皮膚濡れ率を，温熱的快適感の閾値，または，コンフォートリミットという。コンフォートリミットは，次式のとおり，産熱量 M（W/m²）に応じて変動する[8]。

$$\text{コンフォートリミット} = 0.0012 \cdot M + 0.15 \qquad \text{(式5-6)}$$

　産熱量が 175 W/m² の場合，図表5-16に示すとおり，全身のコンフォートリミットは皮膚濡れ率 0.35 である。同図には身体各部位におけるコンフォートリミットも示されており，体幹前後よりも四肢である腕や大腿のほうが，温熱的に不快感を覚えやすい部位であることがわかる。

3．濡れ感と快適性

(1) 湿潤感と限界水分率

　衣服が濡れると冷たさを感じるようになり，着用感は悪化する。これは，衣服中の空気が水に置き換わるためであり，衣服の濡れである湿潤が感知されるときの衣服の水分率のことを限界水分率という。この限界水分率（図表5-17）は，繊維種によって異なり，ほぼ公定水分率の順に従うので，親水性繊維である綿や羊毛で構成される衣服は湿潤感をもたらしにくい。これに対し，疎水性繊維であるポリエステルなどで構成される衣服は湿潤感をもたらしやすい。よって，夏季などの高温多湿環境で快適に過ごすためには，水分率，言い換えると吸湿性の高い衣服を着用することが望ましい。

(2) べとつき感

　衣服が湿潤すると，水の表面張力によって肌にべとつき，動作性を低下させるなど不快な触感をもたらす。このべとつき感は，濡れた衣服が皮膚上でずれたときに，より強く感知される。濡れた衣服がずれるときの滑り抵抗と衣服の水分率との関係が図表5-18に示されている。織物の滑り抵抗値は編物よりも大きく，べとつき感をもたらしやすい。したがって，発汗しやすい暑熱環境やスポーツで着用する衣服には編物が適している。

図表5-16　皮膚濡れ率を指標としたときの全身と局所の温熱的快適感の閾値

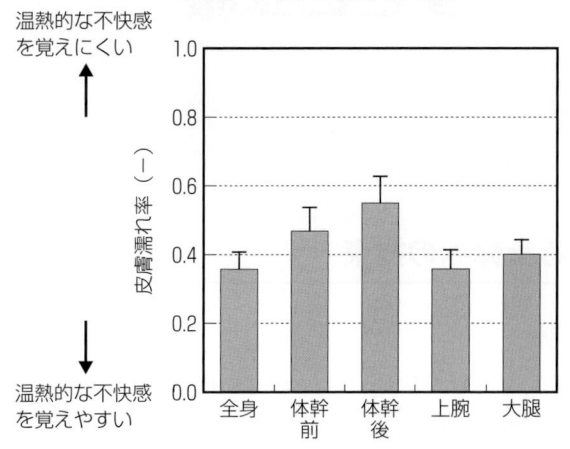

資料）T Fukazawa, G Havenith：Differences in comfort perception in relation to local and whole body skin wettedness, European Journal of Applied Physiology, 106（1），pp.15-24（2009）

図表5-17　繊維の水分率と湿り感を感じる水分率（湿感限界水分率）

繊維	水分率（%）		湿感限界水分率（%）
	65%RH	95%RH	
羊毛	15.0	27.0	16
木綿	8.5	29.0	10
アクリル	2.0	2.5	4
ポリエステル	0.4	0.7	2

資料）鈴木淳：布の湿感限界水分率に関する一考察，繊維学会誌，38（4），pp.163-170（1982）のデータより一部引用

図表5-18　衣服素材中の水分率に対する滑り抵抗

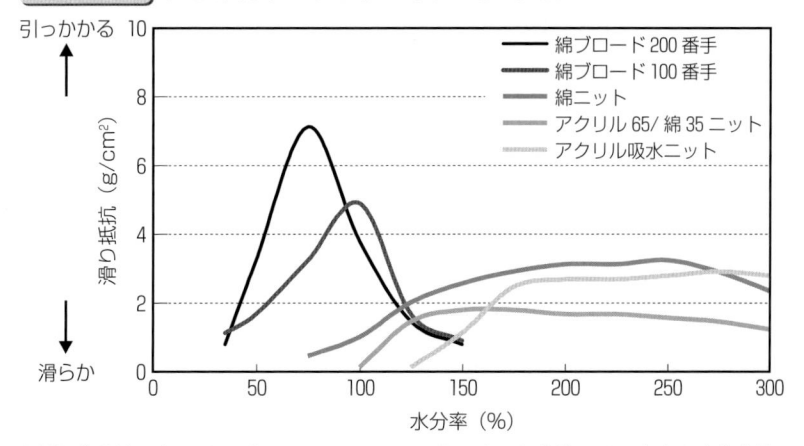

資料）鈴木淳：布―ポリプロフィレンフィルム間のすべり特性に及ぼす水分率依存性，日本繊維機械学会論文集，35（2），pp.23-29（1982）のデータより一部引用

6章 動きやすさと衣服

1 衣服による身体への拘束

1．衣服と運動機能性

　私たちは，歩く，すわる，しゃがむ，衣服を着脱するなどさまざまな動作を繰り返しながら生活している。このため，衣服は動作時においても美しく快適であることが望まれる。衣服の動作への適応と動きやすさは運動機能性と呼ばれ，衣服の快適性に欠かすことのできない要因である。また，衣服によって引き起こされる，圧迫，締めつけや動きにくさなどを衣服の拘束性という。身体への圧迫度を中心に衣服の拘束性を評価し，衣服の拘束が運動機能性と着心地，さらには健康に及ぼす影響について記述する。

2．過去から現在にみる衣服による拘束の例

　美の基準は時代や民族により異なるが，美を追求するあまりに活動を妨げ身体の形状まで変化させた例を紹介する。その代表として，16世紀から19世紀にかけてヨーロッパの女子服に流行したコルセットがある。**図表6-1**のようなコルセットで締めつけてウエストを極端に細くし，スカート部分をペチコートで膨らませたスタイルが形を変えながら繰り返し流行した。15歳のときに58cmあったウエストが，2年後には13cm細めることができたという女子学生の記録がある。このように無理な締めつけの結果，生理不順，便秘，流産，肺病，内臓萎縮などの健康障害が発生していたという。

　中国では南宋時代から清朝にわたる約千年もの間，小さな足が美人であるという価値基準により，幼児の頃から第1指以外の足指を足裏に曲げて硬く縛って変形させるてん足が知られている。理想形の足長は約10cmしかなく，歩行に支障をきたしたことはいうまでもない（**図表6-2**）。

　このような過度の締めつけによって身体の変形を招いた着装はわが国ではみられないが，着物の帯は重量があり胴部にきつく巻かれるため，胸や腹を圧迫することが問題視され，研究がなされてきた。今日でも補整用下着の締めつけによる健康障害の苦情が消費者センターに寄せられている。痩せる・贅肉がおちるといったセールストークにのせられて，下着を購入して着用した結果，かぶれ・あざ・皮膚障害が生じたというものである。

　以上のことは，衣服による拘束が健康を損ねる例であり，現代においても美を追求するコルセットの類は存在しているといえるかもしれない。美しくなりたいという願望は，時として健康をないがしろにすることもあるため，科学的な知見による正しい知識にもとづいて適切な着装を心がけることが大切である。

3．動作時の人体と衣服の変形

人体は200個あまりの骨で構成されており，骨と骨が連結して関節をつくっている。関節を屈曲，伸展，回旋，内転，外転，挙上，下制させることにより身体を動かすことができる。このとき筋肉は収縮・弛緩し，それに伴い骨の位置関係が変化して人体は変形する。**図表6－3**（p.55）は，動作時に伴う人体表面の変形率を示したものである。

形状変化の大きい部位として上半身では肩から背中，下半身では臀部があげられる。衣服と人体の関連をみると，ジャケットを着て片腕を上げるとき肩幅には余りがでて背幅や脇下ではひきつれが生じてくる。ズボンをはいてしゃがみ込むとき後ろがずり下がり背中がのぞきだす経験をする。このとき，背・脇や臀部には圧迫が加わる。また，レオタードやファンデーションのように伸縮性のある布で実寸より小さく設計された衣服では，肌に密着して常に圧迫がかかっている。

4．衣服の拘束性と衣服圧の測定

（1）衣服圧の測定法

衣服の拘束性は，圧迫度，着心地および動作・運動への制約と健康への影響の観点から調べられている。衣服の拘束のうちで大きな問題となるものに圧迫があり，圧迫の程度は衣服圧で表される。衣服圧とは人体に垂直に働く圧力で，衣服が伸ばされるときに働く張力によるものと，重量によって引き起こされるものがある。いずれも，単位面積当たりにかかる垂直力で示す。衣服圧の測定には間接法と直接法の2方法がある。

間接法は布の伸び率と曲率半径から衣服圧を推定する方法である。すなわち，**図表6－4**（p.55）のように着衣の状態でたて(1)とよこ(2)の2方向の張力Tと人体の曲率半径 r より，以下の式で衣服圧Pが求められる。

$$P = T_1/r_1 + T_2/r_2$$

図表6－1 ウエストを極端に細く締めつけられた女性

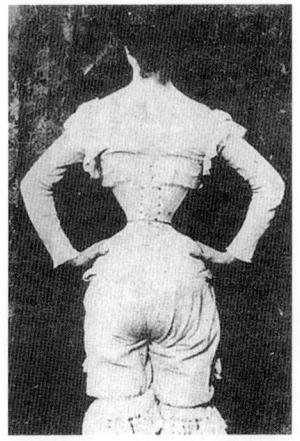

出典）田村照子編著：『衣環境の科学』，建帛社，p.66（2004）

図表6－2 てん足

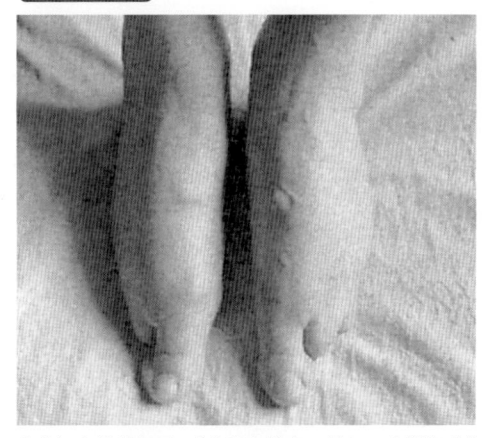

出典）中橋美智子：『衣服と健康，新しい衣服衛生』（中橋美智子，吉田敬一編），改訂第2版，南江堂，p.7（1997）より許諾を得て転載

曲率半径 r は人体表面のカーブの程度である。**図表6－4**のように両端2脚を固定しておき，ダイヤルゲージで中央の高さ h を読み取り，h と ϕ から算出する。張力 T は衣服（布）の伸長率と引っ張り強さの関係から求められる。正確な張力を得るには，**図表6－5**のようにたて・よこ2軸方向を考慮した引っ張り強伸度曲線が必要である。ズボンのベルト，靴下のゴム，着物の帯などによる衣服圧は，上式において1方向のみに加わる垂直圧とみなされる。張力が一様なら衣服圧は曲率半径の小さい部位で大きくなる。

しかし，間接法では伸びにくい布地の変形を計測することや，動作とともに刻々変化する衣服圧を求めるのは困難であるという問題が残されている。

直接法では歪ゲージや半導体ゲージを内蔵した小型の圧力センサが用いられる。受圧面を衣服と人体の間にはさみこんで，動作時の変化を計ることもできる。ただし，腹部のように柔らかい部位で測定すると受圧面が埋没するために圧を受けにくくなる場合と，反対に骨に近く硬い部位や肘頭のように尖った部位では，布が引き伸ばされて過大な圧が加わる場合が問題となる。**図表6－6**（p.57）は，エアパック型の衣服圧計を示している。一般には空気や水を入れた小型の袋を受圧面とし，外部の圧力センサで内圧を測る方法が用いられている。空気や水の袋は衣服にも人体にもなじみがよいため，安定して測定ができる。受圧部には形状・大きさの異なるものが市販されており，目的に応じて選ぶことができる。

（2）衣服の重量による衣服圧

もう一つの衣服圧の発生要因として，衣服の重量によるものがある。衣服の軽量化が進んでいるが，夏の総着衣量（平均）は 500 g に対し冬は 1,200 g という報告もあり，冬には夏の約3倍近くの衣服を身につけている。気温の変化に対しては，下半身より上半身用の衣服で調節し，下着よりも外衣（アウター）で調節するといわれ，上半身用衣服の重量は肩への衣服圧に影響を及ぼす。ポケットにものを入れたり，手を入れて体重をかけたりすると衣服圧はさらに大きくなる。厚着になりがちな高齢者や寒さの厳しい地域の人たちには，着衣の増加は圧迫感をもたらすとともに運動機能性を低下させる原因となる。

和服は圧迫感があり，重くて動きづらいと受けとめられている。ある大学で卒業式当日に和服の着心地を調査したところ，もっとも圧迫を感じた部位は腰ひもの位置と肩であり，疲労を感じたのは肩と背中であった。着物一式の総重量（下着を含み履き物を除く）は，振袖 3,430 g，長着と袴 3,105 g，浴衣 1,365 g であった。**図表6－7**（p.57）は，被験者9名がこれら3種の和服を着用したときの平均衣服圧である。どの身体部位でも振袖がもっとも高い値を示し，拘束性が高いことがわかった。振袖においては，左脇の帯上端の衣服圧が 1.7 kPa ともっとも高く，次いで肩の 1.5 kPa となり，調査の回答と一致していた。浴衣では肩の衣服圧が 0.6 kPa と小さかったことから，肩の圧迫は和服の重量によるものとみなされる。

（3）衣服圧と着用感

衣服の拘束性や圧迫の程度は客観的指標である衣服圧で表すのに対し，動きやすさや圧迫感のような着用感は官能検査で判定する。ここでは，衣服圧と圧迫感のデータをふまえて改善を提案した研究を紹介する。

子ども用のズボンにはウエスト部分にゴムが用いられることが多い。**図表6－8**（p.57）は保育園年長児，小学5年生，大学生を対象に計測したズボンのゴム圧の平均値である。大

図表6−3 運動の種類と人体表面の変化と変形率の例

①運動の種類

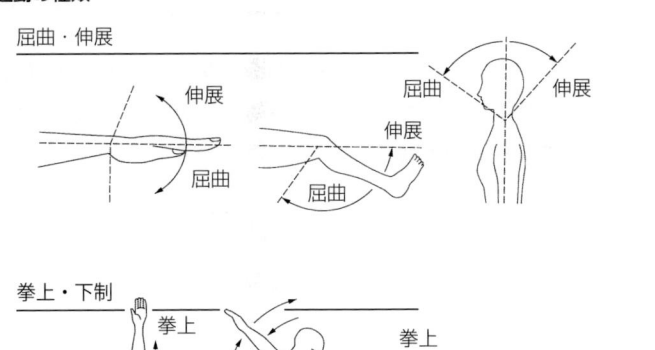

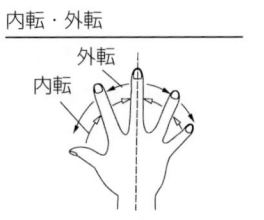

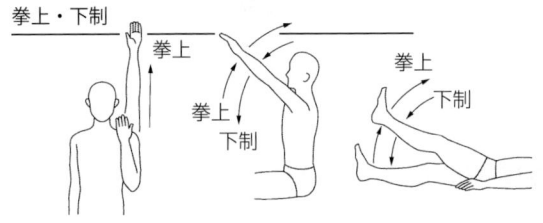

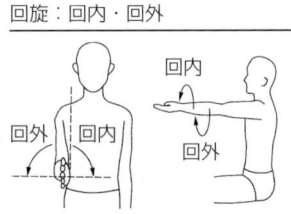

屈曲・伸展

内転・外転

拳上・下制

回旋：回内・回外

②人体表面の変化と変形率

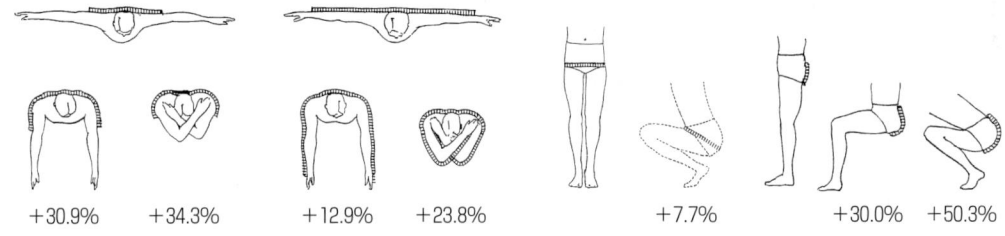

+30.9%　+34.3%　+12.9%　+23.8%　+7.7%　+30.0%　+50.3%

A：比較動作時の身体サイズ，B：基準動作時の身体サイズとし，変形率＝(A−B)/B×100 より算出している。

出典）①：田村照子編：『衣環境の科学』，建帛社，p.53（2004）
　　　②：荒谷善夫：ストレッチ衣料について，繊維製品消費科学，23（4）pp.129-134（1982）

図表6−4 間接法における衣服圧の計測

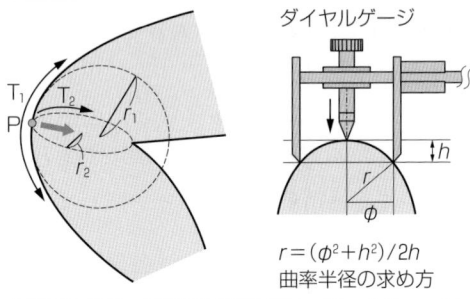

$r = (\phi^2 + h^2)/2h$
曲率半径の求め方

衣服圧の単位：衣服圧の単位には gf/cm² や mmHg が用いられてきたが，SI単位では Pa に統一されている。単位は 1 kPa＝7.5 mmHg＝10.2 gf/cm² に換算される。

出典）田村照子編：『衣環境の科学』，建帛社，pp.63-64（2004）

図表6−5 2軸引っ張り強伸度曲線

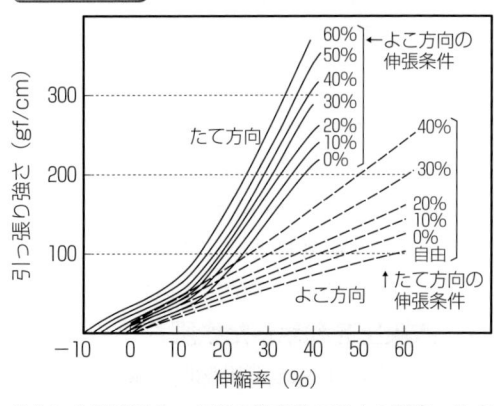

よこ方向の伸張条件：60%，50%，40%，30%，20%，10%，0%
たて方向の伸張条件：40%，30%，20%，10%，0%，自由

出典）吉村博子他：衣服の拘束性に関する研究，日本家政学会誌，37（2），pp.107-112（1986）

学生のジャージでは腹部前面が 0.7 kPa に対し，小学生の通学服が 1.7 kPa，保育園児の服が 1.4 kPa であった。このように子ども用ズボンのゴム圧はかなり高く，締めつけの強い傾向がとらえられた。脇位置では最も高い圧がかかっていた。同時に行った官能検査によって，小学 5 年生になってもきつさ・ゆるさを評価できないことが明らかとなった。腹部の締めつけは自律神経系機能に影響を及ぼすことが指摘されている。今後，メーカー側の改良が求められる一方で，ウエストサイズが調節できるものを購入し子どもに合わせて着用させていくことが必要である。

これまで各種の衣服について衣服圧が計られ，データが蓄積されている。例えば，9 種類の紳士用靴下では[1]，口ゴム部で 1.3 kPa，足首では 0.67〜1.3 kPa の衣服圧がよいとされた。この結果は，きつすぎることはないが，動作によってたるみやしわができず口ゴムのずれの少ない靴下の設計に利用できる。

（4）衣服圧が生体に及ぼす影響

衣服の拘束による生体への影響を**図表 6 − 9**（p.59）のように示した。衣服圧は力学的なものばかりでなく，自律神経・中枢神経に影響を及ぼすと考えられ，健康とのかかわりで調べられている。与圧服で体幹部全体を加圧した状態を X 線写真で観察すると，10 mmHg（1.33 kPa）で胃の変形，20 mmHg（2.66 kPa）で横隔膜の位置上昇と心臓の変形がみられた。また，20 mmHg を超えると 1 回の換気量が減少して呼吸回数が増加していた[2]。全身を加圧する補整用下着でも締めつけが強ければ同様のことが生じる可能性があるといえよう。

ウエストをベルトできつく締めるとき，ベルト真下の皮下脂肪はある程度は圧縮されるが，圧縮されない組織は上下方向に移動する。このとき，唾液分泌量の減少と手背の皮膚温の低下が現れることから，ウエスト部分の締めつけは形状変化をもたらすにとどまらず自律神経系機能を低下させることが明らかになっている[3]。別の実験では，ボディスーツやブラジャーの締めつけによって唾液の分泌速度の低下と消化酵素アミラーゼ濃度が減少したことから，衣服による圧迫は，消化器官系・自律神経系への影響が指摘されている。この他にも，直腸温の上昇，睡眠中の唾液のメラトニンホルモンの抑制がみられており，圧迫は熟睡を妨げ免疫機能を抑制する可能性についても報告されている[4]。

中高年を対象に，脳波，心拍数などを計ってガードル着用時の生体への影響を調べた研究がある[5]。脳では電気的な活動が起こっており，脳の活動に応じて脳波の大きさ（振幅）と速さ（周波数）が変化する。α 波は 8〜13 Hz の大振幅波でリラックス度を表すのに用いられる。ガードルの着用による α 波の抑制は中枢神経活動への負荷につながること，心拍数の増加は交感神経に作用したと考えられている。しかし，別の研究では心拍数が減少するという実験データもあり結果が一致していない。今後生理学との連携をとって明らかにしていくことが課題である。

5．衣服圧を利用した衣服

衣服による圧迫は，私たちに不都合なことばかりではない。ここでは，衣服圧の有効性について明らかにした研究と商品について紹介する。

図表 6 − 10（p.59）は，40 歳女性のガードルなしとありの補整効果を側面からのシルエッ

トで比較したものである。着用時には臀部の最突出点が上がり，腹部が押さえられている。また，人体の断面は円形に近づき，ウエスト，腹囲，ヒップの寸法が減少していた。このように，ガードルの着用によって理想の体型に近づくことが確認される。

　ブラジャーの役割には，バストを寄せて支える補整と防振がある。**図表6－11**（p.59）は母乳授乳期の女性がワイヤー入りとワイヤーなしの2タイプの授乳ブラジャーをつけたときの胸部側面のシルエットを比較したものである。ワイヤー入りの方は衣服圧が高い傾向で補整効果が優れていた。ワイヤーなしタイプでは補整効果に劣るものの締めつけ感が少なく身体に優しく，授乳がしやすい利点がある。これらの結果はそれぞれのタイプの特徴をふまえた活用・着用の参考になり，授乳ブラジャーを設計する際の基礎資料となる。**図表6－12**（p.59）はブラジャーの振動効果を調べた実験例である。波形を比較するとブラジャーの着用によって皮膚や皮下組織の振動を防いでいることがわかり，衣服圧による振動抑制効果が認められる。

　適度なサポート力のパンティストッキングを着用するとむくみが少なくなるといわれており，加圧型の靴下が利用されている。末梢の循環系の調節に効果をもたらす理由として，脚部の圧迫が筋ポンプ作用を補助していると考えられている。筋ポンプ作用とは筋肉の間にある血管が歩行などによる筋肉の膨隆によって圧迫されて，中に貯留した血液が心臓に戻る作

図表6－6 エアパック型の衣服圧計

（さまざまな形状の受圧部）
提供）（株）エイエムアイ・テクノ

図表6－7 和服の種類と衣服圧

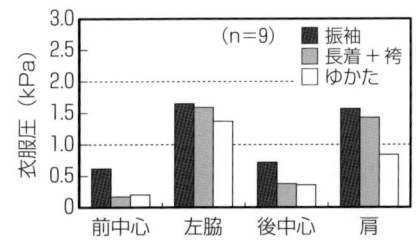

資料）岡部和代他：若年女子の和服着用時の着心地と着方による衣服圧の相違，日本衣服学会誌，50（1），pp.53-60（2006）をもとに作成

図表6－8 ズボンのウエストゴム圧

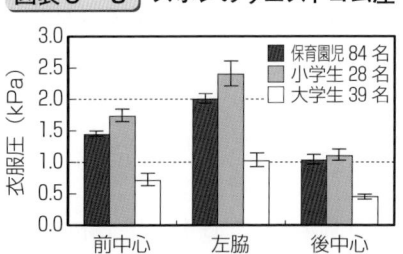

資料）伊藤紀子：子ども用ズボンのウエストゴム圧と圧感覚，日本衣服学会誌，50（1），pp.27-32（2006）をもとに作成

用である（図表6-13）。靴下でふくらはぎの締めつけを強くすると外側への膨隆が抑えられて血管にかかる圧力が大きくなるため，心臓に戻る血液の流れを速やかにするという。この他に，静脈瘤の予防や治療，がん切除手術の後遺症であるリンパ浮腫の抑制を目的として，積極的に圧迫をかける製品もある。

図表6-14と図表6-15（p.61）には，加圧を利用した下半身用下着と肌着シャツの例を紹介する。今後，効果的な圧迫の程度を明らかにし衣服設計に役立てることは，快適性，整容性と健康維持のために役立つであろう。

2 動きやすさと衣服の工夫

1．拘束性を低減させる衣服の工夫

衣服設計の立場から，拘束性を抑え運動機能性を高める工夫とその例をとりあげて解説していく。衣服の設計においては，静止時・動作時の人体寸法をもとに，ゆとりの配分と配置，布地の伸縮性と滑りやすさを総合的にとらえることが必要である。人体の変形，衣服の対応について以下の関係でまとめられる[6]。

動作時の人体寸法の増加量＝衣服のゆとり量＋衣服の伸び量＋ずれ量

衣服のゆとりやずれの量が十分でないとき，人体寸法の増加分を衣服（布）の伸びでカバーする必要があり，このときの布張力によって人体に圧迫が加わる。動作がままならないのは，衣服のゆとり・伸び・ずれが全体として不足したために人体寸法の増加が制約されたことを示す。以下に，衣服の拘束性を少なくするため，一般的に施される衣服の工夫について説明する。

（1）ゆとり

衣服設計においては，着用する衣服の目的とデザイン性を考慮しながらゆとりを加減させるが，動作に対応するためのゆとりの加え方は，以下の3点にまとめられる。

① 皮膚伸びの大きい箇所にゆとりを加える。臀部では局所的にたて・よこに50～100％，胴囲付近の背中で50％のたて伸びがみられるというデータもある。図表6-16（p.61）は，特に大きな皮膚伸びのみられる箇所にゆとりを加えた後ズボンのパターン2例であるが，改良によってずり下がらず圧迫の少ないズボンができあがった。座っている時間の長い車いす生活者やしゃがんで作業する人が着用すれば，着心地がよく動作も楽に行える。

② 長径（たて）方向の動作に対応するために周径（よこ）方向にゆとりを加える。幅の広いズボンや袖ではずれが生じやすく膝や肘を曲げやすい。腰から脚にかけてゆとりをたっぷりとったとび職人のニッカボッカや労働着であったモンペがあげられる。両者はともに裾部分がふさがっており，引っ掛かりをなくすよう安全性が考慮されている。

③ 周径方向に必要な伸びには，ギャザー・プリーツ・タックなどを施し，必要に応じてゆとりを取り込む工夫をする。例えば，Yシャツの背にあるタックは，背幅の広がりに対応するゆとりである。スカートのギャザーやプリーツは，必要に応じて裾幅が広がるため動きを

図表6-9 衣服圧の生体への影響

1．圧迫そのものの力学 　・圧縮変形　　　・筋負担増加 　・内臓変形　　　・血流低下―――皮膚温低下 　・心肺機能低下
2．皮膚圧反射―体性自律性反射 　・皮膚温変化　　・唾液の分泌抑制 　・発汗抑制　　　・尿中ノルエビネフリンの増加 　・血流変化　　　・心拍変動性（心臓自律神経系評価指標）の変化
3．中枢神経系 　・安静時脳波の変化 　・事象関連電位（随伴性陰性変動 CNV）の変化

出典）田村照子編：『衣環境の科学』，建帛社，p.69（2004）

図表6-10 ガードル着用によるシルエットの比較

未着用　　　着用　　　■未着用　□着用

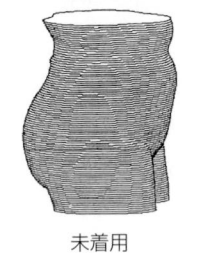

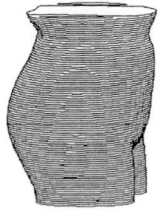

出典）杉田明子他：中高年女性におけるガードル着用効果と快適性，繊維製品消費科学，43（6），pp.33-44（2002）

図表6-11 ブラジャーの種類によるシルエットの比較

ワイヤー入り　ワイヤーなし　未着用

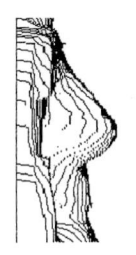

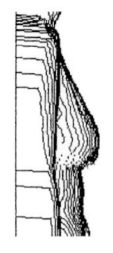

出典）薩本弥生他：着心地の良い授乳期のブラジャー設計に関する基礎研究，繊維製品消費科学，47（12），pp.62-69（2006）

図表6-12 ブラジャーの振動抑制効果

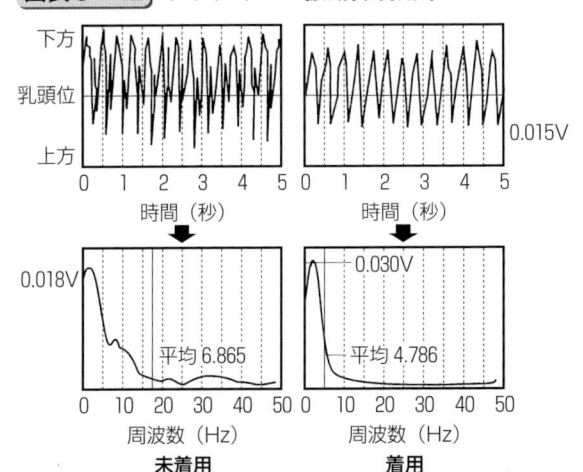

未着用　　　　　　　着用

出典）酒井豊子，田村照子編：『着ごこちの追究』，放送大学教育振興会，p.71（1999）

図表6-13 筋ポンプのしくみ

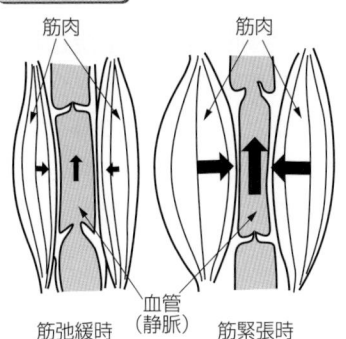

筋弛緩時　　筋緊張時

筋の働きによって血液を心臓へ押し戻す

出典）小山真：快適で生理的効果のあるパンストの研究開発，繊維製品消費科学，42（5），pp.25-32（2001）

スムーズにする。図表6-17はゆとりをデザインに巧みに組み入れた衣服の例である。

(2) ストレッチ性

身の回りの衣服には，ゆとりが加わったものばかりではなく，人体寸法と同じ位のサイズのもの，それより小さく作られたものもある。伸びのよい布地を用いることで，フィット性を保ちながら運動機能性を高めることができる。伸びのよい布地の代表に編物がある。編物はループで構成されるため糸同士の緊張度が緩く変形しやすい。水着やレオタードのような人体寸法より小さく作られた衣服には，身体の変形と動きに対応してスムーズな伸びと戻りのよさを必要とするため，糸自体に伸縮性のあるポリウレタン弾性糸が混用されている。編みの構造と糸の伸縮効果を組み合わせて，コンフォートストレッチ（10~20%），パフォーマンスストレッチ（20~40%），パワーストレッチ（40%~）および2軸方向に伸びるツーウエイストレッチなどがあり，用途に応じて選ばれる。**図表6-18**（p.63）は，ユニークな編物として世界から注目を集めているニット製品である。

(3) ずれとすべりのよさ

動作時には，衣服がずれて皮膚上をすべることで布の変形量が少なくなり，人体への圧迫度や拘束感が低下する。ここには衣服と人体の摩擦抵抗がかかわる。例えば，裏地のつかないジャケットでは着脱や腕を動かす際に，スムーズでないと感じることがある。裏地には長繊維の糸を使い毛羽なくすべりのよい，肌になじみやすい薄手の布が用いられる。裏地は，表地のごわごわやチクチクなどの刺激を減らし，縫い代の凹凸が肌に当たるのを防ぎ，動作時にはすべりを効果的に引き起こす。

図表6-19（p.63）は，Tシャツ着用，すべりのよいジャケットに裏つきのコートを着用したとき，毛羽があって表面すべりの悪いジャケットに裏無しのコートを重ねて着て腕をあげたときの上腕の筋電図である。筋電図とは，筋肉が神経からの指令で活動するとき弱い電気を発生するがその電気信号を測定したものをいう。筋電図の振幅が大きいとき筋線維が多く働くことになる。このようにすべりの悪い衣服の着用は運動機能を低下させるだけでなく，体への負担がかかり疲労感をもたらす原因になる。

2．運動機能性が重視される衣服の例

運動機能性が重要視される衣服の代表はスポーツウエアであろう。スポーツ種目は多岐にわたるが，同一種目であってもレジャー・健康を目的とするものから国際的選手の服までレベルに合わせたものが開発されている。スポーツウエアには運動機能性以外にも，汗の速やかな吸収と乾燥・保温性，紫外線防止などにかかわる生理的快適性，ファッション性と憧れのアスリートへ近づくことなど心理的快適性，身体を保護する上での安全性，各種衝撃や洗濯に強い耐久性など，多くの要件が必要になる。競技向けには，激しい動きや身体形状の変化に対応し，よりよい記録を産む補助的機能を果たすために最新の技術が駆使されている。ここでは，オリンピックのたびに話題となる競泳用水着を取り上げて解説する。

ここ100年で競泳のタイムは飛躍的に伸びている。筋力トレーニングなどの練習方法が科学的になったことに加えて，ウエアの進化が記録更新に貢献している。**図表6-20**（p.63）はオリンピックで用いられてきた水着の写真である。1936年のベルリンオリンピックで活

2 動きやすさと衣服の工夫

図表6-14 運動効果のある下半身用下着

X型の布地によって，大腿部に適度の圧迫がかかるよう設計されている。今まであまり使っていなかった脚部の筋をしっかり使うことで歩き方が変わり，エネルギー消費が増すので，引き締まったからだ作りができる下着として男性からも女性からも注目を集めている。

提供）ワコールHPより

図表6-15 姿勢改善効果のある肌着シャツ

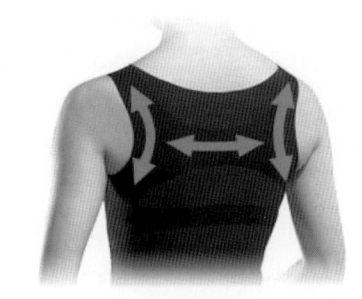

背中を丸めると，強圧に編まれたH型部分が収縮して両肩を引き戻す。その結果，胸幅が広がり，背幅が縮み，正しい姿勢を維持できる。側面シルエットを重ねて比べると，肩先が後方に移動しており，姿勢改善の効果が確認される。

提供）デサントHPより

図表6-16 ゆとりを考慮した動作性のよい後ズボン2例

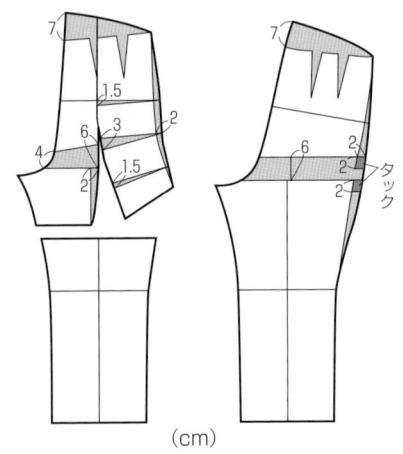

しゃがみ込み運動の際に大きな伸展がみられた部位と方向に合わせて，従来の設計法によるズボン型紙の後ろにゆるみ（アミ部分）を追加した。その結果，拘束感が少なく，下肢全体を覆いながら股関節の大きな動きに対応できるズボンとなった。

出典）酒井豊子，田村照子編：『着ごこちの追究』，放送大学教育振興会, p.63 (1999)

図表6-17 プリーツを利用した衣服

この服は，縫製後ポリエステルの熱可塑性を利用してプリーツ加工を施して作られている。服は平面であるが，人が着ると三次元立体になる。プリーツヒダの開閉によって，布は第二の皮膚のように身体を包む。カラフルな色使いとユニークなデザイン，手入れが簡単など，おしゃれと実用性を兼ね備えた衣服として国内外で人気を集めている。

提供）PLEATS PLEASE ISSEY MIYAKE 2009 秋冬 カタログより

躍した前畑秀子選手は絹のワンピース水着を着用していた。当時の水着には綿や毛が使われたが表面すべりの効果をねらって絹を用いたという。1964年の東京オリンピックで日本女子代表選手が着用した水着はナイロン100%でループの伸縮に頼っただけの編み地で，伸縮性に優れるとはいえなかった。また，スカートや胸につけた日の丸は水の抵抗を大きくするため，抵抗削減の点からも十分でなかった。1972年のミュンヘンオリンピックでは，ナイロンとポリウレタン交編でたて・よこ2方向に伸縮する布が用いられ，伸縮機能が大幅に向上した。

　1980年代には，素材と裁断法を工夫して撥水し，軽くて薄く身体に密着させることに焦点がおかれた。水着面積を小さくするハイレグカットが主流となり，水着の中に入り込む水を放出し，水の抵抗の軽減に力が注がれた。極細繊維を使用して生地表面を滑らかにし，摩擦抵抗を減少させていった。1990年代後半に入ると，これまでとは逆に，生地表面に凹凸をつけることで水の抵抗が少なくなると考えられるようになった。それまでの滑らかなものに代わって，各メーカーはこぞって生地表面に加工を行うことで水への抵抗を軽減させた。2000年ごろには，サメの皮膚のようにV字型の微細な溝をつけ，鱗のような撥水処理をした布地を用いて，袖口から足首まで全身を覆うスタイルが採用された。2004年のアテネオリンピックでは，体幹部にはサメの皮膚を参考にした素材を用い，脇から内腕部には平滑でストレッチ性に優れた素材を使用した。胸と肩甲骨にはシリコンの突起をつけて水の流れを人工的に作り，失速の原因となる乱流を制御させるものであった。この他，水に濡れないカワセミの羽からヒントを得て，水着の表面にミクロの突起をつけた水着も登場した。

　その後も，各社が機能向上を目指して競争が激化する中で，2008年の北京オリンピックの直前に，新しいタイプの水着を着た選手たちが次々と世界記録を塗り替えて，人々の関心を集めた。新タイプのものは衣服圧をかけて体表の凹凸を減らし流線型に近づけることで水の抵抗を減らすことができる。締めつけによって筋肉の振動が減り酸素消費効率が向上するため，持久力も上がる。吸水性が低く軽い素材も特徴の一つである。着脱には苦労するが身に着けてしまえば動きやすさは損なわれないという。選手たちからは体が浮くような感じがするといった声が聞かれた。

　競技の公平性が叫ばれ，国際水泳連盟は競泳用水着の加工・素材・形状などに規制を敷いた。今後，規制の中でも科学の力を駆使してどのような水着が開発されていくのか，裏方の技にも注目したい。

3．運動機能性と健康

　これまで衣服の拘束性と運動機能性についてとりあげ解説してきた。私たちは衣服を一日中着用しているので，その役割と機能を改めて考え改善を心がけたい。おしゃれを優先させることは時として保健衛生面や運動機能面を軽視しがちとなる。適切な衣服は，快適・安全・健康な生活に結びつくことを念頭において選択していくことが大切である。

　締めつけの強すぎる衣服は，不快であり，健康に支障を及ぼすので避けなければならないが，適度の圧迫は効果をもたらすことも明らかにされている。今後，多方面からの研究によって健康維持に寄与できる衣服について解明されることを期待する。

図表6−18　無縫製の編物

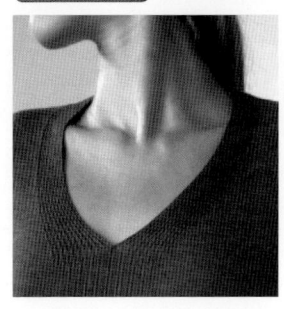

一着丸ごと立体的に編みあげて完成させる無縫製の編物である。縫い目がないため，肩や脇部のゴワゴワ感がなく，全体に伸縮性が保たれ，フィット感と優れた運動機能性が得られる。縫製工程がない分，生産効率も向上した。子どもから高齢者まで，頭からつま先まで，スポーツからフォーマルウエアまで，トータルにユニバーサルな装いを実現したものづくり技術である。

提供）（株）島精機製作所，ホールガーメント®ニットウェア

図表6−19　裏地の有り無しと筋電図

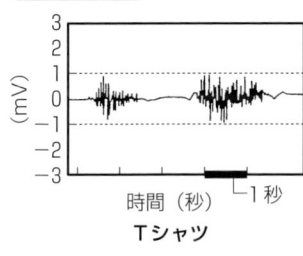

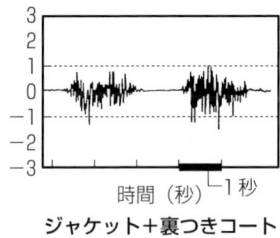

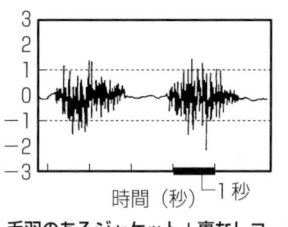

Tシャツ　　　ジャケット＋裏つきコート　　　毛羽のあるジャケット＋裏なしコート

出典）中島利誠編：『衣生活論』，光生館，p.27（1999）

図表6−20　競泳用水着の変遷

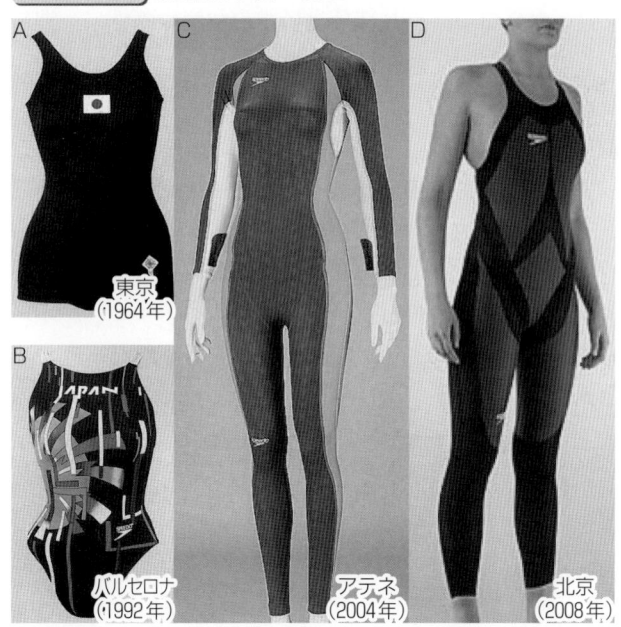

A 東京（1964年）
B バルセロナ（1992年）
C アテネ（2004年）
D 北京（2008年）

出典）A〜C：松崎　健：競泳用水着の変遷，繊維と工業，58（9），pp.236-239（2002）
提供）D：スピード社HPより

7章 衣服の素材と加工

1 繊維と布の構成

　衣料品は表地，裏地，芯地，中わたなどの各種素材から構成されており，それらの材料は原料や構造の異なるさまざまなものが用いられている。織物，編物，レース，フェルト，不織布，わた，接着布，糸，ひも，各種皮革などである。これらの主な原料は繊維である。

1．繊　　維
（1）繊維の構造
　繊維は長さが太さに対して1,000倍以上あるような，きわめて細く長いものである。繊維は産業界でも多く用いられるが，衣料用として用いられる繊維は，太さは10〜30 μm 程度，長さは約2 cm上であり，そのほとんどは有機高分子化合物からできていて，しなやかである。繊維は長さにより，長繊維（フィラメント）と短繊維（ステープルファイバー，スフ）に分けられる。
　繊維は鎖状高分子が長さ方向に平行に並び，規則正しく配列している結晶部分と，配列が乱れている非結晶部分とからなる。結晶部分は繊維の強度や弾性に，非結晶部分は染色性や吸湿性などに関係している。

（2）繊維の分類
　主な繊維を分類すると，天然繊維と化学繊維に分けられる。
　　1）天然繊維　　天然繊維の種類と性能を**図表7－1**に示す。天然繊維は植物や動物などから繊維の形態で得られるものを指す。植物繊維の構成高分子はセルロース，動物繊維の構成高分子はタンパク質で，いずれも吸湿性に優れた親水性繊維である。
　動物繊維には羊毛の他に，アンゴラ，カシミヤ，モヘヤ，らくだ（キャメル），アルパカ（「繊維製品品質表示規程による指定用語」）などの毛繊維があるが，羊毛が最も多く用いられている。
　　2）化学繊維　　化学繊維の種類と性能を**図表7－2**（p.67）に示す。化学繊維は天然高分子や合成高分子から人工的に造った繊維である。原料となる成分液をノズル（紡糸口金）から連続的に押し出した後，湿式・乾式・溶融などの紡糸方法で固定化して造られる。ノズルの形によりいろいろな断面や側面にすることができ，それらが各種性能に影響を及ぼしている。
　再生繊維は天然のセルロース繊維を薬品により可溶化し，ノズルから押し出して固定化したものであり，吸湿性の優れた親水性繊維である。裏地やランジェリーのほか，他の繊維と

混紡して衣服に用いられることも多い。

　半合成繊維は天然のセルロースを主な原料とし、化学的に変化させて作ったもので、疎水性繊維で、熱で軟化・溶融するため熱可塑性繊維とも呼ばれる。

　合成繊維は単量体を重合させて合成高分子化合物を作り、紡糸して繊維状にしたもので、疎水性繊維で熱可塑性繊維でもある。

図表7-1　天然繊維の種類と性能

分類	名*	特徴と性能	
植物繊維	綿	わた属の種子の表皮細胞が生長した種子毛繊維である。断面はそら豆形で中空があり、側面にはねじれがあるため抱合性がよく、紡績しやすい。柔軟性、弾力性があり、保温性に富む。水酸基（−OH）を有するため吸湿性がよいが、表面層の成分により撥水性がある。精練（アルカリで煮沸処理）・漂白処理された脱脂綿、ガーゼ、肌着などの綿製品は不純物が除去されるため吸水性に優れる。海島綿、エジプト綿など細くて長い超長綿は天然撚りも多く、しなやかで光沢があり品質がよい。	綿 吸湿性に優れ、丈夫であるが伸びは小さい。濡れると強さが10%程度大きくなる。熱やアルカリに強いが、しわになりやすく、乾きにくい。
植物繊維	麻	衣料用に亜麻と苧麻が用いられる。断面は多角形で中空があり、側面にすじがみられる。表面は毛羽が少なく平滑で、熱伝導性が大きいため接触冷感があり、夏物衣料に適している。綿繊維より分子配列がよいため強いが、硬く伸びにくく弾性は乏しい。	
動物繊維	羊毛	表皮（クチクル）は鱗片（スケール）が重なっているが、その方向が決まっていないため、布を強く揉むと繊維がからまり収縮する。これをフェルト化（縮充）といい、濡れたときに生じやすい。吸湿性は優れているが、表面は撥水性を示す。強度は小さいが伸びや弾性に優れ、柔らかく、しわや形くずれは少ない。細かい規則的な縮れ（捲縮、クリンプ）をもつため紡績性に優れ、かさ高く保温性に富んだ製品ができる。カーディガン、スーツ、コート、毛布など冬物衣料に用いられる。	羊毛 吸湿性に優れているが、アルカリに弱く、紫外線を吸収して黄変し劣化する。虫害を受けやすい。
動物繊維	絹	蚕のまゆから繰り出して得る長繊維で約1,000mにもなる。まゆ繊維は2本のフィブロイン繊維がセリシンというタンパク質で囲まれている。フィブロイン繊維は天然繊維中最も細くほぼ三角形の断面で、側面は平滑で、優れた光沢と風合いをもつ。摩擦にやや弱いが強くて軽く、しなやかである。着用中に発する独特の音を絹なりという。和服、婦人服、ネクタイなどに使用される。	絹
動物繊維	羽毛	ガチョウ（グース）や鴨（ダック）など水鳥あるいは陸鳥から得られる。内側に生えているダウン（わた毛）と羽軸のあるフェザー（羽根）とがある。含気性に富み、かさ高く弾力性があり、保温性が著しくよいため、両者を混ぜて布団や防寒衣料に用いられる。寒冷地産の鳥で、ダウンの割合が多いほうが高級品となる。	ダウン（左）、フェザー（右）

注）＊：繊維名は繊維製品品質表示規程による指定用語である。
写真）綿、羊毛、絹：日本化学繊維協会HP（http://www.jcfa.gr.jp/）より
　　　ダウン、フェザー：島崎恒藏編著：『衣服材料の科学』第3版、建帛社、p.35（2009）

(3) 資源としての繊維

1）世界における生産と消費　世界の主要繊維需要を**図表7−3**に示す。世界の繊維生産量は人口の増加とほぼ比例して増加している。世界の人口は開発途上国を中心に増加する傾向にあり，繊維製品の需要も増大すると予想される。繊維製品の主な材料は繊維であり，繊維の生産に必要な土地，木材，石油などの資源は有限であり，今後増加し続けるとは考えにくい。近年の天然繊維と化学繊維の生産量の比はほぼ3対7である。化学繊維生産量とは，合成繊維，再生繊維のレーヨン，半合成繊維のアセテートを加えたものであり，年々増加しているが，なかでも合成繊維の生産が増加している。合成繊維の生産量ではポリエステルが約86％と著しく多く，次いでナイロン，アクリルの順で，これら3大合成繊維で化学繊維生産量の約98％を占めている。世界各国の繊維消費量はデータがそろわず，生産量から推測することになる。

2）日本における生産と消費　日本の主要繊維製品生産量は圧倒的に化学繊維製品が多く，そのほとんどが合成繊維製品である。一方，日本の繊維消費量は全体的には天然繊維に比べ化学繊維の消費量が多く，特に合成繊維が多い。用途別では，衣料用より家庭・インテリア用や産業資材用のほうが多く，家庭・インテリア用や産業資材用では天然繊維に比べ化学繊維が圧倒的に多い。近年のわが国の一人当たりの年間繊維消費量は約22 kg（2010年）と，世界でも有数の繊維消費国である。

3）日本における輸出と輸入　わが国の繊維製品貿易バランスは1986年以前は輸入より輸出が多かったが，翌年からは輸入が上回り，以後そのまま増加し続けている。**図表7−4**に衣類・二次製品の輸入浸透率を示す。輸入では織地やニットなどの外衣が圧倒的に多い。輸入は中国からが圧倒的に多く，次にベトナム，韓国，タイ，インドネシア，インドなどのアジア諸国，およびEU（European Union：欧州諸国），アメリカなどからである。アジア諸国からは主として定番品，イタリアやアメリカからは主としてブランド品である。

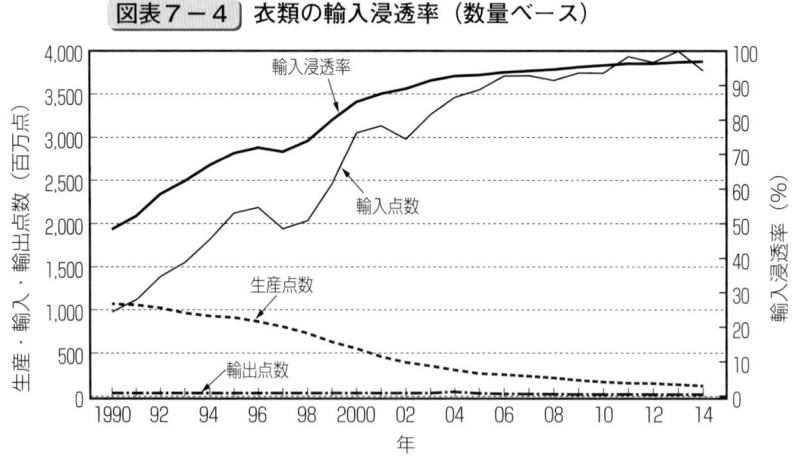

図表7−4 衣類の輸入浸透率（数量ベース）

注）衣類＝布帛（ふはく）外衣＋布帛下着＋ニット外衣＋ニット下着，輸入浸透率＝輸入量／国内供給量
出典）日本化学繊維協会：『繊維ハンドブック』　日本繊維輸入組合：「日本のアパレル　市場と輸入品概況」

図表7-2　化学繊維の種類と性能

分類	名*	特徴と性能	
再生繊維	レーヨン	木材パルプや綿リンターから得るセルロースを原料とし，ビスコース法により作られる。肌触りがよく，混紡，交織に適している。レーヨンの欠点を改良したものにポリノジックがある。	伸びや吸湿性は綿より大きいが，アルカリには綿より弱く，しわになりやすく，濡れると強さの低下や収縮が著しい。
再生繊維	キュプラ	原料はレーヨンと同じであるが，銅アンモニア法により繊維状にされたものをキュプラという。光沢があり，細くしなやかである。	
半合成繊維	アセテート	酢酸セルロースを主成分とする。表面は滑らかで光沢があり熱可塑性がある。再生繊維より軽く，強度は小さいが伸度は比較的大きく弾性もある。耐水性はよいが吸湿性は劣る。トリアセテートは吸湿性は小さいが，防しわ性や耐熱性がよい。	
合成繊維	ナイロン	アミド結合をもつ繊維で，カローザス（Wallace Humme Carothers，アメリカ）により発明された最初の合成繊維である。比較的吸湿性が大きく，軽くて強く，伸びやすい。紫外線に弱く，黄変や強度低下を生じる。熱可塑性を利用したウーリー加工糸による靴下，ランジェリーなどの伸縮性衣料，薄地衣料，混紡による各種衣料に用いられるほか，産業用にも用いられる。	軽く強度が大きく，弾性に優れしわになりにくい。熱に弱く，熱可塑性がある。吸湿性・吸水性が乏しく疎水性であるため乾きやすいが，静電気を帯びやすく，汚れやすく，ピリングを生じやすい。カビや虫害は少ない。
合成繊維	ポリエステル	強く伸びにくい。吸湿性は低く，弾性に優れしわになりにくい。熱可塑性が優れているため，プリーツ加工などの形態固定加工をしやすい。耐薬品性，耐候性も大きい。化学繊維の中で生産量は最も多く，衣料用から産業用まで幅広く用いられる。	
合成繊維	アクリル	アクリルとアクリル系とがある。染色性もよく，耐候性，耐薬品性に優れている。かさ高く，弾力性に優れ，保温性に富むため，ニット衣料品，毛布，寝装品，敷物などに用いられる。	
合成繊維	ポリウレタン	ウレタン結合をもつ。ゴムのような伸縮性をもつ弾性繊維であるが，ゴムより軽くて強いが紫外線の影響を受ける。染色可能で他の繊維と混ぜて用いられる。水着，肌着，靴下，レオタードなどスポーツ衣料，伸縮性衣料品に用いられる。一般的にはポリウレタンが多いものをスパンデックスという。	

注）＊：繊維名は繊維品質表示規程による指定用語である。
写真）日本化学繊維協会HP（http://www.jcfa.gr.jp/）より

図表7-3　世界の主要繊維需要

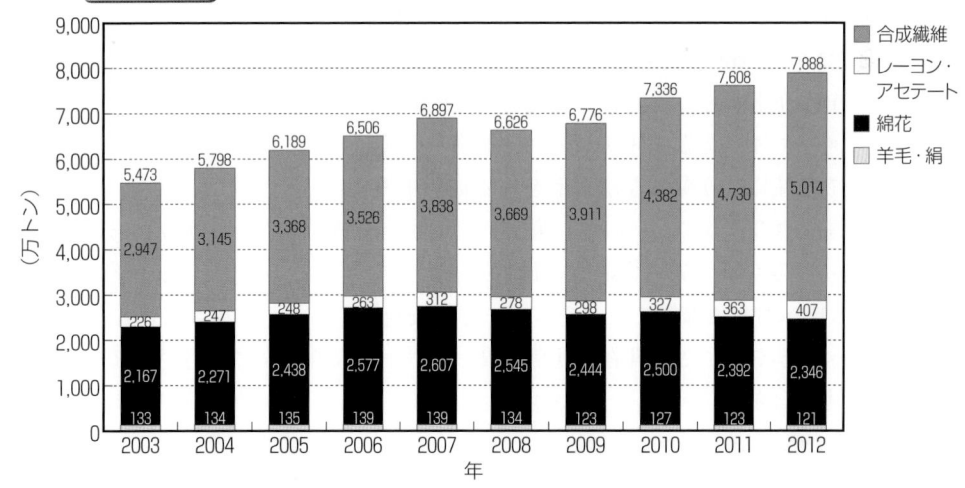

年	合成繊維	レーヨン・アセテート	綿花	羊毛・絹	合計
2003	2,947	226	2,167	133	5,473
2004	3,145	247	2,271	134	5,798
2005	3,368	248	2,438	135	6,189
2006	3,526	263	2,577	139	6,506
2007	3,838	312	2,607	139	6,897
2008	3,669	278	2,545	134	6,626
2009	3,911	298	2,444	123	6,776
2010	4,382	327	2,500	127	7,336
2011	4,730	363	2,392	123	7,608
2012	5,014	407	2,346	121	7,888

（万トン）

出典）日本化学繊維協会HP：統計資料，日本の化学繊維工業，Ⅱ．世界の繊維産業，1．世界の主要繊維需要（http://www.jcfa.gr.jp/）繊維需要：FEB「Fiber Organon」
注）麻類は2006年より統計がなくなったため含まれない。2005年以前の麻類にはジュートが含まれる。

2．糸
（1）紡績糸とフィラメント糸
　綿・麻・毛繊維や化学繊維のステープルなどの短繊維は，糸の長さ方向に平行に引き揃え，撚りをかけて糸にする。この工程を紡績といい，できた糸を紡績糸という。繭から得られる生糸や化学繊維の長繊維は，そのままあるいは何本かを撚りあわせて糸にする。
　撚りの方向には，S撚りとZ撚りがある（図表7-5）。1方向の撚りをかけた糸を片撚り糸という。紡績糸の場合は単糸と呼ぶ。片撚り糸や単糸を2本以上合わせて，元の撚りと反対方向の撚りをかけた糸を諸撚り糸という。単糸を用いた2本諸糸は双糸，3本諸糸は三子糸と呼ばれる。糸の撚りは多いほど硬く，少ないと柔らかくなる。

（2）糸の太さ
　糸の太さは一般的に長さと質量を基に番手で表される。標準質量の糸の長さが，単位長さの何倍あるかにより番手数を表す恒重式番手は，糸が太いほど番手数は小さくなる。綿番手，麻番手，毛番手などがある。標準長さの糸の質量が，単位質量の何倍あるかにより表す恒長式番手では，糸が太いほど番手数は大きくなる。長繊維に用いられデニールで表される。
　繊維の種類や国により単位が異なるのは商取引上不便であり，テックス（tex）を用いることが国際標準化機構（ISO；International Organization for Standardization）で提唱され，JISでも用いている。デニール表示については，国際単位系（SI）では，デシテックス（dtex；テックスの1/10）表示を用いることになっており，1デニールは10/9デシテックスとなる（図表7-6）。

3．布
（1）織物（woven fabric）
　たて糸とよこ糸がほぼ直角に上下に交錯しあい，平面を構成したものを織物という。基本的なものは平織，斜文織，朱子織で3原組織というが，それらを変化させた変化組織も種々ある（図表7-7）。たて，よこ方向に比べ，斜め方向が伸びやすい。

（2）編物（ニット，knitted fabric）
　糸でループを作り連続的に絡ませて形成した物を編物といい，糸の絡まる方向で，よこメリヤス，たてメリヤスがある。メリヤスとは編物と同義語である（図表7-8）。よこメリヤスはループ数の増減により編みながら形を作る成形編みにより，セーターや靴下ができる。たてメリヤスは織物のように一定の幅に編まれ，裁断，縫製して用いられる。編物は織物に比べて伸縮性に富み，かさ高く保温性に優れ，しわになりにくい。引っ張りや摩擦には弱い。ラン（編み目の破損の伝播）を生じやすく，寸法安定性が劣り，洗濯などにより形くずれを生じやすい。動きやすいため肌着，日常衣服，スポーツ衣料品などに用いられる。外衣用のメリヤス生地の総称をジャージーという。

（3）不　織　布
　短繊維を薄いシート状にして重ね，熱による融着，接着剤，針で刺すなどして繊維を絡ませて作る。芯地，おむつ・ナプキン・人工皮革など複合布の基布などに用いられる。

（4）そ　の　他
　飾り模様のある透かし目の多いレースや，各種皮革（図表7-9）などがある。

図表7-5 糸の撚り

S撚り　Z撚り

図表7-6 恒長式番手法

方式	標準長さ	単位質量	適用範囲
テックス	1,000 m	1 g	すべての繊維, 糸
デニール	9,000 m	1 g	繊維, 長繊維の糸

図表7-7 織物組織

種類	組織図	特徴	例
平織		糸間の拘束性が大きくしっかりした地合いとなり, 実用的な織物に用いられる。糸のずれが生じにくく, 目の透いた通気性のよい織物に向く。	綿：ガーゼ, ローン, さらし, 金巾, ブロード, ギンガム 羊毛：モスリン, ポーラ 絹：羽二重, 富士絹, タフタ
斜文織（綾織）		斜めのうね（斜文線）が現れるため綾織ともいう。滑らかで柔らかく光沢のよい織物となる。糸の間隔を詰めて織ると, 目の詰んだ織物にできる。	綿：デニム, 綿ギャバジン 羊毛：サージ, ギャバジン, ツイード 絹：綾羽二重
朱子織		たて糸またはよこ糸の長い浮きが布表面に現れるため, より柔らかで光沢の優れた織物ができる。布の強度は小さく, 糸のずれは目立ちやすい。	綿：綿サテン 羊毛：ドスキン 絹：サテン, 綸子

図表7-8 編物組織

よこメリヤス
平編　ゴム編
↕ウエール
←コース→

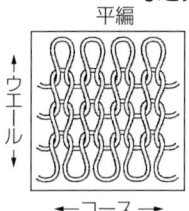

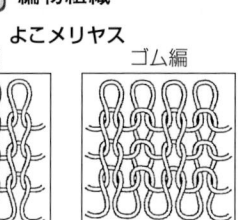

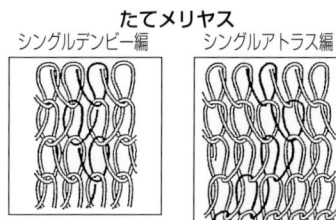

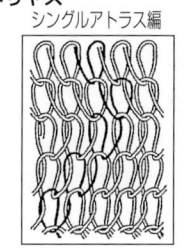

たてメリヤス
シングルデンビー編　シングルアトラス編

図表7-9 皮革の種類と特徴

天然皮革	生皮（皮）と, 毛を除去しタンニンやクロムでなめした革の総称である。牛, 馬, 豚, 羊, 鹿などのほか, ワニ, トカゲなど爬虫類も用いられる。毛皮には, キツネ, ウサギ, ミンクなどがある。吸湿性, 透湿性, 通気性, 保温性がよく, 塑性と弾性のバランスがよいが, 吸水すると形態変化しやすく, カビの害を受けやすい。
合成皮革	織物や不織布を基布とし合成樹脂で覆った2層構造である。通気性に欠けるが, 価格が安く加工が容易である。靴, 袋物, 家具などに用いられる。
人工皮革	不織布をベースに, 蒸気透過性のある高分子の膜を造るほか, 種々の方法で造られる。天然皮革に比べ吸湿性は劣るが, 濡れた後の形くずれが少なく, 染色堅ろう性がよく, 耐久性, 取り扱いやすいなど利点も多い。

2　素材の性能

　衣料品には多くの種類があり，利用目的によりさまざまな品質が要求されるが，用いる布，糸など素材の性能，これらを構成する繊維の性能などとかかわってくる。各種繊維の主な性能について**図表7-10**に示す。

1．着心地にかかわる性能
　図表7-11は，衣服着用時の衣服に要求される性能を示したものである。
（1）熱に関する性能
　1）気孔容積・含気性　　布やわたには空隙が多く，繊維と空気から成り立っているといえる。標準状態（20℃，65％RH）における布などの見かけの体積中の空隙の体積の割合を気孔容積，含気率という。一般的織物で60～85％程度のものが多く，毛羽があるとか，かさ高い構造の布ほど大きい。気孔容積は保温性，通気性，圧縮性に関係する。
　2）保温性　　衣服着用時に，体からの熱を外気中に逃さず保つようにする性能を保温性という。空気の熱伝導率は種々の物質の中で最も小さく（**図表7-12**），繊維の熱伝導率に比べてもかなり小さいため，布の保温性は布を構成する繊維の種類よりも布の中に保持される空気量に大きく影響される。布の厚さが大きいほど，同じ厚さであれば気孔容積が大きいほど保温性は優れる。衣服間に空気を保持するため重ね着も効果がある。水の熱伝導率は空気の24倍もあるため，汗の残留や衣服が濡れると保温性は低下する。汚れの付着は布の熱伝導性を増加させ保温性を低下させる。
　3）通気性　　布などの片側から反対側へ空気を通過させる性能である。繊維の種類より素材の構造や組織，糸の撚りや密度などに関係する。
　4）燃焼性　　有機高分子よりなる繊維は燃焼するが，燃焼性の程度に違いがあり（**図表7-13**），繊維の化学成分に対応して有毒ガスを発生する。難燃加工（防炎加工）とは，易燃性，可燃性のものを難燃化する加工である。

（2）水分に関する性能
　1）吸湿性　　環境の温度湿度に対応して水蒸気を吸着する性能をいい，水分率で表される（**図表7-14**）。一般的には，吸湿性は天然繊維・再生繊維が大きく，次いで半合成繊維，合成繊維の順になる傾向がある。
　2）透湿性　　布などの片側から他方の側へ水蒸気を通過させる性能をいう。繊維の吸湿性が小さくても布の密度が粗ければ透湿性は大きくなり，構造や組織に影響される。衣服の蒸れ感に関係する性能である。
　3）吸水性　　布が液体の水を吸収する性能で，繊維や糸の間隙の毛管現象で生じる。繊維の種類ではなく，組織や糸密度，糸の撚りなどの構造に関係する。毛製品のように繊維の吸湿性は大きくても吸水性は小さいものと，多孔化ポリエステル製品のように吸湿性が小さくても吸水性が大きいものもある。
　4）防水性・撥水性　　防水性は雨などの水分の浸透を防ぐ性能であるが，この浸透防

図表7-10 各種繊維の主な性能値

種類	比重	水分率（%）標準	水分率（%）公定	強度（g/d）	伸度（%）	乾燥強度比（%）
綿	1.54	7	8.5	3.0～4.9	3～7	102～110
麻	1.50～1.55	7～10	12.0	5.6～6.5	1.2～2.3	108～118
羊毛	1.32	16	15.0	1.0～1.7	25～35	76～96
絹	1.30～1.36	9	11.0	3.0～4.0	15～25	70
レーヨン	1.50～1.52	12.0～14.0	11.0	1.7～3.1	16～24	45～65
ポリノジック	1.50～1.52	12.0～14.0	11.0	2.2～5.2	7～14	55～80
キュプラ	1.50	10.5～14.0	11.0	1.8～3.4	10～17	55～75
アセテート	1.32	6.0～7.0	6.5	1.2～1.6	25～35	60～67
トリアセテートF	1.30	3.0～4.0	3.5	1.2～1.4	25～35	67～72
ナイロン	1.14	3.5～5.0	4.5	4.5～7.5	25～60	83～92
ポリエステル	1.38	0.4～0.5	0.4	4.3～6.5	20～50	100
アクリル	1.14～1.17	1.2～2.0	2.0	2.5～5.0	12～50	80～100
アクリル系S	1.28	0.6～1.0	2.0	2.2～4.0	25～45	90～100
ポリウレタンF	1.0～1.3	0.4～1.3	1.0	0.6～1.2	450～800	100

注）S：ステープル　F：フィラメント
資料）日本紡績協会：繊維技術データ集より作成

図表7-11 衣服内気候に関する布地の性能

図表7-12 空気を基準とした各種材料の熱伝導率比

材料	熱伝導率比
空気	1
水	23.4
綿	2.2
羊毛	1.6
レーヨン	2.2
ポリエステル	1.7
ステンレス	580
金	12,400
銀	16,600
銅	15,700

出典）熱物性研究会編：『熱物性資料集』

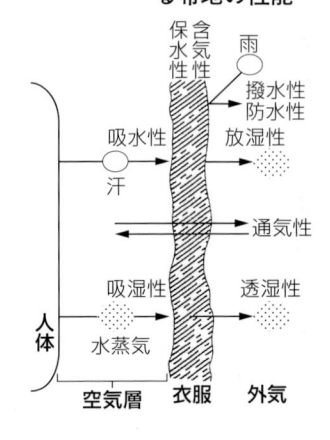

図表7-13 繊維の燃焼性

	燃え方	繊維の種類
易燃性	容易に火が付き，すぐに燃え広がる	綿，麻，レーヨン，キュプラ，アセテート，アクリルなど
可燃性	容易に火が付くが，燃え広がり方はゆっくりしている	羊毛，絹，ナイロン，ポリエステル，ビニロンなど
難燃性（自己消炎性）	炎に触れている間だけ燃え，炎を遠ざけると消える	アクリル系，ポリ塩化ビニル，ビニリデンなど
不燃性	燃えない	ガラス，金属繊維など

図表7-14 環境の湿度と繊維の水分率

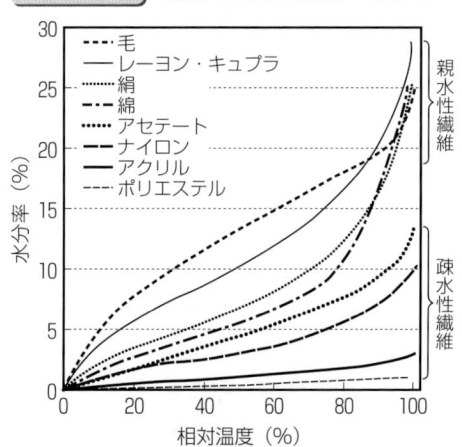

止法として，布が水滴をはじいてしまう性質を撥水性という。

2．取り扱いやすさに関する性能

1）強　さ　　衣料品は着用や取り扱いなどにより，引っ張り，屈曲，引き裂き，破裂，摩耗などさまざまな機械的作用や，熱，日光などの作用を受け強さは低下していく。一般に引っ張りによる切断の強さを単に強さという。布が摩擦されると，外観上は毛羽立ち，ピリングやテカリなどが生じ，摩耗が進むとすり切れや穴あきなどが生じる。これらは布を構成する繊維の強さと，糸密度や撚りなどの布の構造，組織に影響される。

2）剛軟性・ドレープ性　　布の硬さ柔らかさの性能を剛軟性といい，立体的しなやかさ，ドレープのできやすさをドレープ性という。繊維および布地の特性により変化する。

3）伸縮性　　材料を引っ張って切断するまでに伸びた割合を伸度という。繊維や布の伸びが回復しないと，衣服は形くずれを生じることになる。伸びやすくかつ伸びの回復性が良い場合に伸縮性に優れるという。一般的に，織物より編物のほうが伸びやすい。繊維は濡れると伸びの回復性が低下するので，メリヤス製品のような伸びやすい素材では洗濯時の取り扱いに注意が必要である（図表7－15）。

4）防しわ性　　布地がしわになりにくい性能を防しわ性という。繊維の伸び回復性，布構造の粗密に関係し，伸長弾性回復率が大きいほうが防しわ性が大きい（図表7－16）。織物より編物のほうがしわになりにくいのは，構造が粗であるため，布に変形が加わっても，糸や繊維が位置を移動できるからである。繊維は濡れるとしわになりやすく，しわの回復性も悪くなる。吸湿性のよい親水性繊維（綿，麻，レーヨンなど）は濡れの影響が大きく，疎水性合成繊維は影響が少ない。

5）形態安定性　　衣料品の形態変化は熱，水分，機械的作用などを受けて生じる。その要因について図表7－17に示す。布地の収縮は親水性繊維に起こりやすく，水による膨潤収縮がある（図表7－18）。羊毛製品は湿潤状態でもまれると，繊維が一方向に移動して絡み合うフェルト収縮がある。熱可塑性繊維（合成繊維）では熱収縮がある。衣料品は表地，裏地，芯地などで構成されているため，布地より形態安定性が複雑になる。

6）ピリング性　　布表面の繊維が摩擦などにより毛羽立ち，毛羽がほこりを包み込んで絡まりあい小さな玉状になることをピルといい，その状態をピリングという。摩擦されやすい脇や腰部分に発生しやすい。合成繊維やその混紡品は強度が大きく，ピルが発生しやすいので，抗ピル性を付与した合成繊維が開発されている。編物は織物に比べ，組織が粗く，撚りの甘い糸が使用されるため，毛羽やピルが生じやすい。

7）帯電性　　物体が接触・摩擦されると静電気が発生するが，物体の電気伝導性が小さい場合は，静電気は中和・消滅しにくく帯電しやすい。一般に水はイオン性物質を溶解しているために電気伝導性がよい。このため吸湿性のある繊維ほど，また環境の湿度が高いほど帯電しにくい。合成繊維は静電気を帯びやすい。衣服は帯電するとほこりを吸引して汚れやすく，まつわりついたりする。衣服の着脱の際に放電して刺痛を感じたり，放電時の火花により引火爆発の可能性もある。帯電防止のためには，繊維表面や内部に親水性物質を生成させたり，導電性物質を混入したりする。

図表7-15 各種繊維の応力—伸び率曲線

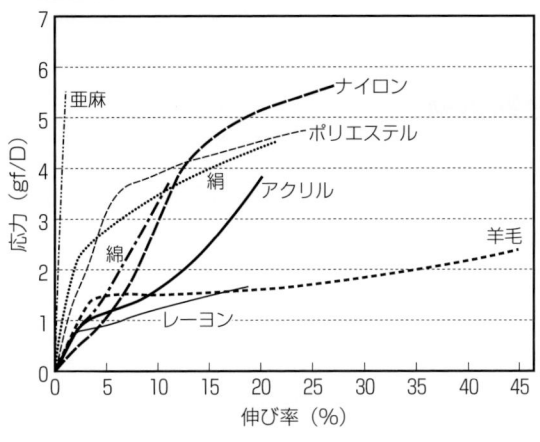

注）合成繊維はいずれもフィラメント

図表7-16 繊維の伸長弾性と防しわ度

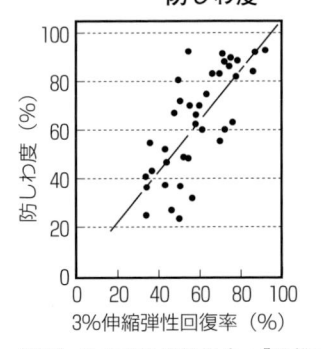

出典）日本繊維機械学会：『繊維工学Ⅳ　布の製造・性能及び物性』p.367（1988）

図表7-17 形くずれの要因

衣服の構成要素	形くずれの原因
繊維素材	繊維の収縮，繊維の膨潤，縮充，しわ
布の構造	布目のゆがみ，丸編の複数給糸
衣服の細部デザイン	寸法安定性の異なる布の組み合わせ，不安定なひだや折り目
仕立て技術	止め・補強・裏打ち・接着などの不備
付属品	縫糸・裏地・ファスナー生地・ブレード・テープなどの収縮

図表7-18 糸の膨潤による繊維の収縮

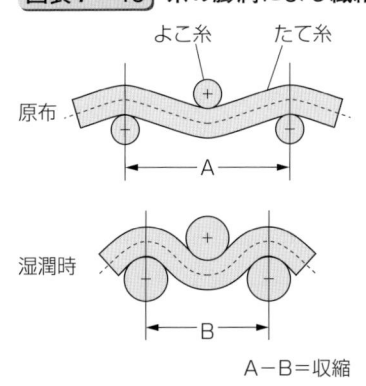

A－B＝収縮

図表7-19 色相に対する吸熱比

色相	吸熱比
白	1.00
黄	1.65
青	1.77
灰	1.88
緑	1.94
橙	1.94
赤	2.07
紫	2.26
黒	2.50

8）耐光性　　光に対する抵抗性をいう。主に赤外線と紫外線が影響する。物体は赤外線を吸収し加熱され，その熱エネルギーが繊維の性能に影響を及ぼす。素材が同じでも色により吸収される程度は異なる（p.73，**図表7－19**）。

3　各種加工と新素材

衣料品の使用目的や用途に応じ，その素材である繊維，糸，布は外観や風合い，性能の改善，高機能化などのために，さまざまな処理や加工が行われている。

1．特殊加工

布にはその種類や用途に応じ毛焼き，精練，漂白，起毛，ヒートセットなど一般的な仕上げや特殊な加工などが施される。特殊加工の例を**図表7－20**に示す。

2．高機能性素材

化学繊維の繊維，糸，布，縫製後などの段階で高機能性を付与するための改善がなされている。原料段階や繊維形成時やその原料段階でも，最新加工技術を駆使しさまざまな改良が加えられ（**図表7－21**），種々の繊維が造られている（**図表7－22**）。それら各繊維の特性を生かし，混紡糸，異収縮混繊混織糸にしたり，繊維組成の異なる2種類以上の糸を用いて交織，交編にしたりして高い機能性が付与されている。風合いや外観の改質のため，スパン（綿，毛などの紡績糸）ライク素材，ウールライク素材，シルクライク素材，レザーライク素材，薄起毛調素材，高発色性素材などのほか次のようなものもある。

1）吸湿・吸水性素材　　繊維の中に親水性化合物を混ぜ吸湿性を付与したもの，繊維内部に微細な空孔をつくり吸水性をもたせたもの，繊維を異形断面化し吸水性をもたせたものなどがある。肌着，スポーツウエア，各種衣服に用いられる。

2）透湿・防水性素材　　布地の間に微細な空孔（$1\sim3\mu m$）をもつ膜をはさみ，水蒸気は通すが水は通さないものである（**図表7－23**）。超極細繊維に高収縮加工を施し高密度織物としたものもある。雨に濡れず蒸れないため，レインコート，スキーウエア，ウィンドブレーカーなどに使われる。

3）保温性素材　　極細繊維を積層したり中空糸を用いたりして，熱伝導率の小さい空気を多く保持するようにしたもの，金属を用い人体から発する熱を効率よく反射するようにしたもの，セラミックスの断熱性，遠赤外線効果を利用するもの，太陽光を吸収し熱エネルギーに変え蓄熱するものなどがある。

4）消臭素材，抗菌・防臭素材　　消臭加工には微生物や酵素を用いて悪臭物質を分解する方法，化学反応により悪臭物質を他の物質に変える方法，活性炭やアルミナなどを用い多孔に臭いを吸着させる方法などがある。抗菌・防臭加工とは，加工剤を用いて化学的に菌の発生を防ぎ，臭いの発生を防ぐものである。これらの加工を施した繊維は，靴下，肌着などの衣料品，寝具，インテリア用品などに用いられている。

3 各種加工と新素材

図表7-20 特殊加工

防縮加工	綿，レーヨンなどには蒸気をあて生地を収縮させるサンフォライズ加工と，化学的に行う樹脂加工がある。毛製品の縮充を防止するため，塩素化合物でスケールの先端を丸めたり，樹脂で覆う方法がある。
防しわ加工	綿，レーヨンなどに樹脂液を浸み込ませて熱処理し，しわをつきにくくする。樹脂加工布は吸湿性が低下し，摩擦・引き裂き強度などが減少する傾向がある。
形態安定加工	液体アンモニア処理による方法や，セルロース分子間への架橋などにより形態を固定し，折り目やひだをつけるパーマネントプレス加工がある。綿製品，綿・ポリエステル混紡製品，特にワイシャツに行われる。
マーセル化加工	綿製品に絹のような光沢と風合いを付与するもので，シルケット加工ともいわれる。濃いアルカリ溶液で処理すると膨潤するが，長さが縮まないように張力をかけると，天然撚りが消えて表面が平滑になり光沢が増す。

図表7-21 繊維の改質方法

繊維原料による改質	繊維のもととなる高分子に種々の物質を加え，性能を高める。
超極細化	しなやかで柔らかな繊維にするため，繊維を細くする。2種類の成分から繊維を作り，織物や編物にした後，熱処理や溶解させたりして一方の繊維を溶かしたり，2種類を分離したりして作る。
多孔質化	繊維の表面や内部に微細な空孔を設け，吸水性をもたせる。
異形断面化	原料となる高分子化合物を種々の形のノズルから押し出し，断面の異なる繊維を作る（図表7-22参照）。 写真）ユニチカ提供
中空化	軽く含気性や保温性に富み，感触もよくなる。
複合化	収縮率の異なる2成分からなる原料を紡糸する。

図表7-22 異形断面繊維

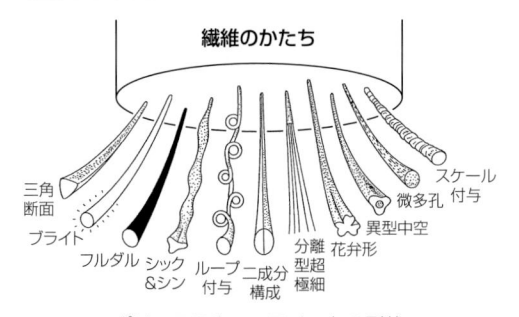

ポリエステルフィラメントの形状
（マイクロとランダム性が特徴）

出典）日本化学繊維協会日本ポリエステルF委員会：
『FASHION POLYESTER TODAY, 1989』

図表7-23 透湿・防水性素材

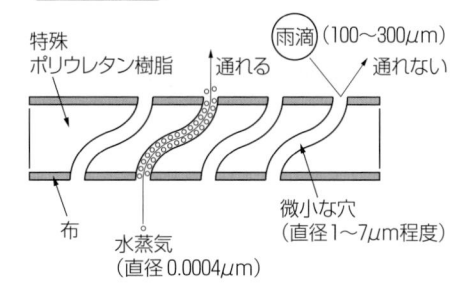

5）制電性素材 合成繊維の帯電を防止するため，導電物質を紡糸液に混入する方法と，カチオン系界面活性剤などで繊維表面に親水性を付与する方法とがある。布にしてから薬剤処理する方法もある。肌着，ランジェリー，裏地などに用いられる。

6）難燃性素材 難燃性高分子を混合して繊維にしたり，難燃剤で後処理したりして，火をつきにくくして，着火や延焼を防ぐものである。織編物に薬剤で加工することもある。カーテンや寝装品，緞帳などに用いられる。

4 染　色

衣服の色はデザインや材質とともに，衣服を選択する際の重要な要素となっている。衣服に関する消費者苦情の中で最も多いのが色に関することである。

1．衣料品の染色
（1）染色方法
染料や顔料によって繊維などを着色することを染色という。染色の方法には，染料液中に繊維製品を浸して染める浸染と，部分的に染色をして模様をだす捺染とがある。染色の工程には，繊維や糸の状態で染めてから織物や編み物にする先染めと，布地の状態にしてから染色する後染めがある（**図表7-24**）。

（2）染料と染色性
染料には天然染料と合成染料がある。天然染料は動物，植物，鉱物から採取されるが，染着力が弱く堅ろう性に劣り，再現性に乏しく量的にも限度がある。現在は伝統工芸品などに用いられている（**図表7-25**）。合成染料はさまざまな種類があり，繊維の種類により適するものが選ばれる。一定の純度のものを必要量準備でき，染色方法も比較的簡単などと利点が多く，現在使用されているほとんどが合成染料である（**図表7-26**）。環境や人体に害を及ぼさない染料が使用されている。

2．染色堅ろう性
染色物は使用中に受ける日光，汗，摩擦，洗濯などの作用に対して安定でなければならない。これらに対する安定性を堅ろう性という。その程度を染色堅ろう度といい，級数が大きいほど堅ろうである。染色堅ろう度試験方法はJIS（Japanese Industrial Standards：日本工業規格）に規定されており，**図表7-27**のほかに，汗，塩素，ドライクリーニング堅ろう性試験などがある。堅ろう性は染料の種類，染料と繊維の組み合わせにより異なり，同じ組み合わせでも，染色条件，染色後の水洗・ソーピング条件などにより異なってくる（**図表7-26**）。変色とは色相の変化をいい，退色とは色調つまり明度と彩度の変化をいう。変色と退色は同時に生じることが多く，染料自体の変退色と，繊維からの染料の脱着などが考えられる。

図表7-24 染色の工程

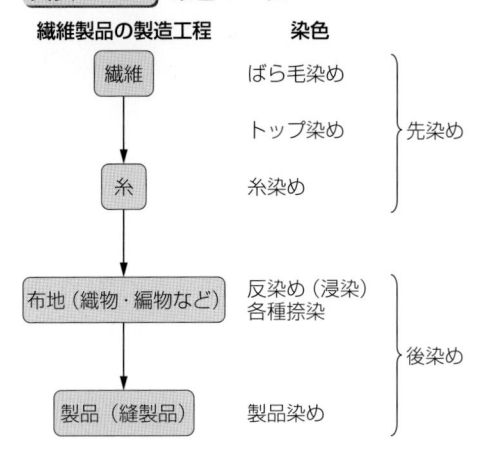

繊維製品の製造工程　　染色

繊維 → ばら毛染め ┐
　　　　トップ染め ├ 先染め
糸 →　　糸染め　　┘

布地（織物・編物など） → 反染め（浸染）・各種捺染 ┐
　　　　　　　　　　　　　　　　　　　　　　　　├ 後染め
製品（縫製品） → 製品染め　　　　　　　　　　　┘

図表7-25 天然染料の種類

分類	種類	使用される部分	主な色
植物染料	藍	葉	藍
	刈安	穂	黄
	紅花	花	紅
	くちなし	実	黄
	蘇芳	幹	青味の赤
	茜	根	橙赤
	うこん	根	黄
	紫草	根	紫
動物染料	コチニール	体	紅色
	貝紫	分泌液	紫
鉱物染料	ミネラルカーキ	-	
	弁柄	-	

図表7-26 染料の種類と特徴

染料	特徴	適用繊維	耐光堅ろう性
直接染料	セルロース繊維に，水素結合やファンデルワース力により直接染着する。堅ろう性は低いが，種々処理することにより堅ろう性をよくすることができる。	綿，麻，レーヨン，キュプラ	△～○
酸性染料	イオン結合により染着する。酸性浴で染色され，均染性がよい。	毛，絹，ナイロン	○
カチオン染料	イオン結合によりアクリル繊維に染着する。色相が極めて鮮明である。	アクリル	○
建染（たてぞめ）染料	水に溶けないが，アルカリ性にしてハイドロサルファイトで還元すると水溶性となり，染着する。染色後，酸化させ発色させる。各種堅ろう性が優れている。	綿，麻，レーヨン，キュプラ	◎
分散染料	水に溶けないが，分散剤により水に分散させて用いる。アセテートと合成繊維に広く用いられる。	アセテート，ナイロン，アクリル，ポリエステル	○～◎
反応性染料	繊維分子と染料分子が反応して化学的に染着する。色が鮮明で，各種堅ろう性が優れているものが多い。	綿，麻，レーヨン，キュプラ，毛，絹，ナイロン	○

注）◎：非常に堅ろう　　○：比較的堅ろう　　△：堅ろう性が低い

図表7-27 染色堅ろう性

耐光堅ろう性	光に対する抵抗性で，実用的には4級あるいは5級以上が望ましい。	1～8級
洗濯堅ろう性	染色布の変退色と，添付した白布への汚染の両方から評価する。	1～5級
摩擦堅ろう性	乾燥状態と湿潤状態で行い，摩擦した際の白物への汚染程度を評価する。	1～5級

8章 衣服の品質と管理

1 衣料品の品質と表示

　衣料品の生産に要するエネルギー，資源の消費，環境への影響を考慮すると，衣料品の当初の品質を保持することが重要になる。そのためには，衣料品の品質表示とその取り扱い方法を理解し，適切に管理しなければならない。

1．衣料品の品質

　衣料品の品質とは，商品としての価値を消費目的にあわせたとき，良品か不良品かの品物の性能を指す。衣料品に要求される品質は，衣服の種類や用途，使用目的により異なってくる。衣服の品質には素材，加工・仕上げ，デザイン，縫製などが影響する。

　品質は，日常使用する際の実質的な機能に関する品質，例えば強さ，伸縮性，形態安定性，染色堅ろう性，耐洗濯性などと，色彩やファッション性など装飾的，審美的，感性的機能にかかわる品質の2種類に大別される。前者の当然備えていなければならない品質を一次品質といい，後者に関する品質を二次品質という。今日のように個性化，多様化の進んだ衣生活においては二次品質への要求が高まっている。

　購入時，着用時，洗濯などの取り扱い時に，消費者が衣料品に要求する項目を品質要求項目という。その品質要求項目を衣料品の種類や用途において，どの程度重要かを示すことを品質要求度という。

　品質管理とは品質検査を行い，一定の基準に従い生産者として責任ある品質になるように管理することをいう。品質保証とは，業界の一定の品質基準を満たしていることを保証するものである。ウールマークはAWI（オーストラリアン・ウール・イノベーション）よりマーク使用を許可された業者だけが付けることができる。新毛（ニューウール）とは羊から刈られたままの毛で，製品になったものをほぐして使用する再生羊毛ではない。ほかに各業界などが示している品質保証マークを示す（図表8－1）。

図表8－2　繊維組成および撥水性の表示例

```
品質表示
　表地　羊毛　　　50%
　　　　アクリル　30%
　　　　ナイロン　20%
　裏地　キュプラ　100%
　　　○○株式会社
　　　連絡先　○○……○○
```

```
ウール　　　60%
カシミヤ　　40%



　　製作：㈱△△△
　　連絡先　○○……○○
```

```
はっ水（水をはじきやすい）

水洗い，ドライクリーニング，いずれでも，はっ水効果がなくなります。

　　○○繊維㈱
　　TEL ○○○○
```

1　衣料品の品質と表示

図表8−1　品質保証マークの例

ウールマーク	ウールマークブレンド	ウールブレンド
新毛99.7%以上を使用	新毛50%以上を使用	新毛30〜50%を使用

コットンマーク	麻マーク	シルクマーク

綿縫糸の合格証	絹縫糸堅牢染合格証	Qマーク	革製衣料のマーク
縫糸の合格証		品質検査制度に基づく	

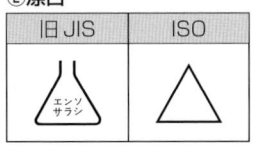

図表8−3　旧JISおよびISOによる繊維製品の取り扱いに関する表示記号

①洗濯

旧JIS	ISO
弱40	40

― は弱く
= は非常に弱く

②漂白

旧JIS	ISO
エンソサラシ	△

旧JISには酸素系漂白の可否は含まれない。

③アイロン掛け

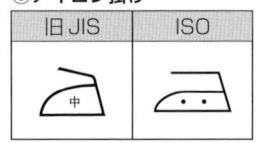

旧JIS	ISO
中	・・

ISOで「・」は最高110℃,「・・」は最高150℃,「・・・」は最高200℃まで。

④商業クリーニング

旧JIS	ISO
ドライ	P
ドライセキユ系	F

⑤タンブル乾燥

旧JIS	ISO
―	⊡

タンブル乾燥機を使用できる。ISOで「・」の乾燥条件は50℃以下,「・・」は70℃以下。

⑥自然乾燥

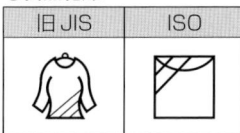

旧JIS	ISO

（現在のJISは表8−4）

2．衣料品の表示

衣料品の品質表示には家庭用品品質表示法に基づく法令表示と，業界団体などが消費者保護，販売促進などのため自主的に定める任意表示がある。以下に，家庭用品品質表示法に基づく繊維製品品質表示規程を記す。

1）組成表示　用いられている繊維の名称を指定用語で，混用率は質量の大きい順に％で，ほとんどの繊維製品に示される。表地と裏地，見生地とレース飾りなどのように，部分によって異なった繊維を使用している場合は，それぞれについて表示する。また，表示者の名称および連絡先を付記し，製品に対する責任の所在を明示することになっている（p.78，図表8−2）。

2）家庭洗濯等取り扱い方法　衣料品の輸出入が盛んな今日，国により家庭洗濯の取り扱い方法（絵表示）が異なることへの不都合から，JIS（日本工業規格）で定められた絵柄（記号）とISO（国際標準化機構）表示との整合性を図るため検討が進められ（p.79，図表8−3 旧JIS表示），2016年12月1日より新しいJIS表示に変更された。表示項目は，洗濯処理，漂白処理，タンブル乾燥，自然乾燥，アイロン仕上げ，ドライクリーニング，ウエットクリーニングの7項目で表示される。さらに洗濯ネットの使用，当て布の使用，弱く絞るなどの付記が任意表示できるとされている。取り扱い上の簡単な文章の付記も認められている（図表8−4）。

絞り方と干し方は省略することができる。色物など，通常塩素漂白を行わないものへの「漂白処理」の表示や，常識的にアイロン掛けを行わないものへの「アイロン仕上げ」の表示は省略される。靴下・ハンカチ・タオル・水着などのように当然水洗いができなければならない物，マフラー・ショール・ネクタイ・呉服物・布団など特別な取り扱いが必要とされる物は，表示対象品から外されている。

3）撥水性　レインコートなど防水性が必要な衣料品に適用される（p.78，図表8−2）。

4）原産国表示　公正な商品競争を確保し，消費者の利益を保護する目的で，公正取引委員会所管の「不当景品類及び不当表示防止法」（1962年制定）がある。この中に「商品の原産国に関する不当な表示」の規定があり，略して原産国表示と呼ばれる。原産国とは商品の内容について実質的な変更をもたらす行為が行われた国としている。衣料品では縫製，靴下では編み立て，織物は製織，後染物は染色が行われた国である。

5）サイズ表示　衣料品のサイズ表示は法律で義務付けられていないが，規格としてJISサイズ表示規格がある。衣料品メーカーは自主的にサイズ表示を行っている。着用者区分は乳幼児用，少年用，少女用，成人男子用，成人女子用となっており，高齢者用は特に定められてはいない（詳しくは10章参照）。

1 衣料品の品質と表示

図表8-4 家庭洗濯等取り扱い方法のJIS表示記号（2016年12月1日以降）

① 洗濯処理

番号	記号	記号の意味
190	95	・液温は95℃を限度とし，洗濯機で洗濯処理ができる
170	70	・液温は70℃を限度とし，洗濯機で洗濯処理ができる
160	60	・液温は60℃を限度とし，洗濯機で洗濯処理ができる
161	60	・液温は60℃を限度とし，洗濯機で弱い洗濯処理ができる
150	50	・液温は50℃を限度とし，洗濯機で洗濯処理ができる
151	50	・液温は50℃を限度とし，洗濯機で弱い洗濯処理ができる
140	40	・液温は40℃を限度とし，洗濯機で洗濯処理ができる
141	40	・液温は40℃を限度とし，洗濯機で弱い洗濯処理ができる
142	40	・液温は40℃を限度とし，洗濯機で非常に弱い洗濯処理ができる
130	30	・液温は30℃を限度とし，洗濯機で洗濯処理ができる
131	30	・液温は30℃を限度とし，洗濯機で弱い洗濯処理ができる
132	30	・液温は30℃を限度とし，洗濯機で非常に弱い洗濯処理ができる
110	（手洗い）	・液温は40℃を限度とし，手洗いができる
100	✕	・家庭での洗濯禁止

② 漂白処理

番号	記号	記号の意味
220	△	・塩素系及び酸素系の漂白剤を使用して漂白処理ができる
210	△（斜線）	・酸素系漂白剤の使用はできるが，塩素系漂白剤は使用禁止
200	△✕	・塩素系及び酸素系漂白剤の使用禁止

③ タンブル乾燥

番号	記号	記号の意味
320	⊙⊙	・タンブル乾燥処理ができる（排気温度上限80℃）
310	⊙	・低い温度でのタンブル乾燥処理ができる（排気温度上限60℃）
300	✕	・タンブル乾燥禁止

④ 自然乾燥※

番号	記号	記号の意味
440	│	・つり干しがよい
445	／│	・日陰のつり干しがよい
430	‖	・ぬれつり干しがよい
435	／‖	・日陰のぬれつり干しがよい
420	―	・平干しがよい
425	／―	・日陰の平干しがよい
410	＝	・ぬれ平干しがよい
415	／＝	・日陰のぬれ平干しがよい

※ぬれ干しとは，洗濯機による脱水や，手でねじり絞りをしないで干すことです。

⑤ アイロン仕上げ

番号	記号	記号の意味
530	アイロン・・・	・底面温度200℃を限度としてアイロン仕上げができる
520	アイロン・・	・底面温度150℃を限度としてアイロン仕上げができる
510	アイロン・	・底面温度110℃を限度としてスチームなしでアイロン仕上げができる
500	アイロン✕	・アイロン仕上げ禁止

⑥ ドライクリーニング

番号	記号	記号の意味
620	Ⓟ	・パークロロエチレン及び石油系溶剤によるドライクリーニングができる
621	Ⓟ	・パークロロエチレン及び石油系溶剤による弱いドライクリーニングができる
610	Ⓕ	・石油系溶剤によるドライクリーニングができる
611	Ⓕ	・石油系溶剤による弱いドライクリーニングができる
600	⊗	・ドライクリーニング禁止

⑦ ウエットクリーニング※

番号	記号	記号の意味
710	Ⓦ	・ウエットクリーニングができる
711	Ⓦ	・弱い操作によるウエットクリーニングができる
712	Ⓦ	・非常に弱い操作によるウエットクリーニングができる
700	⊗	・ウエットクリーニング禁止

※ウエットクリーニングとは，クリーニング店が特殊な技術で行うプロの水洗いと仕上げまで含む洗濯です。

現行JISでは，「中性」の付記用語や，アイロンのあて布の記号「～～」の付記の方法が定められていましたが，新JISではこれらの定めは無くなりました。

付記用語について

記号で表せない取扱情報は，必要に応じて，記号を並べて表示した近くに用語や文章で付記されます。（事業者の任意表示）
考えられる付記用語の例：**「洗濯ネット使用」「裏返しにして洗う」「弱く絞る」「あて布使用」** など

2 衣類の洗濯

1．汚　　れ

　衣類の汚れは皮膚上の汚れとほぼ同じで，人体内部からの汗（**図表8－5**），皮脂，皮膚剥離，分泌物など，外部からの泥，すす，ほこり，食料品，化粧品，機械油などが混じり合って衣類に付着する。汚れ方は，季節，生活環境，運動や作業の種類と量，性別，年齢などにより異なる。季節別のえりに付着した汚れの成分（**図表8－6**）では，油汚れ（脂質）が最も多いが，特に冬は増加しており，汗やタンパク質の割合は減少している。

　環境中には各種の細菌，カビの胞子が浮遊しているが，被服に寄生するカビ類，細菌類も多い。カビ類は栄養素，温度（30℃）相対湿度（75%RH以上）の適切な条件となると増殖する。繊維自体が栄養素となることもあるが，環境や体からの汚れ，食物のしみ汚れなどを栄養源とし，体温および発汗などの湿度により細菌類は増殖し，悪臭を放ったり皮膚病の原因になったりする。**図表8－7**に示すように，24時間着用の肌着に付着した一般細菌数は夏が著しく多く，春と秋は差がなく，冬は最も少ない。部位では四季を通じて，わきの下の細菌数が最も多い。このような細菌の付着は保健衛生上も好ましくないほか，衣服の強度を低下させることがある。

2．しみ抜き

　衣類についた部分的な汚れをしみといい，その部分だけ洗濯することをしみ抜きという。しみは日数を経ると変質し，また繊維内部に浸透していくため落ちにくくなる。しみが栄養源となり虫害を受けたり，変色したり，繊維が脆化したりするので，しみが付いたらできるだけ早く処置をする。しみの種類，布の性質，染色などにより，洗剤，漂白剤，有機溶剤などを使い分ける。

　品質表示から繊維素材と取り扱い絵表示を確認し，目立たないところで試してみる。しみを下側にし，歯ブラシなどで下に敷いた白綿布などにたたき出す（**図表8－8**）。輪じみにならないよう，しみの周りから中心へと処理する。一般に，水，湯，蛍光剤無配合の中性洗剤の順に処理する。布の種類により弱アルカリ性洗剤を用いる。取れない場合，乾燥後，ベンジン，アルコールで処理する。白物なら漂白する。無理な場合は専門家に依頼する。

3．洗　　濯

　洗濯には家庭洗濯と商業洗濯がある。家庭洗濯は水と洗剤による水系洗濯であるが，商業洗濯は水系（ランドリー，ウェットクリーニング），非水系洗濯（ドライクリーニング）のどちらも行われている。

（1）洗　　剤

　　1）洗　剤　　衣料用洗剤は界面活性剤（**図表8－9**）とビルダー（洗浄補助剤）などの配合品であるが，その成分や配合割合により種々の洗剤が作られ，石けん，複合石けん，合成洗剤に区別される（**図表8－10**）。固形の洗濯用石けんは石けん分だけのものもあるが，粉

図表8-5 汗の成分

成分	含有量
塩素	320
ナトリウム	200
カリウム	20
カルシウム	2
マグネシウム	1
尿素の窒素	15
アミノ酸の窒素	1
アンモニア	5
クレアチン	0.3
ブドウ糖	2
乳酸	35

注）単位：mg／汗100g
出典）久野寧：『汗の話』，光生館，p.84（1963）

図表8-6 えりの汚れ成分

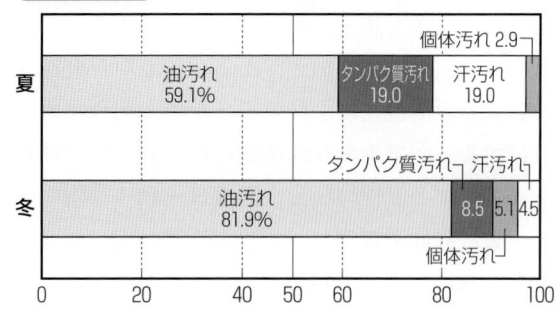

夏：油汚れ 59.1%、タンパク質汚れ 19.0、汗汚れ 19.0、個体汚れ 2.9
冬：油汚れ 81.9%、タンパク質汚れ 8.5、汗汚れ 5.1、個体汚れ 4.5

出典）角田光雄他：衣類の洗浄について，日本油化学会誌，19，p.935（1970）

図表8-7 季節別・部位別の肌着に付着する一般細菌数

季節＼部位	胸	肩	背	衿	腋窩	脇	肘	袖口	腹	腰	臀	平均
春	190	430	350	250	1,900	200	270	230	200	280	300	420
夏	130	190	2,300	130	57,000	190	—	—	400	1,100	260	6,800
秋	200	430	1,100	320	740	230	190	220	280	270	240	380
冬	26	52	70	68	180	36	24	36	58	80	59	64

注）1 cm^2 当たり　成人女子6名

図表8-8 しみ抜きの方法

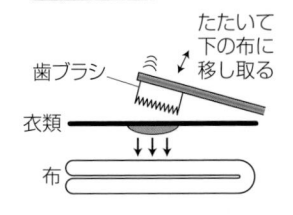

（歯ブラシ・衣類・布、たたいて下の布に移し取る）

図表8-10 洗濯用洗剤の種類

品名	主な成分		形状	液性
	純石けん分	その他の界面活性剤		
石　け　ん	100%	0	固形 粉末	弱アルカリ性
複合石けん	70%以上	30%未満	粉末	弱アルカリ性
合　成　洗　剤	70%未満	30%以上	粉末 液状	弱アルカリ性 中性，弱アルカリ性

図表8-9 界面活性剤の分類

分類	種類	用途
陰イオン系（アニオン系）	高級脂肪酸塩（石けん）	化粧石けん，洗濯石けん，身体洗浄料
	アルファスルフォ脂肪酸メチルエステル塩（α-SF）	衣料用洗剤
	直鎖アルキルベンゼンスルホン酸塩（LAS）	衣料用洗剤，台所用洗剤，住宅・家具用洗剤
	アルキル硫酸エステル塩（AS）	シャンプー，衣料用洗剤，歯磨き剤
	アルキルエーテル硫酸エステル塩（AES）	シャンプー，衣料用洗剤，台所用洗剤
	アルファオレフィンスルホン酸塩（AOS）	衣料用洗剤，台所用洗剤
陽イオン系（カチオン系）	ジアルキルジメチルアンモニウム塩	柔軟仕上げ剤，帯電防止剤，リンス
非イオン系（ノニオン系）	ポリオキシエチレンアルキルエーテル（AE）	衣料用洗剤，住宅・家具用洗剤，化粧品用乳化剤

石けんには洗浄力を増すため炭酸ナトリウムなどが配合されている。複合石けんには，金属石けんの生成を防ぎ，水に溶けやすくするために，石けんのほかに金属石けん分散作用のある合成界面活性剤を加えてある。洗濯用合成洗剤には粉末状と液状の物がある。石けん以外の合成界面活性剤は中性であるため，配合するビルダーの種類により中性または弱アルカリ性にする。弱アルカリ性洗剤は綿，麻，化学繊維用の洗剤で，中性洗剤は毛，絹用の洗剤である。洗剤の液性の区分を**図表8－11**に示す。

2）界面活性剤 洗剤の主要成分である界面活性剤は，親水基と親油基（疎水基）をもち，水にも油にも親和性のある物質である。**図表8－12**に脂肪酸ナトリウム（石けん）の例を示す。界面活性剤は，水と油性汚れのように互いに混じり合わないものの境界面に吸着し入り込んでいく浸透作用，汚れを水中に乳化・分散させたり，汚れの再付着を防止したりする作用がある。**図表8－13**に汚れの落ちるしくみを示す。

図表8－9（p.83）の分類のうち，洗浄にはイオン系の中の陰イオン系および非イオン系が用いられるが，実際は数種の界面活性剤が混用される場合が多い。

石けんは油脂から作られる長鎖脂肪酸のアルカリ金属塩で，古くから用いられている。水中に溶けているカルシウムイオンなどと結合し，不溶性のカルシウム石けんを作るため，黄変や風合いの変化を引き起こし，また，かび発生の原因になることがある。

陽イオン系界面活性剤は，水に溶かした時親水基がプラスのイオンをもつもので，一般に洗浄力はなく，繊維の柔軟仕上げ剤，帯電防止剤として用いられる（p.83，**図表8－9**）。

3）洗浄補助剤（ビルダー） それ自体は界面活性を示さないが，界面活性剤と併用すると洗浄力を高める働きをするものを総称してビルダーという。ビルダーは洗剤溶液を弱アルカリ性に保ち，硬水軟化作用などにより，界面活性剤の作用を助け洗浄力を高める。代表的なものに水中のカルシウムやマグネシウムなどの金属イオンを捕捉するアルミノケイ酸塩（ゼオライト），アルカリ性に保つケイ酸塩，炭酸塩などがある（**図表8－14**）。

4）性能向上剤 洗剤には再付着防止剤（カルボキシメチルセルロース：CMC），白さを増すための蛍光剤，汚れ成分を分解するための酵素など性能向上剤が配合されている（**図表8－15**）。酵素はバイオテクノロジーを利用してつくられており，30～40℃で最も効果的に働く。酵素の作用は時間をかけると高まるため，洗剤液に浸しておくのも有効である。

（2）洗濯機

洗濯機は各国の水質，洗濯習慣などにより，渦巻き式，撹拌式，ドラム式など異なった型が用いられている（**図表8－16**）。世界ではドラム式が多く，順に渦巻き式，撹拌式である。日本やアジアでは短時間で洗浄力が大きいため渦巻き式洗濯機が普及しているが，ドラム式洗濯機も増加してきている。渦巻き式洗濯機は，洗濯槽の底に付いている撹拌翼（パルセーター）の回転により渦が生じ，一定時間毎に反転し洗濯するタイプである。各種センサーの導入や技術革新により，大容量化，洗濯コースの多様化，静音化，節水・低環境負荷など性能改善された洗濯機が種々開発されている。撹拌式洗濯機は3～4枚の羽根で水を撹拌するもので，主にアメリカで発達したが，現在ではアメリカでもドラム式が多くみられる。回転ドラム式洗濯機は主にヨーロッパで用いられているが，ヨーロッパでは硬水であるため煮洗いの習慣があり，湯沸かし装置が内蔵されている。洗濯物は左右に揺らされたり，回転によ

図表8-11 家庭用品品質表示法に基づくpHによる合成洗剤，洗浄剤の液性の区分

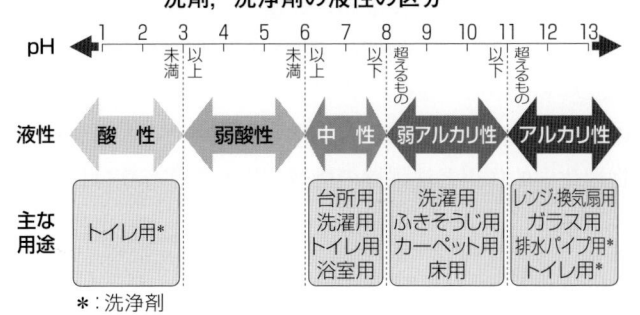

pH	1	2	3	4	5	6	7	8	9	10	11	12	13
			3未満	3以上		6未満	6以上	8以下	8を超えるもの		11以下	11を超えるもの	

液性	酸性	弱酸性	中性	弱アルカリ性	アルカリ性
主な用途	トイレ用*		台所用 洗濯用 トイレ用 浴室用	洗濯用 ふきそうじ用 カーペット用 床用	レンジ・換気扇用 ガラス用 排水パイプ用* トイレ用*

＊：洗浄剤

図表8-12 界面活性剤の構造（石けんの例）

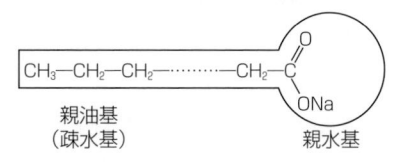

CH₃—CH₂—CH₂ ………… CH₂—C(=O)ONa

親油基（疎水基） ／ 親水基

図表8-13 汚れの落ちるしくみ

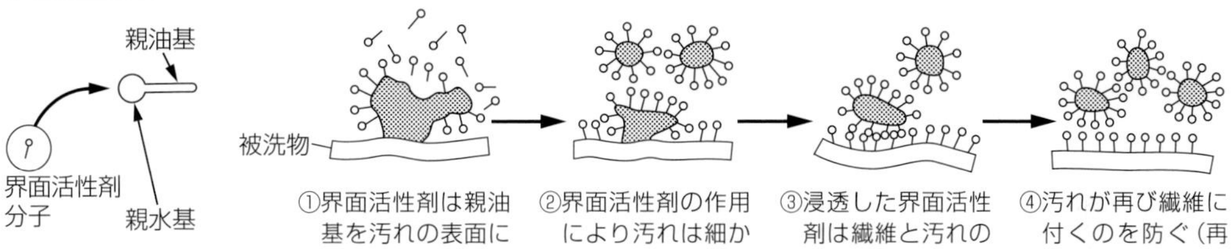

界面活性剤分子：親油基／親水基／被洗物

①界面活性剤は親油基を汚れの表面に向けて集まり，繊維と汚れの間に浸透する（浸透作用）。
②界面活性剤の作用により汚れは細かくなり，少しずつ取り出される（乳化・分散作用）。
③浸透した界面活性剤は繊維と汚れの付着力を弱め，洗濯機の機械作用により汚れは落ちやすくなる。
④汚れが再び繊維に付くのを防ぐ（再付着防止作用）。

図表8-14 洗剤に配合される主な洗浄補助剤

洗浄補助剤	主な機能	洗剤での表示
アルミノケイ酸塩（ゼオライト）	硬水軟化作用 アルカリ緩衝作用	水軟化剤
炭酸塩	アルカリ緩衝作用 硬水軟化作用	アルカリ剤
ケイ酸塩	アルカリ緩衝作用 硬水軟化作用 分散作用	アルカリ剤
硫酸塩	界面活性の増進	工程剤

図表8-15 洗剤に配合される主な酵素

酵素	基質	分解される汚れなど
プロテアーゼ	タンパク質	汗，表皮，血液，食品からのタンパク質
リパーゼ	トリ，ジ，モノグリセリド	皮脂，食品からの脂質
アミラーゼ	でんぷん	食品からのでんぷん
セルラーゼ	セルロース	非結晶性セルロース

図表8-16 洗濯機の型

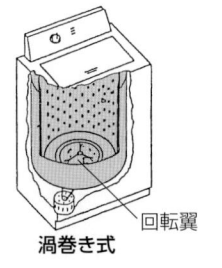

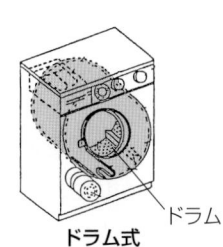

渦巻き式（回転翼） ／ ドラム式（ドラム）

り持ち上げられ落下するだけで，布地にかかる摩擦力などの力が小さいため洗濯時間が長い。価格は高いが布が傷みにくく，使用水量は少なく，洗濯から乾燥まで一貫して行える利点がある。しかし，洗濯と乾燥は同じ容量では難しく，適切に選択しなければならないなど注意が必要である。

　衣類の洗浄性には，水および洗剤の物理化学的作用のほか，機械力が影響する。通常の家庭洗濯では，洗浄力に占める洗剤の物理化学的作用と洗濯機の機械作用との寄与率はほぼ同程度である。

（3）家庭洗濯

　再汚染を防ぎ洗浄効果を高めるため，衣類の繊維組成表示，取り扱い絵表示，洗剤の表示などを確かめて行う。洗浄効果には洗剤濃度，温度，時間，浴比，機械力，水質などが影響する。**図表8−17**に洗浄効果に及ぼす要因について示す。

　洗剤の濃度は標準使用量より少ないと十分な洗浄力は得られないが，多くても効果の上昇はわずかである。洗剤が多すぎると，すすぎに時間と水を多く使用し不経済である。水溶液中の界面活性剤濃度が増すにつれて表面張力は低くなるが，ある濃度以上で界面活性剤分子の会合体（ミセル）が生じ，表面張力はほぼ一定になる。この表面張力が一定になり始める最小濃度を臨界ミセル濃度（cmc；critical micelle concentration）という（**図表8−18**）。

　一般に温度は高いほうが洗浄効果は得られる。石けんは合成洗剤に比べ温度依存性が大きく，低温では洗浄力が著しく低い。洗濯時間は洗濯機の型や水流の強弱にもよるが，渦巻き式では5〜10分，ドラム式ではその倍近くの時間が設定されている。ドラム式では，濃い洗剤濃度で洗うが，機械力が小さいため長時間洗うことになる。

　洗濯物と洗濯液との質量比を浴比という。縦型では浴比が大きいほど洗浄力は高くなる傾向があるが，洗濯機の機械力にも関係する。ドラム式では布をぬらす程度の少量の水で洗剤濃度は高く洗うため，すすぎをきちんとしないと，衣類への洗剤残留量が多くなる可能性がある。しかし節水のためには，すすぎは一定量すすげばよく，長時間すすいでも繊維に残る洗剤の量は変わらない。しかし脱水時間は普通1〜3分間，しわになりやすいものは15秒程度行う。風通しのよい所に干すが，毛，絹，ナイロンなど変色しやすいものは日陰がよい。

（4）商業洗濯

　商業洗濯では洗濯物の種類により下記のような方法で行われる。

　　1）ランドリー　　アルカリ性洗剤を用い，高温で機械力を強くして洗う方法である。ワイシャツ，シーツ，汚れのひどい物などに行われる。

　　2）ドライクリーニング　　洗剤水溶液の代わりに石油系溶剤やパークロロエチレンなどの有機溶剤を用いて洗う方法である（**図表8−19**）。毛や絹製品のほか，家庭で洗濯すると型崩れ，風合い劣化，色落ちの心配のあるものなどに行われる。油性汚れはよく落ちるが，水溶性の汚れは落ちにくい。水洗いと比較した場合のドライクリーニングの特徴を**図表8−20**に示す。

　　3）ウェットクリーニング　　特別な取り扱いを必要とする衣服に，水と中性洗剤を用いて，比較的低温で機械力を小さくして洗う方法である。手洗いをすることも多い。ドライクリーニング溶剤の環境への影響から，ウェットクリーニングが増加する傾向にある。

図表8-17 洗濯条件による洗浄効果

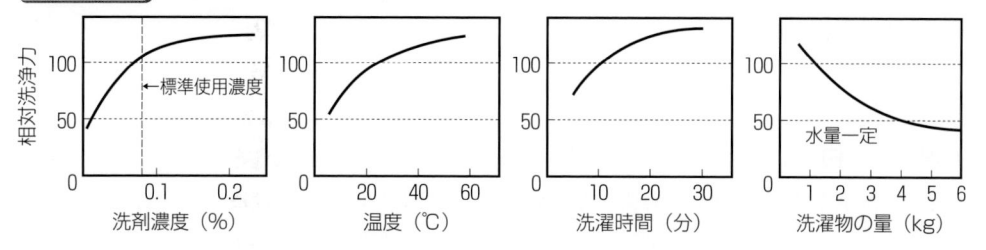

（グラフ4点：横軸＝洗剤濃度（％）／温度（℃）／洗濯時間（分）／洗濯物の量（kg）、縦軸＝相対洗浄力。1つ目のグラフには「標準使用濃度」、4つ目のグラフには「水量一定」の注記）

図表8-18 水／空気界面への吸着とミセル形成

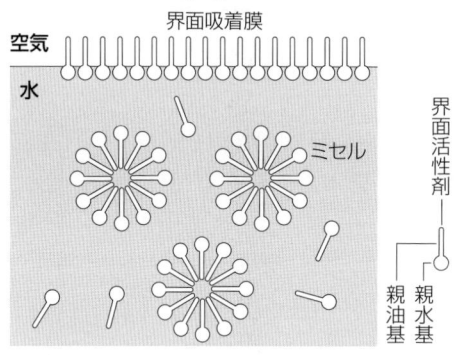

（図：空気／水の界面に界面吸着膜、水中にミセル、界面活性剤（親油基・親水基）を示す）

出典）松浦良平：日本油化学会誌, 34, p.67（1985）

図表8-19 ドライクリーニング溶剤の特性

石油系	ほとんどの衣料品に適する。染色や加工への影響が少ない。可燃性である。日本では一番多く使用されている。
塩素系	パークロロエチレンは脱脂力が大きく、洗浄性に優れている。風合いを損ないやすい。不燃性である。

図表8-20 水洗いと比較したドライクリーニングの長所と短所

	長所	短所
洗浄性	・油汚れをよく落とすとともに他の汚れもある程度落とすことができる	・水溶性の汚れは落ちにくい ・落ちた汚れが再汚染しやすい
衣類に対する安全性	・染色物の水による色流れがおきにくい ・型くずれ、伸縮、風合低下などが少なく、もしこれらが生じた場合でも容易に回復できることが多い	・溶剤に弱い素材、加工品、染色品などは事故になりやすい
作業能率および技術	・洗浄、乾燥が短時間でできる（石油系溶剤を除く） ・高度な技術を必要とすることが少ない	・機械や溶剤の保守管理に手間がかかる
経済性および溶剤の危険性	－	・溶剤が高価であるため、回収し再利用しなければならない ・洗浄装置が気密であることが必要 ・溶剤の洗浄装置、回収装置などが必要 ・溶剤に人体毒性や公害の原因となる危険性がある
その他	－	・前処理剤やドライソープが残留しやすく、もし残留するとしみ、黄変、粘着などが生じやすい ・パークロロエチレン（正式名テトラクロロエチレン）、トリクロロエタンは分解して塩酸を生成し、衣類を損傷したり、変色させることがある ・石油系溶剤は衣類に残留臭を残しやすい。また、可燃性で引火、爆発の危険性がある

出典）クリーニング綜合研究所：技術情報, 16（2）

3 仕上げと保管

1．漂白と増白
（1）漂　　白
　繊維製品に付着した有色物質（色素）を，化学的に分解して無色にすることを漂白という。漂白には酸化型と還元型がある。酸化型の中の塩素系漂白剤（次亜塩素酸ナトリウム）は，用いられる繊維が限定されるが，適切に使用すれば漂白効果は大きい。また，漂白のほか殺菌効果も大きく，臭いを取り除くこともできる。酸化型の中の酸素系漂白剤は，色柄物に使用できるなど使用しやすい。漂白は温度，濃度，時間などに注意して行う。**図表8－21**に衣料用漂白剤の種類と特徴を示す。

（2）増白（蛍光増白）
　蛍光増白染料で染色し，白さを増す方法である。蛍光増白染料は紫外線を吸収し，可視部に350～500 nm領域の青紫から青緑色の反射光（蛍光）を発する性質をもつ（**図表8－22**）。白い被服には生産工程で蛍光増白処理される場合が多いが，洗濯により脱落するため，合成洗剤中に直接染料系の蛍光増白剤が配合されている。

2．仕　上　げ
（1）柔軟仕上げ
　市販されている柔軟剤は主に陽イオン界面活性剤で，柔軟仕上げ効果だけでなく帯電防止効果もある。静電気を防ぐことは，布のまつわりつきを抑えるほか，汚れの吸着を防止することにもなる（p.83，**図表8－9**参照）。

（2）糊付け
　布に適度な張りと硬さを与え，形崩れを防ぐとともに，汚れをつきにくく，落ちやすくする効果がある。天然糊料と化学糊料があるが，化学糊料のうち，ポリ酢酸ビニル（PVAc），ポリビニルアルコール（PVA）などは全繊維製品に用いられ，好みの硬さに均一につけることができるため多く用いられている。スプレー式で部分的に用いるものや，洗濯機で糊付けできるもの，乾燥機中で使用できるものなどがある。

（3）アイロン仕上げ
　しわを伸ばしたり，被服の形を整えるために行うが，殺菌効果もある。アイロン仕上げには，熱，水分，圧力が影響する。適切な温度は，繊維の種類により異なるので，取り扱い絵表示を参考にする（**図表8－23**）。

3．保　　管
　季節外の被服は密閉性の良い乾燥した所に保管する。保管中の事故を防ぐため，防虫剤や乾燥剤を用いる。衣料につく害虫に，ヒメマルカツオブシ虫，ヒメカツオブシ虫，イガ，コイガなどがいる。防虫剤にはパラジクロロベンゼン，ナフタリン，しょうのうのように常温で個体から気化する昇華性のものと，エムペントリンのように，蒸気圧が高く常温で揮散す

図表8-21　衣料用漂白剤の種類と特徴

分類		漂白剤	形状・液性	使用適当繊維・製品	使用不適当繊維・製品
酸化型	塩素系	次亜塩素酸ナトリウム	液体 アルカリ性	・綿，麻，レーヨン，ポリエステル	・毛，絹，ナイロン，アセテート，ポリウレタン，樹脂加工製品 ・色物，柄物
酸化型	酸素系	過酸化水素	液体 弱酸性	・すべての繊維 ・色物，柄物にも使用できる	―
酸化型	酸素系	過炭酸ナトリウム	粉末 弱アルカリ性	・綿，麻，レーヨン，アセテート，合成繊維 ・色物，柄物にも使用できる	・毛，絹
還元型		二酸化チオ尿素	粉末 弱アルカリ性	・すべての繊維 ・鉄分による黄変回復 ・塩素系漂白剤による樹脂加工品の黄変回復	・色物，柄物
還元型		ハイドロサルファイト	粉末 中性	・すべての繊維 ・鉄分による黄変回復 ・塩素系漂白剤による樹脂加工品の黄変回復	・色物，柄物

図表8-22　繊維の分光反射率曲線（概念図）

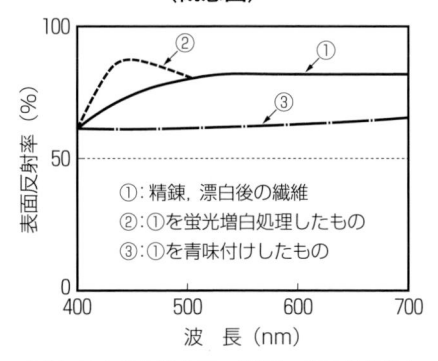

①：精練，漂白後の繊維
②：①を蛍光増白処理したもの
③：①を青味付けしたもの

出典）日本家政学会編：『被服の機能性保持』，朝倉書店，p.106（2000）

図表8-23　繊維の種類とアイロン温度

綿・麻	180～210℃
毛，絹，レーヨン キュプラ，ポリエステル	140～160℃
アセテート ナイロン，アクリル	120～140℃
アクリル系 ポリウレタン	80～120℃

図表8-24　主な衣料用防虫剤

防虫剤	特徴	
ピレスロイド系（エムペントリンほか）	・微量でも防虫効果とその持続性が高い	・刺激臭がなく，ほとんど無臭 ・昇華性のものとも併用が可能
パラジクロロベンゼン	・昇華が他より速く，速効性がある。持続性は小さい	・昇華性で，特有の刺激臭がある ・昇華性のもの同士は混用しない
ナフタリン	・昇華が遅く効果は低い。持続性がある	
しょうのう	・効果はやや低い。絹製品やおひなさまに用いられる	

るものとがある（p.89，**図表8-24**）。昇華性のものは，昇華せず溶け合って衣類を変色させることがあるので，2種類以上の防虫剤を混用しない。乾燥剤としてはシリカゲルや塩化カルシウムなどがある。塩化カルシウムは吸湿すると個体から液体に変化するため注意が必要である。

4 衣生活と環境問題

1．消費者苦情

　国民生活センターに寄せられた苦情の中で衣生活に関するものでは，高額な補整下着や着物などの強引な販売や，アポイントメントセールスやデート商法でのアクセサリーの販売など販売方法に関するものが多い。その他，衣料品，クリーニング，洗濯機に関するものなどさまざまである。

　衣料品は多様化し，消費者の品質への要求も高いため，国民生活センターや日本百貨店協会の調査によると，衣料品に関する苦情の発生件数は他の商品に比べると多く，外観変化，変退色，強度，縫製不良など多岐にわたっている（**図表8-25**）。

　新しい素材や種々の加工が開発され，衣類の取り扱いも難しくなり，商業洗濯の利用頻度が増大するとともに，消費者センターに寄せられるクリーニングに関する苦情は増加したが，近年家庭で水洗いしようとする気運もあり，相談件数は低下傾向にある。苦情の内容は被服の色落ち，変退色，色泣きなど色に関するものが多いが，形くずれ，破損，樹脂の硬化，ラメ糸の消失，モールヤーンの飛び出しなどがある。その原因は，製品の生産者側，クリーニングの技術によるもののほか，消費者の使用や保管による場合もある。

　クリーニング賠償問題協議会により制定されたクリーニング事故賠償基準には，賠償額の算定基準が定められている。クリーニング業者が被害者に対し損害賠償をする場合，この基準に従って行われることが多い。

2．環 境 問 題
（1）水 質 汚 染

　日本は水の豊富な，そのほとんどが軟水という恵まれた環境にあり，つい資源としての重要性を見失いがちである。しかし今日，人口増加，高齢者の増加，環境の変化などにより，節水に注意しなければならない。

　衣料品の製造，加工には多量の水を必要とし，特に染色仕上げ工程での排水中の有機物は水質汚染の原因となっていた。しかし今日では工場からの排水は管理されており問題は少なく，家庭から出される生活排水のほうが環境への影響は大きいことがわかっている。生活排水のうち，し尿を除いた生活雑排水は下水道が完備されていないところでは直接河川に放流され，環境汚染の原因となる。生活排水中の有機物の環境負荷を示す生物化学的酸素要求量（BOD）は43g/人/日で，そのうち洗濯によるものは10％である（**図表8-26**）。日本はヨーロッパ各国に比較し，下水道の普及率が低く，早急な下水道の完備が望まれる（**図表8-27**）。

4 衣生活と環境問題

図表8−25 百貨店における消費者苦情の実態

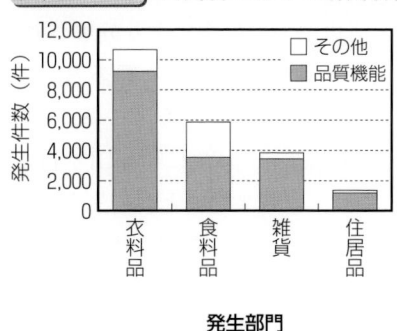

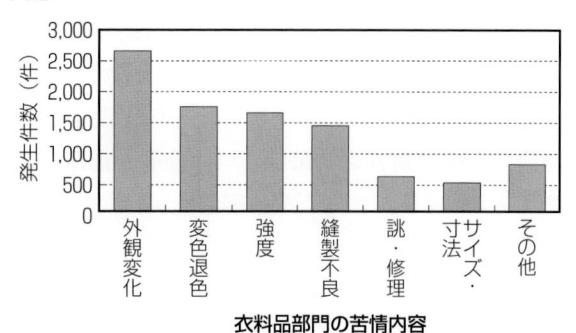

発生部門（衣料品、食料品、雑貨、住居品／その他・品質機能）

衣料品部門の苦情内容（外観変化、変色退色、強度、縫製不良、誂・修理、サイズ・寸法、その他）

出典）（社）日本衣料管理協会：『消費科学―衣生活のための―』, p.71（2000）

図表8−26 生活排水と生物化学的酸素要求量（BOD）の割合

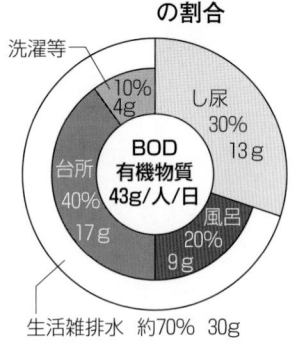

BOD 有機物質 43g／人／日
- し尿 30% 13g
- 風呂 20% 9g
- 台所 40% 17g
- 洗濯等 10% 4g
- 生活雑排水 約70% 30g

出典）環境庁：『環境白書（各論）平成12年度版』

図表8−27 諸外国の下水道普及率および高度処理人口普及率

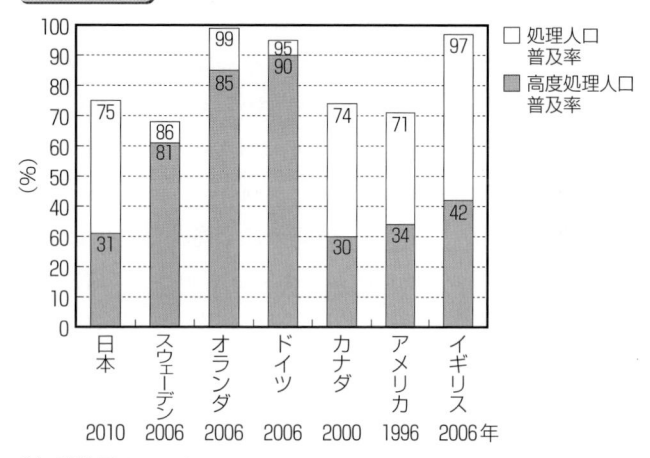

処理人口普及率／高度処理人口普及率

- 日本 2010：75／31
- スウェーデン 2006：86／81
- オランダ 2006：99／85
- ドイツ 2006：95／90
- カナダ 2000：74／30
- アメリカ 1996：71／34
- イギリス 2006：97／42

注）諸外国データは OECD ENVIRONMENTAL DATE COMPENDIUM より引用。日本は2010年度末（2011年3月末データ）。

図表8−28 界面活性剤の生分解性

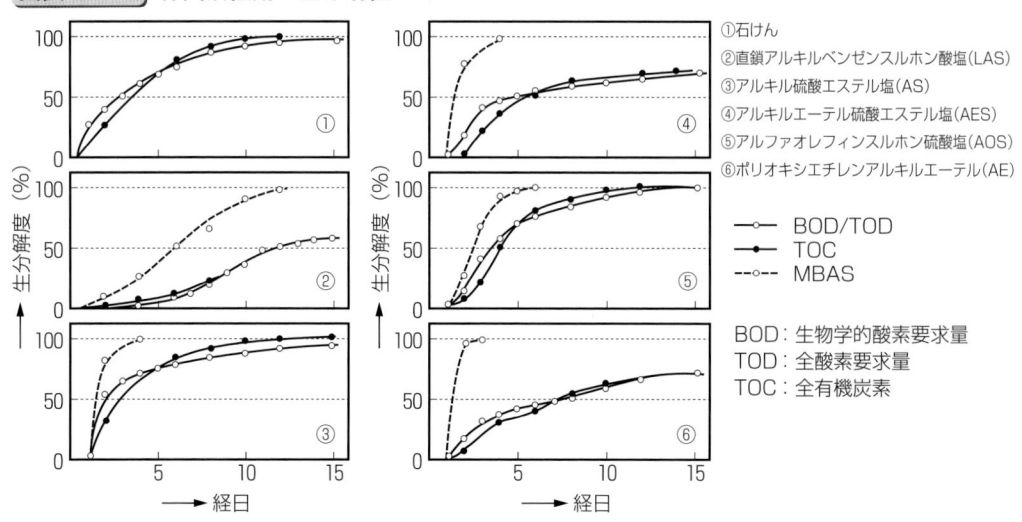

①石けん
②直鎖アルキルベンゼンスルホン酸塩（LAS）
③アルキル硫酸エステル塩（AS）
④アルキルエーテル硫酸エステル塩（AES）
⑤アルファオレフィンスルホン酸塩（AOS）
⑥ポリオキシエチレンアルキルエーテル（AE）

― BOD/TOD
― TOC
--- MBAS

BOD：生物学的酸素要求量
TOD：全酸素要求量
TOC：全有機炭素

出典）三浦千明，山中樹好他，日本油化学会誌, 28, pp.351-355（1979）

（2）環境への負荷

洗濯排水中の界面活性剤や蛍光増白剤などの有機物は，河川中の微生物により分解され，最終的には水と二酸化炭素などの無機物になる。この現象を生分解という。**図表8－28**（p.91）は「化学物質の審査及び製造等の規制に関する法律」（1973年制定）の条件に基づいて測定した生分解性の結果で，一時分解の指標 MBAS と究極分解の指標 TOC や BOD/TOD で測定したものである。生分解性の悪いものは環境に残るため，水棲生物などへの影響も問題になる。以前，洗剤には洗浄力をあげるためリン酸塩が含まれていて，湖沼の富栄養化の一因とされたが，現在は無リン化されている。洗濯1回に排出される界面活性剤の量は，合成洗剤より粉石けんのほうが多い。粉石けんは生分解性はよいが有機物の量が多く，合成洗剤は有機物の量は少ないが，生分解性がよくないものもあり，環境への影響はさまざまである。生分解生の低い合成洗剤が使用された時期もあったが，現在は石けんと同程度の生分解性を示す界面活性剤も多く使われている。

ドライクリーニング溶剤は，人体や環境への影響が指摘されている（**図表8－29，8－30**）。石油系溶剤は光化学スモッグの発生源となることや，塩素系溶剤は地下水汚染の原因や作業者の健康障害などの問題を含んでいる。1987年のモントリオール議定書による規則により，1,1,1-トリクロロエタンは1996年1月より製造禁止，2005年に全廃，フロン113も1996年1月より製造禁止，2000年に全廃となっている。また，代替フロンとして開発されたハイドロクロロフルオロカーボン（HCFC）も「特定物質の規制等によるオゾン層の保護に関する法律」（略して，オゾン層保護法）により2020年に生産が全廃される。

地球環境保全のため，地球温暖化の原因とされる温室効果ガス（CO_2など）排出量の削減が急務である。現在，製品原料の調達，製造，運搬，使用，その後のリサイクル，廃棄までの間に消費したエネルギー量，および大気，土壌，水など環境中に排出される汚染物質の総量を計量し，環境負荷を評価する LCA（ライフサイクルアセスメント）の手法が取り入れられている。これにより，環境負荷の少ない製品の開発が期待される。洗濯においては，洗濯機の製造より，日々の洗濯が CO_2 排出量の約80％を占めるため，十分考慮して洗濯する必要がある。また，ヨーロッパでは家電製品にエネルギーラベルを付けることが義務づけられている。洗濯機には消費電力のほか，洗濯性能や脱水性能を示すエネルギー効率が示されている。脱水は，その後の乾燥機使用時の省エネルギーに関連する（**図表8－31**）。

（3）家庭用洗浄剤に関連する法律

消費者の安全や環境を守るため，家庭用洗浄剤はいろいろな法律で規制されている。代表的なものに，家庭用品品質表示法，食品衛生法，医薬品医療機器等法（旧薬事法），工業標準化法（日本工業規格）などがある。

4 衣生活と環境問題

図表8−29 ドライクリーニング溶剤と環境汚染問題

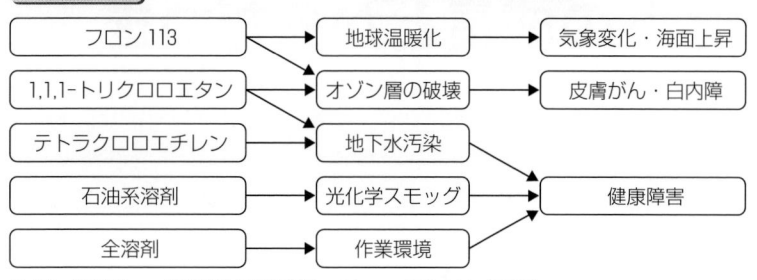

- フロン113 → 地球温暖化 → 気象変化・海面上昇
- 1,1,1-トリクロロエタン → オゾン層の破壊 → 皮膚がん・白内障
- テトラクロロエチレン → 地下水汚染
- 石油系溶剤 → 光化学スモッグ → 健康障害
- 全溶剤 → 作業環境

出典）高坂孝一：繊維製品消費科学，31，pp.360-364（1990）

図表8−30 ドライクリーニング溶剤と主な法規制

関係法令等	石油系溶剤	テトラクロロエチレン
オゾン層保護法	−	−
環境基本法 ・水質汚濁にかかる環境基準 ・土壌の汚染にかかる環境基準 ・大気の汚染にかかる環境基準	−	0.01 mg/l 以下 0.01 mg/l 検液以下 0.2 mg/m³ 以上
水質汚濁防止法 ・排水基準を定める省令	−	0.1 mg/l 以下
大気汚染防止法 ・指定物質排出施設		該当（処理能力30 kg/回以上のもの（密閉式のものを除く））
厚生省生活衛生局長通知 ・クリーニング所におけるドライ機からの排出溶剤蒸気の活性炭吸着回収装置の設置		ドライ機の処理能力の合計が30 kg以上は設置。30 kg未満も必要に応じ計画的に設置する。
労働安全衛生法 ・有機溶剤中毒予防規則の区分 ・健康診断	第3種有機溶剤適用	第2種有機溶剤適用
廃棄物処理法	特別管理産業廃棄物	特別管理産業廃棄物
消防法 ・危険物の分類	第4類第2または第3石油類	−
PRTR法 ・第1種指定化学物質	成分含有量によっては該当	該当

注）PRTR（Pollutant Release and Transfer Register；環境汚染物質排出・移動登録）法：特性化学物質の環境への排出量の把握等および管理の改善の促進に関する法律（通称，化学物質管理促進法），1999年成立。

出典）全国生活衛生営業指導センター：『新版 よくわかるクリーニング講座』，ERC出版，p.215（2004）

図表8−31 洗濯機のエネルギーラベル（EU）

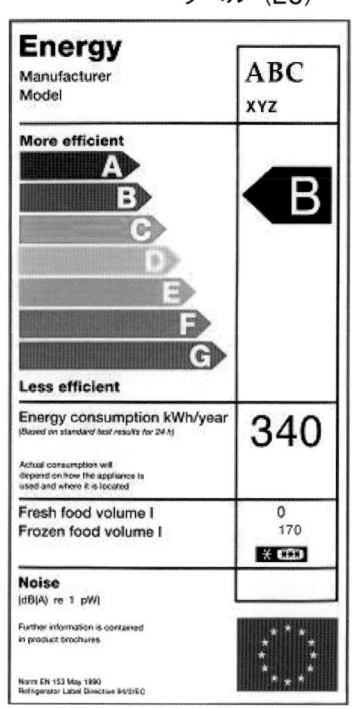

9章 ヒトの成長とからだつき

1 身体形態とそのとらえ方

1．身体形態

　衣服を着心地よく装うためには，4章のように健康上の問題を考え，5章のように温熱と蒸れなどを考慮し，6章のように不都合なく動くことができることが求められる。これらの章はすべて，からだと衣服との関係を科学的に解明しようとしたものである。本章では，衣服を設計する場合，また，衣服を着用する場合の着衣基体として，これまで触れられなかったヒトのからだつきについて考慮すべき基礎的な事項について述べる。

　ヒトのからだつきは，性・年齢によって，また，骨格の大小，筋肉や皮下脂肪のつき方によって違いがある。肥満・痩身・怒り肩・なで肩，反身体・屈伸体などはからだつきを表現する言葉である。衣服の設計ではこれらの要素が加味されて，昔から経験的に衣服作りに生かされてきた。私たちは，自分のからだつきの特徴を把握し，衣服製作はもちろんのこと，衣服選びや衣服の着装に上手に生かしていきたいものである。

2．身体形態の把握法

　私たちが衣服を製作しようとするときはもちろんのこと，既製服を購入しようとするときも，着用者のからだの寸法が必要となる。いわゆる身体計測であるが，小学校入学以来大学まで，毎年春には学校保健に基づく身体計測を受けてきた。おなじみの計測項目である身長・体重・胸囲・座高などで，概ねからだの大小や太り痩せなどは把握できる。しかしながら，衣服の設計のためには衣服に直接かかわるような項目を知る必要があり，装いを工夫するためにはからだのプロポーションにかかわる項目も知る必要がある。今日，一般的な計測方法として，マルチン式人体計測法に基づくJIS法がある。この計測法は既製服サイズ設定のための日本人の体格調査で用いられた方法で，人体寸法を測る基本的な方法である。次章の既製服のサイズ設定ではこの計測法によっている。この計測法では，人体の骨格を計測の基準点と定め，衣服設計上の基準線を設けて，巻尺・身長計・桿状計（かんじょうけい）その他の計測器および補助具を用いて計測を行う。**図表9－1**には主な計測項目の計測方法の概要を示す。また，**図表9－2**には主な計測項目と基準点を示す。

　被計測者は，計測時に巻尺やその他の器具に触れられること，多くの項目を計測するには時間を要することなどに伴う負担を感じることが多い。また，計測者は計測に熟練しないと計測誤差を生じさせやすいことも問題である。このような欠点を補う意味で，最近では非接触三次元計測法が用いられるようになった。これは，被験者に直接触れることなく，短時間

1 身体形態とそのとらえ方

図表9−1 計測項目と計測方法

名称	男子	女子
背たけ	姿勢を正しくし，バックネックポイントからウエストまで，背面のふくらみを包むように測る	
背肩幅	左右の肩峰点の間の長さを，背面に沿って測る	
首まわり	のど仏のすぐ下で首のまわりを測る	−
首の付根のまわり	−	首の付け根のまわりを測る
そでたけ	肩峰点（ショルダーポイント）から，手首までを測る	
胸囲（チェスト）	わきのすぐ下で，水平に胸のまわりを測る	−
胸囲（バスト）	−	乳頭付近で，最も太いところを水平に測る
胴囲（ウエスト）	肋骨の最下端と腸骨との中間点を水平に測る	
腰囲（ヒップ）	臀部の最も太いところを水平に測る	
ズボンたけ	体側で胴囲線からズボンのすそはしまでを測る	
スカートたけ	−	体側で胴囲線からスカートのすそはしまでを測る
また上	椅子に腰掛け，体側で胴囲線から座面までの高さを測る	
また下	また下を軽く押し上げたところから，希望の長さまでを測る	

注）巻尺を使用する。

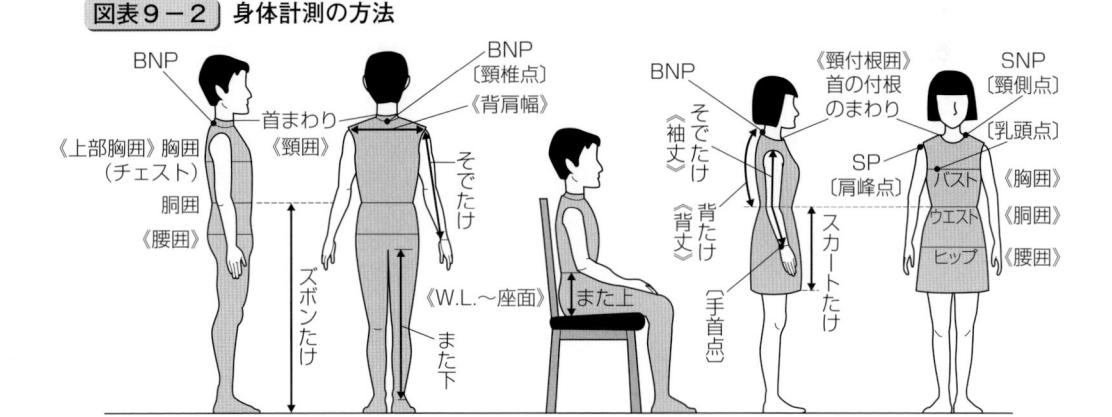

図表9−2 身体計測の方法

注）日本人の体格調査で用いられた〔　〕内は基準点，《　》内は計測項目を示す。
・BNP：バックネックポイント　　SNP：サイドネックポイント　　SP：ショルダーポイント
　W.L.：ウエストライン（肋骨の最下端と腸骨稜上縁で，体側で最も上方にある点との中央の位置をいう）
・女子では首の付け根がえりぐりの基準となり，男子では首まわりの位置が基準となる。
・胸囲は，上半身の最大値を示す位置が，男女で異なる。

でレーザー光線が身体の表面の凹凸をスキャニングしながら身体各部のX，Y，Z座標値を読み取り，パソコンを利用して画像表現したり，体表長を計算したりする方法である。アパレル市場では，インターネットを使ったオーダーメイド感覚の個人対応型衣服生産に移行しつつある。このシステムでは豊富な衣服素材の情報とデザインの情報はもちろんのこと，きめ細かな身体データと体型情報の蓄積が重要な意味をもつ。したがって，非接触三次元計測法はアパレルの将来にとって，3Dの着装シミュレーションシステムと同様に重要であり，ますますの発展が期待される。

2 体型の変異

1．成長と個体差

（1）成長の様相

　成長期とは一般的に成人に至るまでの間で身長が伸び続けている期間を示すことが多い。誕生から1年間の乳児期に身長は約1.5倍，体重は約3倍になるというように，一生のうちで最も急速な成長を示す。次いで急成長を示す時期は思春期である。したがって，**図表9－3**の身長の成長曲線にみられるように，緩やかなS字状のカーブを描くことになる。最大年間成長量を示す（以下，ピークという）時期は男女で異なり，女子では小学校の高学年期，男子では中学生の時期に該当し，女子は男子より約2年早い。そのため，小学校高学年期には女子の平均値は男子を上回る。

　また，その他の身体部位がどのような成長の様相をたどるかについて，20歳を100として表した百分率成長曲線を見てみよう。**図表9－3**からわかるように，1歳で頭囲はすでに成人の80％を超えており，足長も3歳で身長の百分率成長を上回っている。すなわち，乳幼児は頭でっかちであり，足部が大きく典型的な子どもの体型の特徴を示している。このように，身体各部位の成長速度が異なるために，成長期の体型は，成長に伴って大きさだけでなく，プロポーションも変化する。

（2）成長の個体差および成長のパターン

　乳児期・思春期の急成長期には個体差が大きい。個体差は成長の急発進のスタート時期の遅速や成長量の大小に表れる。出生時から1歳まで追跡的に身長と体重の計測値が揃っている乳児について，半年毎にどのような成長の経過を辿ったかを平均値を基にしたランク別にみると，**図表9－4**に示すように，身長の出生時のランクと6か月後のランクが，大・中・小で同じランクという例は全体の41.2％であり，その他は減少したり増加したりという変化を示している。乳児期の後半でも45.4％は変動している。体重は乳児期の前半で身長よりも変動は大きい。乳児期の衣服の設計や衣服選択については，身体の形態成長だけでなく，首すわり，寝返り，お座り，ハイハイ，一人歩きなど機能発達とおむつの着用を考慮しなければならない。これによって，ワンピース形式，つなぎ形式，二部式など衣服の種類やデザインが異なる。機能発達にも個体差があり，形態成長と機能発達の個体差を両方とも考慮して，衣服を選択・購入する必要がある。

図表9－3 百分率成長曲線（男子）

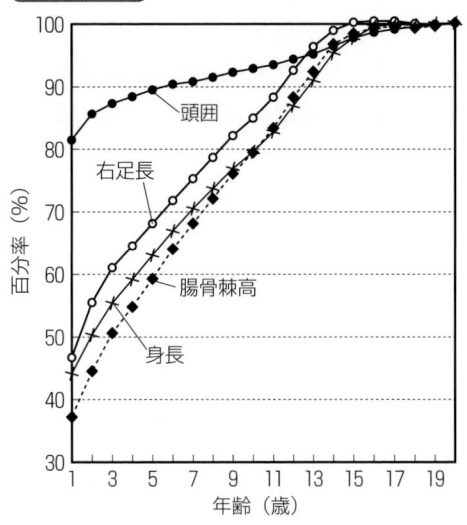

出典）松山容子編著：『衣服製作の科学』，建帛社，p.42（2007）

図表9－4 身長・体重の成長パターン別人数（男女）

成長パターン	0～6か月（人数（%））		6～12か月（人数（%））	
	身長	体重	身長	体重
一定型（大）	20（8.8）	17（7.5）	31（13.7）	32（14.1）
減少型（大→中）	28（14.3）	27（11.9）	27（11.9）	24（10.6）
増加型（中→大）	33（14.5）	29（12.8）	22（9.7）	20（8.8）
一定型（中）	58（25.6）	39（17.2）	60（26.4）	49（21.6）
減少型（中→小）	38（16.7）	47（20.7）	29（12.8）	29（12.8）
増加型（小→中）	34（15.0）	47（20.7）	25（11.0）	27（11.9）
一定型（小）	16（7.0）	21（9.3）	33（14.5）	46（20.3）
計	227（100.0）	227（100.0）	227（100.0）	227（100.0）

出典）布施谷節子：乳幼児の形態成長と機能発達との関連性―乳幼児服の設計・選択の立場から―，日本家政学会誌，47（9），pp.907-914（1996）

思春期では，早熟・晩熟などといわれるように，成長の加速の時期に個体差が表れる。**図表9－5**は，小・中・高等学校の身体計測値をさかのぼって収集できた女子大生について，初潮年齢の平均値を基準に早熟群，標準群，晩熟群に分類し，身長の年間成長量曲線を描いたものである。早熟群と標準群では小学校4～5年生の間でピークを示すが，早熟群では低学年から旺盛な成長を示している。ピーク後は急速に下降するのに対して，晩熟群は中学1年生まで成長量は少ないながらもほぼ一定の速度で成長し，下降に至る年齢も遅く，ゆっくりと成長している。女子にとって，子どもから大人への明瞭な移行点ともいえる初潮年齢を取り上げてその前後の成長様相をみても，成長のタイプには差があることがわかる。この時期は精神的にも大人への移行期であり，自ずと衣服の選び方にも個性を表現しようとする時期である。からだつきに対する意識が衣服選びに及ぼす影響については，11章で述べる。

2．成人の体型
（1）性　　差

　乳児期のほぼ全月齢を通して身長・体重・胸囲などの主な項目は男子が有意に大きく，性差は乳児期からみられる[1]。性差は成長とともに広がり，思春期では一時的に女子が男子を上回る時期があるものの，その後はさらに性差が明瞭となり成人に至る。

　図表9－6は，成人男女のプロポーションを比較するために，身体各部位について，身長を100としたときの指数（胸囲の場合は比胸囲という）で示したものである。これに示すように，男子は比背肩幅，比胴囲，比頸付根囲が女子より大きく，一方女子は，比腰囲，大腿囲が男子より大きいことが目立つ。すなわち，男子は女子と比較して肩幅が広く，首が太く，ずん胴だといえるが，女子は男子と比較して腰が大きく，大腿が太いといえる。この特徴は乳児期ですでにみられ[2]，成人女子の特徴の片鱗をのぞかしている。乳児期においては，統計的に性差があるとはいっても，計測値そのものの差は小さいために，乳幼児服のサイズ設定では男女別に設定されてはいない。男児用・女児用という服種やデザインの違いで対応できる。しかしながら，それ以降の衣料サイズは少年用・少女用，成人男子用，成人女子用というように明確に区分されている。衣料サイズについては10章で詳述する。

　既製服では作業着やユニフォームなどにユニセックスの衣服がみられるが，プロポーションを考慮するとなかなか両性を満足させるような衣服は難しい。シャツの場合では，女子は肩が落ちてしまい，袖丈が長すぎることが多いし，パンツでは，女子がヒップに合わせるとウエストがブカブカになったり，大腿がきつくなったりすることが多い。素材の伸縮性でカバーしきれないこともあるのでユニセックス用衣服の選択・購入には注意が必要である。

（2）加齢と体型

　出生直後から年を重ねるという意味では加齢（aging）であるが，少年・少女期の成長が止まるまではこれを成長（growth）といい，その後を加齢と表現する。

　また，**図表9－7**（p.101）は身体計測値の加齢に伴う変化を，男女別に20～24歳を基準としてモリソンの関係偏差折線を描き，体型変化を総合的に示したものである。これによると，男女ともに加齢に従い，高さ・長さに関する項目は減少するのに対して，体幹部の周径項目は男子では50歳代まで，女子は60歳代まで増加し，特に胴囲の増加が著しい。最近で

図表9-5 女子の成長の個体差（身長の年間成長量）

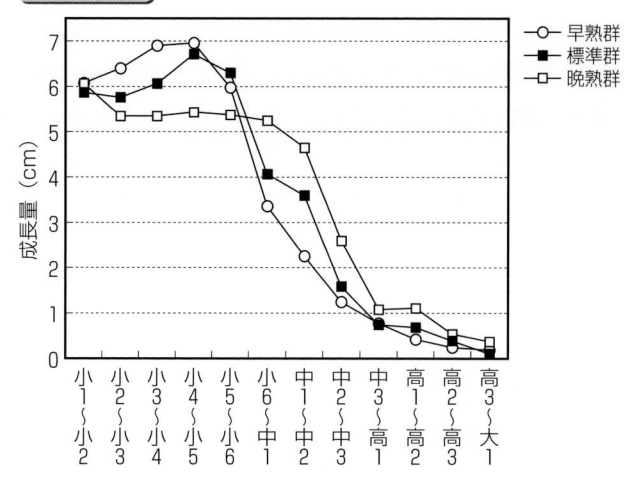

出典）桐原美保，布施谷節子，高部啓子：被服行動の発達と身体発達との関連，日本家政学会誌，56（2），pp.115-123（2005）

図表9-6 成人のプロポーションの性差（20～24歳）

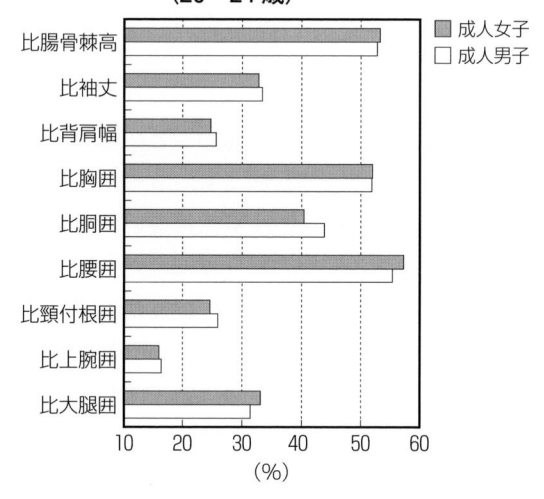

は中高年の生活習慣病予防対策として、健康診断に腹囲の計測が求められている。体幹部の皮下脂肪および内臓脂肪の沈着や、メタボリックシンドロームを予知するための指標として用いられている。胴囲と腹囲では測定位置に違いがあるが、中高年の胴囲の増加は腹囲の増加を裏づけるものとなろう。男子の場合、他に頸付根囲や腰囲、上肢・下肢の周径は加齢とともに減少傾向を示す。特に大腿囲の減少は顕著である。一方女子では、大腿囲は50歳代以降には減少するものの、他の周径項目は男子のように減少はしない。これは大腿筋の減少や皮下脂肪の分布の違いが原因だと考えられる。身長の減少は高齢者では骨量の減少や姿勢の変化などが原因となろうが、その他に、特に第二次世界大戦後の若者の高身長化を反映して、戦後生まれと戦前生まれの人の体型の時代差も含んだ様相を表していると考えられる。

　成人女子の既製衣料の現行のサイズシステム（p.111，**図表10－8**参照）では、体型区分は基本身体寸法のバストとヒップのバランスで決まり、ウエストは参考人体寸法として10歳代から70歳代までに年代区分され、加齢変化に対応している。したがって、母親と娘でシャツやセーターは同一のサイズのものを共有できても、パンツやスカートの場合は胴部から腰部の形状が異なることから、共有は難しいことが多い。フィット性を必要とするパンツ・スカート類はウエストやヒップが基本身体寸法となるが、スーツのような一体型の衣服の場合には上衣と下衣で別々にサイズ選択ができるとは限らず、お直しが必要になることが多い。各ブランドでは消費者のターゲットを若者か中高年かに特定していることが多いために、対象年齢の胴部や腰周りの形状を考慮して、パターン設計やデザインに活用している。

（3）人種差・民族差

　今日では、ファッション情報はその日のうちに世界をめぐり、私たちはインターネット、テレビ、新聞、雑誌で情報を入手することができる。パリやミラノやニューヨークのコレクションは、ファッションのすばらしさはもちろんのこと、ファッションモデルのプロポーションの美しさを私たちに伝えてくれる。わが国でも、ヨーロッパ人に引けをとらないプロポーションの若者が増えてきたとはいっても、少数派に違いはない。モデルが着用したファッションをそのまま一般の日本人が着用したらどうなるのだろうか。世界を見渡すと、着衣基体である人の体型はさまざまである。人種によって民族によって体型は異なる。同じファッションが、すべての人種や民族を美しく引き立てるということにはならないだろう。私たちは画像の情報から自分に似合うかもしれないと思い込んでしまいがちであるが、人種や民族による体型の違いを考えて、日本人に合うファッション、ヨーロッパ人に合うファッションとはどのようなものか客観的に判断したいものである。

　一般的にいえば、アメリカ人と日本人を比較すると、アメリカ人女子は身長が高く、上肢・下肢が長く、豊かで厚みのある胸をもち、胴くびれが強く、相対的に頭部が小さく、下腿部が細い。男子も同様な傾向である。アジアの国々の民族差はヨーロッパ人との差ほどは大きくないものの、身体の形や大きさ、プロポーションは多少異なっている。海外旅行先で既製服を購入する機会や、インターネットでの個人輸入などが増えてきた今日では、人種や民族の違いを考慮して既製衣料を慎重に選択することが必要となる。

2 体型の変異

図表9-7 身体計測値の加齢に伴う変化

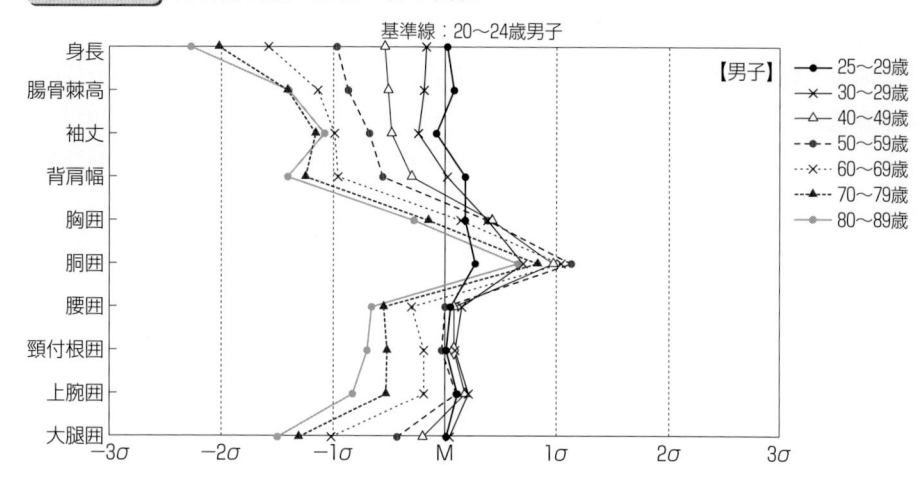

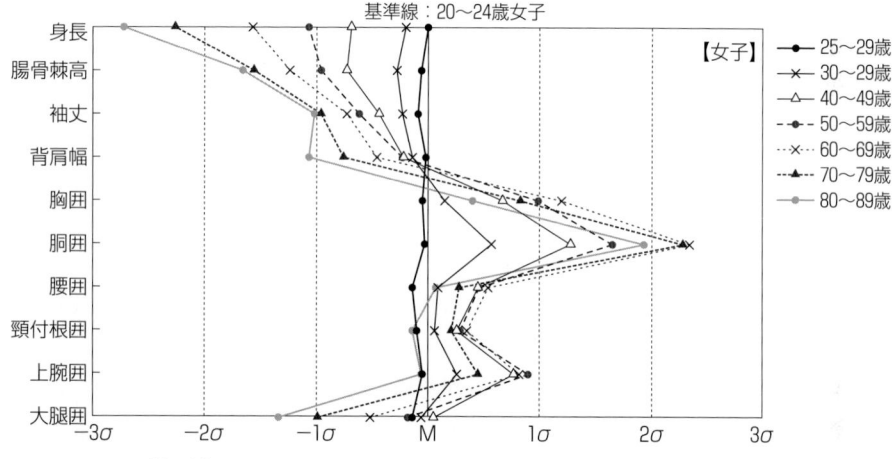

【男子】基準線：20～24歳男子
凡例：25～29歳、30～29歳、40～49歳、50～59歳、60～69歳、70～79歳、80～89歳
項目：身長、腸骨棘高、袖丈、背肩幅、胸囲、胴囲、腰囲、頸付根囲、上腕囲、大腿囲

【女子】基準線：20～24歳女子
凡例：25～29歳、30～29歳、40～49歳、50～59歳、60～69歳、70～79歳、80～89歳

注）関係偏差 $= \dfrac{M_1 - M_0}{\sigma}$

M_0：基準集団の平均値
M_1：比較集団の平均値または個人の値
σ：基準集団の標準偏差

出典）松山容子編著：『衣服製作の科学』，建帛社，p.39（2007）

3．からだつきに対する意識

　図表9−8は，女子短大生を対象として，自分のからだの各部位についての満足度と，太い・細いなどの評価を合わせて示し，全身の各部位について不満度が高かった項目を取り上げて，不満の理由を明らかにしようとしたものである。これによると，全身はやや太いことが不満であり，特に下体部に不満が強いことがあきらかである。脚の長さ，腰の位置や幅に対する下体部のバランスに対して不満が強い。下体部についての不満の主な理由としては，パンツやミニスカートの流行，下体部は痩せにくい，ヨーロッパ人の脚にあこがれるからというものであった[3]。

　若い女性では自分のからだつきに自信をもっていない人が多く，ヨーロッパ人のようなからだつきにあこがれるようであるが，果たしてこのような傾向はいつから始まったのであろうか。江戸時代の浮世絵に登場する美人は「柳腰」という美人の表現があるように，胴長で猫背，お尻は扁平である。この体つきがきものの美しい姿を作っていた。胴がくびれて胸が豊かであっては，たおやかな立居姿にはならない。第二次世界大戦後，日本人のほとんどは，子どもから大人まで和装から洋装に転換した。これが長い間培ってきたプロポーションが否定されるきっかけとなったといえる。

　また，1965年にマリー・クワント（Mary Quant，イギリス）がミニ・ルックを発表し，小枝のように細いツイッギー（Twiggy，イギリス）というモデルがミニ・ファッションで来日するとたちまちミニスカートは流行し，若い女性はスリムな体型に憧れ，ダイエット志向が芽生えてきたのである。その後，ファッションはカジュアル，ボディーコンシャス，エコロジーなどと時代によって変化し，それにつれてからだつきに対する意識も変化した。すなわち，人間の肉体も文明の産物であり，プロポーションの流行がその事実を物語っている。女性のプロポーションが時代の変化に合わせて自然に変化するものではなく，社会の要請や制約を受けて人工的に緩やかに変化するものである。

　西洋において，長い間にわたり女性のからだを締め付けてきたコルセットは，人工的に女性のからだを変形させるものであり，ウエストを絞り，バストとヒップを突き出す砂時計型のプロポーションが生み出された。強調された女性のボディーラインを好む男性の視線が根底にはあるものの，女性が男性の保護の下にあった時代では，女性自身もその時代に社会的に価値の高い女性になることを当然として受け入れ，それが女性美の価値観や道徳にも反映された。西洋の女性がコルセットから解放されたのは20世紀に入ってからである。

　ちなみに，女子短大生が自分以外の他者の体つきを美しい・美しくないと評価するとき，美しいとはどのようなからだつきの人をいうのだろうか。図表9−9は，女子短大生のシルエット写真を3ランクに分類し，美しいと評価されたグループと，美しくないと評価されたグループの身体計測値について，普通グループを基準に比較したものである。これからわかるように，バスト，ウエスト，ヒップの位置が高く，幅径・周径項目が小さいからだつきを美しいと評価している。また，姿勢，肥痩度，メリハリの程度，下体部の痩身度やプロポーションが，美しいと評価する理由とかかわりが強かった[4]。今日の日本の若い女性は，コルセットはつけないものの，ヨーロッパ人のプロポーションに憧れ，ダイエット志向も強いことからすると，心の中にコルセットを着けているようなものといっても過言ではないだろう。

図表9-8 からだつきに関する評価項目の自己評価値と満足度の平均値の比較

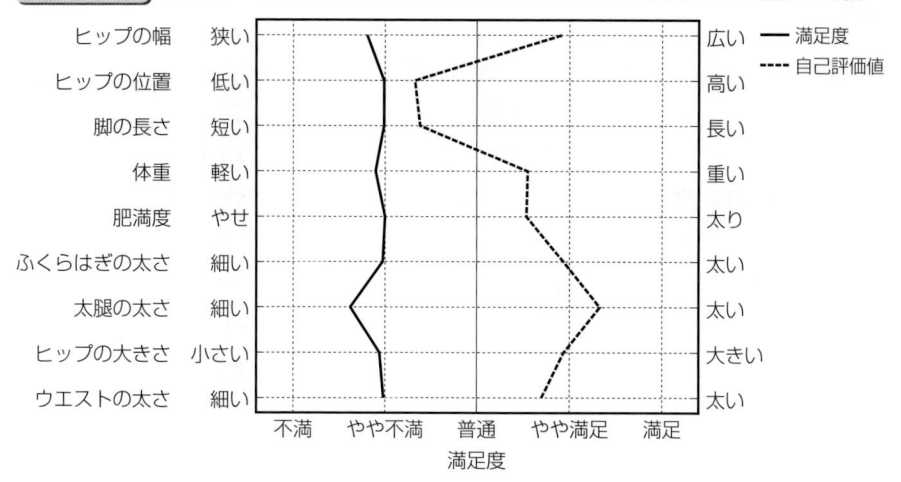

ヒップの幅	狭い	広い
ヒップの位置	低い	高い
脚の長さ	短い	長い
体重	軽い	重い
肥満度	やせ	太り
ふくらはぎの太さ	細い	太い
太腿の太さ	細い	太い
ヒップの大きさ	小さい	大きい
ウエストの太さ	細い	太い

横軸（満足度）: 不満 / やや不満 / 普通 / やや満足 / 満足

凡例: ── 満足度　---- 自己評価値

出典）布施谷節子，高部啓子，有馬澄子：女子短大生のからだつきに対する意識とそれを形成する要因，日本家政学会誌，49（9），pp.1097-1044（1998）

図表9-9 「美しい」評価群と「美しくない」評価群の体型比較

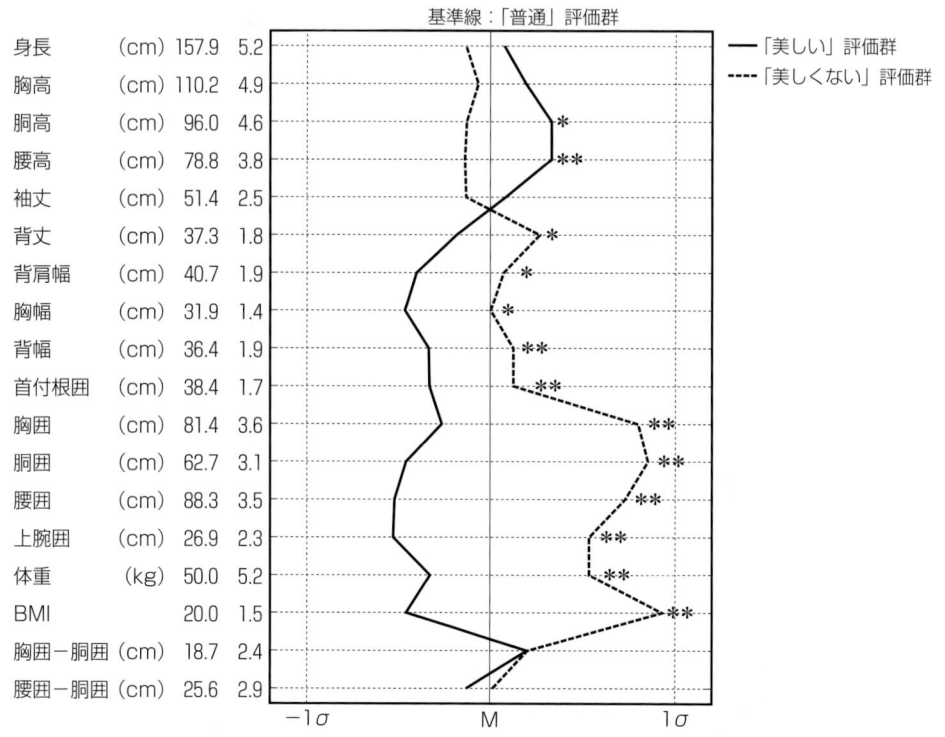

基準線：「普通」評価群

項目		平均	SD
身長	(cm)	157.9	5.2
胸高	(cm)	110.2	4.9
胴高	(cm)	96.0	4.6
腰高	(cm)	78.8	3.8
袖丈	(cm)	51.4	2.5
背丈	(cm)	37.3	1.8
背肩幅	(cm)	40.7	1.9
胸幅	(cm)	31.9	1.4
背幅	(cm)	36.4	1.9
首付根囲	(cm)	38.4	1.7
胸囲	(cm)	81.4	3.6
胴囲	(cm)	62.7	3.1
腰囲	(cm)	88.3	3.5
上腕囲	(cm)	26.9	2.3
体重	(kg)	50.0	5.2
BMI		20.0	1.5
胸囲−胴囲	(cm)	18.7	2.4
腰囲−胴囲	(cm)	25.6	2.9

凡例: ── 「美しい」評価群　---- 「美しくない」評価群

注）$*p<0.05$，$**p<0.01$，「美しい」評価群と「美しくない」評価群間の平均値の有意差検定結果
出典）高部啓子，布施谷節子，有馬澄子：女子短大生の他者のからだつきに対する評価，日本家政学会誌，49（9），pp.1021-1026（1998）

10章 アパレル産業と既製服

1 アパレル産業

1．アパレル産業の発達

「アパレル」とは，本来は「衣料品」「衣服」の意味であるが，現在のわが国では「既製服メーカー」の意味で使われることが多い。そして，既製服の生産と流通（卸と小売り）に携わる企業群を「アパレル産業」と呼んでいる[1]。

和服中心の衣生活から洋装化が急速に進んだのは，第二次世界大戦後である。当初は自分や家族のために洋服を自宅で作るケースが主であったが，経済の高度成長による所得の増加や技術の発達に伴い，1960年代にアパレル産業が急成長した。大量生産，大量販売の体制により，消費者は安価な既製服が入手できるようになり，"物（量）の豊かさ"が求められた。しかし1970年代には，二度にわたる石油危機（オイルショック）による景気の下落の影響で，消費者は"量よりも質"を求めるように価値観が変わり，アパレル各社は個性的なイメージをもったブランドを多く立ち上げた。その結果，1980年代はバブルによる大型景気のもとで，DCブランド（Designers & Character Brand）ブームとなった[2]。

1990年代に入りバブル景気がはじけて不況に陥ると，消費者は安価で身近な衣料品を好むようになり，また一方では高級品志向もあり，既製服の志向は二極化している。このような状況のもとで，アパレル産業の景気は低迷が続いている。

2．アパレル産業の位置づけ

図表10－1に，アパレル製品が素材から生産され販売に至るプロセスを示す。一方1990年代に入ると，アパレル産業群が小売業に進出，あるいは小売業が生産を手がける新体系「SPA（製造小売業）」が登場し，顧客ニーズを的確にキャッチしたリーズナブルな価格の商品を製造し，中心的な業態となってきている。「無印良品」，「ユニクロ」などが代表的である[3]。

3．アパレル製品の輸出入

明治以降，わが国の発展は繊維産業に支えられ，繊維輸出国であった。しかし図表10－2に示すように，1970年代以降，繊維品の輸入が増加し，現在では輸出よりも輸入のほうがはるかに多くなっており，その中でも最終製品であるアパレル製品の輸入比率が高い[4]。発展途上国での高品質低価格商品の生産，海外高級ブランド企業の日本市場への進出に依るところが大きい。今後，日本独自の付加価値のある商品や，海外各地での要求に対応した商品により輸出が拡大し，アパレルの輸出入バランスが是正されることが望まれる。

1 アパレル産業

図表10-1 繊維産業の構造

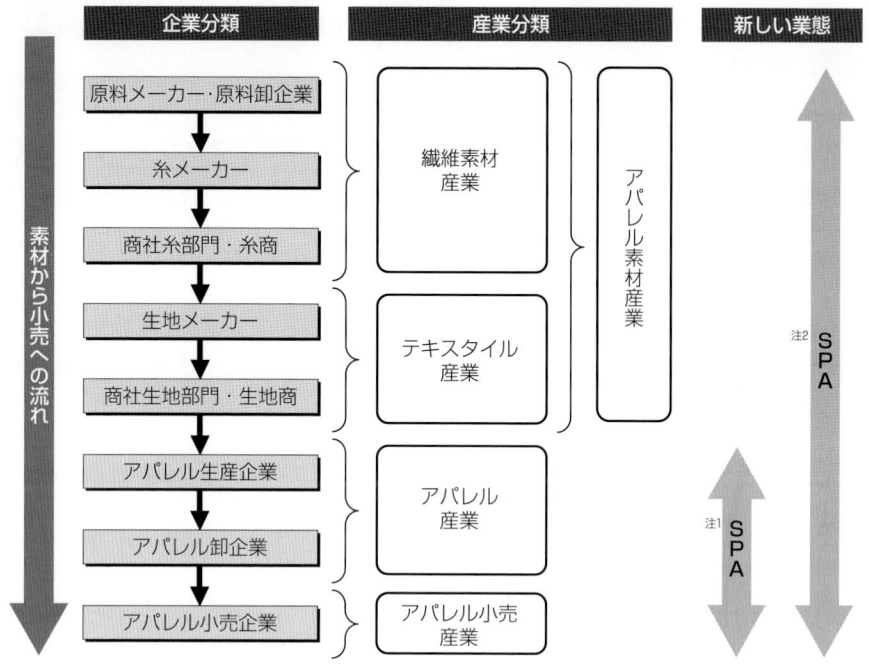

企業分類／産業分類／新しい業態

素材から小売への流れ

- 原料メーカー・原料卸企業
- 糸メーカー
- 商社糸部門・糸商
- 生地メーカー
- 商社生地部門・生地商
- アパレル生産企業
- アパレル卸企業
- アパレル小売企業

産業分類：繊維素材産業／テキスタイル産業／アパレル産業／アパレル小売産業

アパレル素材産業

注1 SPA／注2 SPA

注）1：アパレル産業群が小売企業の機能を，あるいは小売企業がアパレル産業群の機能を有するようになったSPA
　　2：すべての産業群の機能を有するSPA
資料）日本衣料管理協会：『改訂第2版　ファッション商品論』，p.58（2006），日本衣料管理協会：『ファッションビジネス論』，p.42（2003）より改変

図表10-2 繊維品の輸出入

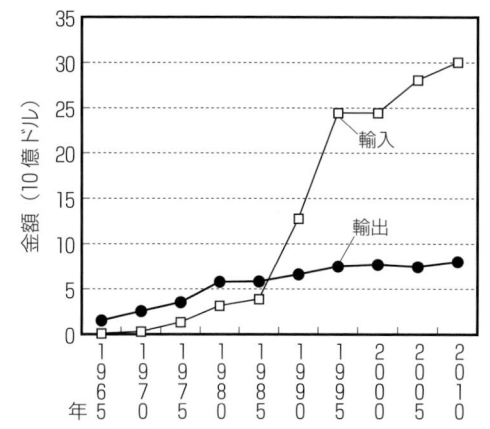

金額（10億ドル）／年：1965, 1970, 1975, 1980, 1985, 1990, 1995, 2000, 2005, 2010
輸入／輸出

資料）日本化学繊維協会：『繊維ハンドブック2009』，p.76（2008），日本化学繊維協会：『化繊ハンドブック』（1984），（1989），（1995），（2004）より作成，2010年データ加筆

図表10-4 アパレルCADによるマーキング

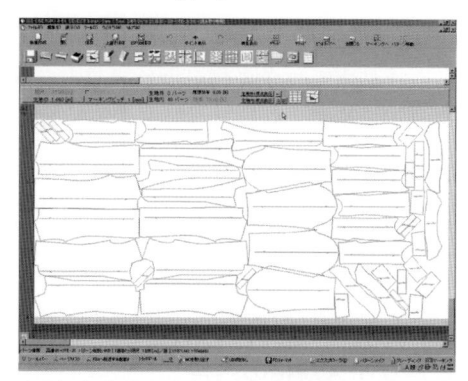

出典）島精機製作所：SDS ONEカタログ，p.7（2008）

2 既製服生産システム

 誂え服・仕立て服（特定の一人が着用することを目的として作る衣服）では，着用者の目的，嗜好，体型に合わせることが求められ，出来上がるまでには，基本的には一人あるいは数人のみが作成に携わる。
 一方，既製服では，多くの消費者が購入し満足できることが求められ，既製服が出来上がるまでには**図表10－3**に示すように，多くのプロセスを経る。各プロセスは，多くの担当者による分業で進められる。また，商品企画以降のプロセスでは，特殊な技術力を有した技術者でなくても均一かつ効率的に作業を進められるように，コンピュータや専用機器が使用される。例えば，設計プロセスのパターンメーキング，グレーディング，マーキングにおけるCAD（Computer Aided Design：コンピュータ支援設計）の使用（p.105，**図表10－4**），裁断プロセスにおけるCAM（Computer Aided Manufacturing：コンピュータ支援製造）の使用，縫製プロセスにおける目的別に設計された工業用ミシンの使用，などである。

3 既製服サイズ

1．サイズ規格の必要性

 既製服の生産者は，多くの消費者に購入されることを目的としながら，サイズについては，さまざまな体型の消費者に対して可能な限り少ないサイズ数で対応しようとする立場にある。一方消費者の側からみると，既製服は，大幅に寸法直しなどを行うと服のデザインやバランスを損ない，商品としての特徴や雰囲気を崩してしまい，また，素材や縫製法などによっては寸法直しができない場合もある。つまり既製服は，さまざまな体型の着用者に対応できること，また消費者が既製服を購入する際には，着用者の体型に合う商品を適切に選べることが必要となる。
 このような背景のもとに，既製服のサイズは，日本人全年齢層の男女を対象として行われた人体計測データを統計的に解析し，JIS（日本工業規格）に定められている。既製服には，このサイズ規格に基づいたサイズ表示がされており，消費者はこの表示を参考にして商品を選び，必要に応じて試着を行い，購入に至るのである。なお，わが国のサイズ規格は，ISO（国際標準化機構）規格に準じて日本人に適合するように定められており，また，日本人の体格の経年的な変化に対応させるために，日本人の人体計測を必要に応じて実施し，その統計解析の結果に応じた改正が行われる。

2．サイズ規格の内容
（1）着用対象者
 人の体型は，男女，年齢層により特徴が異なる。したがって既製服サイズは，着用者を乳幼児，少年，少女，成人男子，成人女子に分け，さらにこの区分ごとに，個人差に対応でき

図表 10-3　既製服生産の流れ

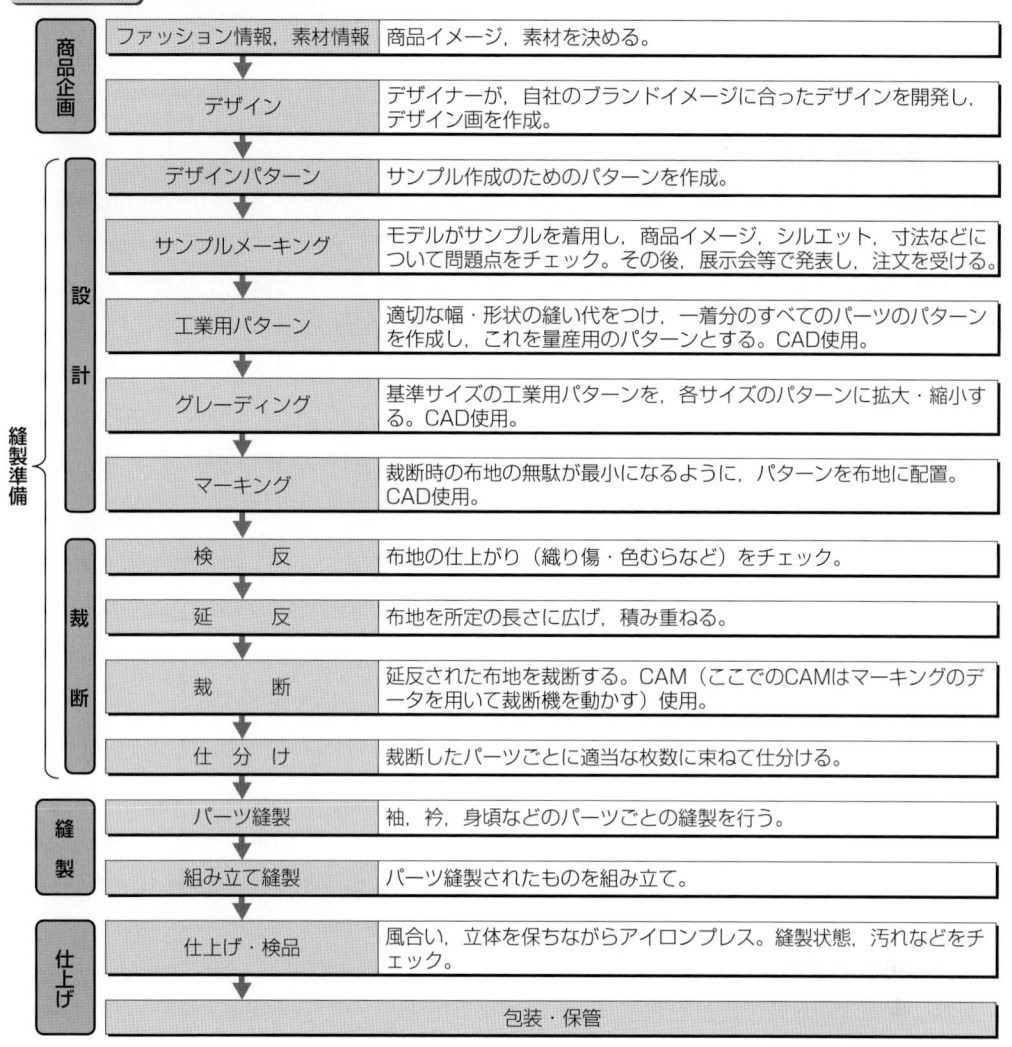

段階	工程	内容
商品企画	ファッション情報，素材情報	商品イメージ，素材を決める。
商品企画	デザイン	デザイナーが，自社のブランドイメージに合ったデザインを開発し，デザイン画を作成。
設計／縫製準備	デザインパターン	サンプル作成のためのパターンを作成。
設計／縫製準備	サンプルメーキング	モデルがサンプルを着用し，商品イメージ，シルエット，寸法などについて問題点をチェック。その後，展示会等で発表し，注文を受ける。
設計／縫製準備	工業用パターン	適切な幅・形状の縫い代をつけ，一着分のすべてのパーツのパターンを作成し，これを量産用のパターンとする。CAD使用。
設計／縫製準備	グレーディング	基準サイズの工業用パターンを，各サイズのパターンに拡大・縮小する。CAD使用。
設計／縫製準備	マーキング	裁断時の布地の無駄が最小になるように，パターンを布地に配置。CAD使用。
裁断	検反	布地の仕上がり（織り傷・色むらなど）をチェック。
裁断	延反	布地を所定の長さに広げ，積み重ねる。
裁断	裁断	延反された布地を裁断する。CAM（ここでのCAMはマーキングのデータを用いて裁断機を動かす）使用。
裁断	仕分け	裁断したパーツごとに適当な枚数に束ねて仕分ける。
縫製	パーツ縫製	袖，衿，身頃などのパーツごとの縫製を行う。
縫製	組み立て縫製	パーツ縫製されたものを組み立て。
仕上げ	仕上げ・検品	風合い，立体を保ちながらアイロンプレス。縫製状態，汚れなどをチェック。
仕上げ	包装・保管	

資料）日本衣料管理協会：『新版 消費科学』，p.95（2006）より改変

図表 10-5　乳幼児用衣料のサイズ表示

〈服種別基本身体寸法・呼び方〉

服種	基本身体寸法（数字は表示順位）	呼び方 例	呼び方 意味	表示例
外衣，セータ・カーディガン類，ブラウス・シャツ類，寝衣類，肌着類，水着類及び繊維製おむつカバー	1. 身長 2. 体重	70	身長の数値	サイズ 身長　70 体重　9 kg 70

資料）日本規格協会：『JIS L 4001：2023　乳幼児用衣料のサイズ』（2023）

るように規格が設定されている。

（2）服　　　種

身体のどこを覆う衣服なのか（全身用，上半身用，下半身用），およびフィット性を必要とするか，の点から服種を分類し，それぞれに対して適切なサイズ規格が設定されている。

（3）基本身体寸法

消費者が，さまざまな服種，デザイン，アパレルメーカーやブランドの中から既製服を選ぶ際，既製服サイズの表示は仕上がり寸法よりも，着用者の身体寸法によるほうが迷いや判断ミスを回避できる。したがって既製服サイズは，服種ごとにその構成上必要で，かつ消費者が理解しやすい身体の寸法を用いて表示される。これを基本身体寸法という。アパレルメーカー，ブランドは，表示されている体型に合わせ，さらにブランドのコンセプト，着用者の好み，流行などを加味して，商品の仕上がり寸法を決定している。なお，ズボンの「また下丈」，スリップの「スリップ丈」などのように，特定の服種においては，基本身体寸法と併せて服の特定部位の仕上がり寸法も表示される。これを特定衣料寸法という。

（4）サイズの呼び方，表示方法

サイズの呼び方には，誰もが理解しやすいように，基本身体寸法の数値やそれを分類した数字・記号が用いられ，サイズは，寸法列記による方法によって表示する。

3．既製服サイズの表示

（1）乳幼児用衣料

乳幼児の身長は計測しにくく，親もほとんどその数値を知らない一方，体重は身体部位の寸法ではないが一般的に把握しやすいため，購買時の目安として補足の意味で，体重を身長と併せて表示する。この点が，他の着用対象者の場合と大きく異なる。**図表10－5**（p.107）に，サイズ表示の詳細を示す。

（2）少年用衣料および少女用衣料

少年・少女は，身長の成長が止まっていない乳幼児以外の男子・女子（注釈：この規格の基本身体寸法に対応する男子・女子）を意味する。少年と少女とでは，対象身長範囲など一部は異なるが，サイズの呼び方は共通である。**図表10－6**に，サイズ表示の詳細を示す。

（3）成人男子用衣料

成人男子は，基本身体寸法において，上半身で最も太い周径として「チェスト（腕付根下端に接する胸部の水平周囲長）」が用いられ，また「ウエスト」は，ウエストベルトの落ち着く位置として腸骨直上における周囲長である。さらに，チェストとウエストの差により体型が分類される。以上の点は成人女子と異なるため，注意が必要である。**図表10－7**に，サイズ表示の詳細を示す。

なお，成人男子のワイシャツは他の服種と異なり，ワイシャツの仕上がり寸法を用いて表示される（JIS L 4107）。例えば長そでワイシャツの場合は，「A38-78」のように，ワイシャツ形状の種類記号，えり回り（第一ボタンの縫い付け点からボタン穴の中心までの長さ），ゆき（後ろ中心からカフスの先端までの長さ）を列記して表す。

図表10-6 少年用衣料・少女用衣料のサイズ表示

＜服種別基本身体寸法・呼び方＞

服種	基本身体寸法 （数字は表示順位）	呼び方		表示例
		例	意味	
フィット性を必要とするコート類，上衣類，ドレス類	1．身長 2．胸囲	120A ①②	①身長の数値 ②体型記号	サイズ 身長　　120 胸囲　　60 120A
フィット性を必要とするズボン類，スカート類	1．身長 2．胴囲			
上述以外の衣料，セータ類	1．身長　または 1．胸囲　または 1．胴囲	120	身長の数値	サイズ 胸囲　57〜63 120

＜記号の意味＞

体型記号	A	身長と胸囲または胴囲の出現率が高い，胸囲または胴囲で示される体型（標準的な体型）
	Y	A体型より胸囲または胴囲が6cm小さい人の体型（細めの体型）
	B	A体型より胸囲または胴囲が6cm大きい人の体型（太めの体型）
	E	A体型より胸囲または胴囲が12cm大きい人の体型（太い体型）

注：この規格でいう胸囲とは，乳頭位胸囲である。

資料）日本規格協会：『JIS L 4002：2023　少年用衣料のサイズ』（2023），日本規格協会：『JIS L 4003：2023　少女用衣料のサイズ』（2023）

図表10-7 成人男子用衣料のサイズ表示

＜服種別基本身体寸法・呼び方＞

服種	基本身体寸法 （数字は表示順位）	呼び方		表示例
		例	意味	
フィット性を必要とするコート類，上衣類，背広服類	1．チェスト 2．ウエスト 3．身長	92A4 ①②③	①チェストの数値 ②体型記号 ③身長の号数	サイズ チェスト　92 ウエスト　80 身長　　　165 92A4
フィット性をあまり必要としないコート類，上衣類，作業服類（全身・上半身）	1．チェスト 2．身長	90-5 ①　②	①チェストの数値 ②身長の号数	size チェスト　90 身長　　　170 90-5
セータ類	1．チェスト 2．身長	MY	範囲表示記号	サイズ チェスト　80〜88 身長　　165〜175 MY
ズボン類，作業服類（下半身用）	1．ウエスト （2．また下丈：特定衣料寸法）	79 または MA	ウエストの数値 または 範囲表示記号	SIZE ウエスト　79 また下丈　74

＜記号・号数の意味＞

体型記号 （ドロップ：チェストとウエストの差）	J　：ドロップ20cm　　YA：ドロップ14cm　　　　　B　：ドロップ8cm　　E　：ドロップ0cm JY：ドロップ18cm　　A　：ドロップ12cm（標準）　BB：ドロップ6cm Y　：ドロップ16cm　　AB：ドロップ10cm　　　　　BE：ドロップ4cm
身長の号数	2：155cm　　4：165cm　　6：175cm　　8：185cm 3：160cm　　5：170cm　　7：180cm　　9：190cm
範囲表示記号 （チェスト，身長，ウエスト） （単位：cm）	PB　　：80〜88, 145〜155, 68〜76　　　　MB　　：96〜104, 165〜175, 84〜94 SA(S)：80〜88, 155〜165, 68〜76　　　　LY　　：88〜96, 175〜185, 76〜84 SB　　：88〜96, 155〜165, 76〜84　　　　LA(L)：96〜104, 175〜185, 84〜94 MY　　：80〜88, 165〜175, 68〜76　　　　LB　　：104〜112, 175〜185, 94〜104 MA(M)：88〜96, 165〜175, 76〜84　　　　TY　　：96〜104, 185〜195, 84〜94

資料）日本規格協会：『JIS L 4004：2023　成人男子用衣料のサイズ』（2023）

（4）成人女子用衣料

成人女子は，身長の成長が止まった女子（注釈：この規格の基本身体寸法に対応する女子），と定義されている。基本身体寸法およびその表示の順は，成人男子とほぼ同様である。成人男子との相違点として，上半身で最も太い周径は「バスト」で，バストポイントを通る周囲長であること，「ウエスト」は，ろっ骨の最下端と腸骨直上との中間の水平位置での周囲長であること，体型区分の基本は身長とバストの組合せにおいて出現率が最も高くなるヒップのサイズで示す人の体型であること，が挙げられる。**図表10−8**に，サイズ表示の詳細を示す。

（5）ブラジャー（ファンデーションのサイズ）

カップ体型（バストとアンダーバストの差）とアンダーバストの組み合わせにより，サイズが設定されている。**図表10−9**に，サイズ表示の詳細を示す。

4．海外衣料のサイズ

国際的な規格はISO（国際標準化機構）で制定されており，各国の規格はISO規格との整合性をはかりながら制定される。

アメリカでは，規格を構成する組織が多数あるが，ASTM（American Society for Testing and Materials：アメリカ材料試験協会）が大規模に工業規格を制定している。ASTMでは，成人女子の衣料サイズと人体計測結果を，misses figure type（標準）（**図表10−10**），junior figure type（細め），plus figure type（太め）の体型ごとに示し，また特定の年齢層（aged 55 and older）における人体計測結果も示している。ヨーロッパでは，欧州地域における統一規格（EN：European Norm）を各国の規格に反映させている。**図表10−11**に，成人女子用衣料サイズの範囲表示を示す。

図表10−10 アメリカ成人女子（標準体型）の衣料サイズ

サイズ		2	4	6	8	10	12	14	16	18	20
バスト	(inch)	32	33	34	35	36	37 1/2	39	40 1/2	42 1/2	44 1/2
	(cm)	(81.3)	(83.8)	(86.4)	(89.0)	(91.4)	(95.2)	(99.1)	(102.9)	(107.9)	(113)
ウエスト	(inch)	24	25	26	27	28	29 1/2	31	32 1/2	34 1/2	36 1/2
	(cm)	(61.0)	(63.5)	(66.0)	(68.5)	(71.1)	(74.9)	(78.7)	(82.6)	(87.6)	(92.7)
ヒップ	(inch)	34 1/2	35 1/2	36 1/2	37 1/2	38 1/2	40	41 1/2	43	45	47
	(cm)	(86.4)	(90.2)	(92.7)	(95.2)	(97.8)	(101.6)	(105.4)	(109.2)	(114.3)	(119.4)
身長	(inch)	63 1/2	64	64 1/2	65	65 1/2	66	66 1/2	67	67 1/2	68
	(cm)	(161.3)	(162.6)	(163.8)	(165.1)	(166.4)	(167.6)	(169.0)	(170.2)	(171.5)	(172.7)

資料）American Society for Testing and Materials："ASTM D 5585-95（Reapproved 2001）: Standard Table of Body Measurements for Adult Female Misses Figure Type, Sizes 2-20"（1995）

図表10−11 ヨーロッパ成人女子の衣料サイズ

バスト（cm）	←68	72	76	80	84	88	92	96	100	104	110	116	122	128	134	140→
範囲表示記号	←XXS		XS		S		M		L		XL		XXL		3XL→	
範囲（cm）	66-74		74-82		82-90		90-98		98-106		107-119		119-131		131-143	

出典）British Standard："BS EN 13402-3：2004：Size designation of clothes - Part 3：Measurements and intervals"（2004）

図表10-8　成人女子用衣料のサイズ表示

＜服種別基本身体寸法・呼び方＞

服種	基本身体寸法（数字は表示順位）	呼び方 例	呼び方 意味	表示例
フィット性を必要とするコート類，ドレス類，上衣類	1．バスト 2．ヒップ 3．身長	9R ①②	①バストの号数 ②身長の記号	サイズ バスト　　83 ヒップ　　91 身長　　158 　　　　9R
セータ類	1．バスト 2．身長	MR ①②	①バストの範囲記号 ②身長の記号	サイズ バスト 79〜87 身長 154〜162 　　　　MR
ブラウス類	1．バスト 2．身長	9R ①②	①バストの号数 ②身長の記号	サイズ バスト　　83 身長　　158 　　　　9R
フィット性を必要とするスカート類，ズボン類	1．ウエスト 2．ヒップ （3．また下丈：特定衣料寸法）	64-91 ①②	①ウエストの数値 ②ヒップの数値	サイズ ウエスト　64 ヒップ　　91 　　　64-91
スカート丈など特定衣料寸法以外の表示を付記したフィット性をあまり必要としないスカート類	1．ウエスト	64 または M	ウエストの数値 または ウエストの範囲記号	サイズ ウエスト 64〜70 スカート丈　75 　　　　M

＜記号・号数の意味＞

体型区分の基本	身長とバストとの組合せにおいて出現率が最も高くなるヒップのサイズで示される人の体型
身長記号	PP：142 cm　　　P：150 cm　　　R：158 cm（標準）　　　T：166 cm
バストの号数	3：バスト 74 cm　　9：83 cm（標準）　　15：92 cm　　21：104 cm　　27：116 cm 5：バスト 77 cm　　11：86 cm　　　　　17：96 cm　　23：108 cm　　29：120 cm 7：バスト 80 cm　　13：89 cm　　　　　19：100 cm　　25：112 cm　　31：124 cm
バストの範囲記号	S：72〜80 cm　M：79〜87 cm　L：86〜94 cm　LL：93〜101 cm　3L：100〜108 cm
ウエストの範囲記号	S：58〜64 cm　M：64〜70 cm　L：69〜77 cm　LL：77〜85 cm　3L：85〜93 cm

資料）日本規格協会：『JIS L 4005：2023　成人女子用衣料のサイズ』（2023）

図表10-9　ブラジャーのサイズ表示

＜基本身体寸法・呼び方＞

基本身体寸法（数字は表示順位）	呼び方 例	呼び方 意味	表示例
1．アンダーバスト 2．バスト	A75 ①②	①カップ体型 ②アンダーバスト	サイズ アンダーバスト　75 バスト　　　　　85 　　　　A75

＜記号の意味（カップ体型：バストとアンダーバストの差による体型）＞

カップ体型	AA：約 7.5 cm　B：約 12.5 cm　D：約 17.5 cm　F：約 22.5 cm　H：約 27.5 cm A：約 10 cm　　C：約 15 cm　　E：約 20 cm　　G：約 25 cm　　I：約 30 cm

資料）日本規格協会：『JIS L 4006：2023　ファンデーションのサイズ』（2023）

11章 装いのコミュニケーション

1 衣服の象徴性

1．衣服の非言語情報伝達機能

　言葉や文字によって情報を伝達することを言語情報伝達というのに対して，言葉や言語によらない情報伝達を非言語情報伝達という。この手段には人間の視覚，聴覚，嗅覚などの五感に頼るものがある。例えば，交差点では信号機の色が進行・停止の情報を伝え，同時に鳴るメロディーが歩行可であることを知らせている。また，信号機が故障すると警察官の手信号による身振り手振りで進行，停止を知らせることもできる。私たちの生活においては，他者とのコミュニケーションは直接会話はもちろんのこと，携帯のメールも含めて言語や文字情報がほとんどであるが，非言語によるコミュニケーションがあることに着目してみよう。

　装いは非言語コミュニケーションの一つである。初対面の人を，年齢や職業や性格を服装や化粧や持ち物などから推測しようする。このように衣服や化粧など装いによる非言語情報には，①性別や年齢，②職業や地位，③性格やパーソナリティー，④状況，⑤人種的，宗教的背景などがある。状況とは，喪服を着た人を見ると葬儀を，ドレス姿の女性を見ると結婚式を，リュックを背負った人を見るとハイキングを，リクルートスーツの若い人を見ると就職活動を推測するというようなことを示す。

　昔は性別の象徴として，男性はズボン，女性はスカートであったが，今日では女性がズボンをはくことは日常的である。しかしながら，男性がスカートをはくのは未だ日常的ではない。また，かつては年相応の服装といわれ若者と中高年の人の服装は明らかに異なっていたが，今日では年齢によって服装デザインが特別に異なるということもない。衣服が伝える性別年齢別の情報には昔ほど際立った差異はない。しかしながら，今日でもなお明確に年齢を伝える装いもある。それは通過儀礼の中で用いられる衣服である。これについては後に述べる (p.114,「(2) 年齢：通過儀礼」参照)。

　衣服は職業や地位の情報を伝える。警察官，看護師，鉄道員などの制服や銀行員やコンビニエンスストアの従業員のユニフォームなどもひと目で職業的身分を見分けることができる。ビジネスマンの背広姿も社会的に認められた一種のユニフォームのようなものである。制服の象徴性については後に述べる (p.114,「(3) 制服（ユニフォーム）の象徴性」参照)。

　また，民族服からは人種的な背景を推測することができる。サリーからインド系の人，チマチョゴリから朝鮮系の人，和服から日本人と推測できるだろうし，スカーフを被った女性はイスラム系の宗教的背景を推測できる。

　派手な装いの人と地味な装いの人，流行の衣服を着る人とそうでない人など，人の着装行

わが国における衣服とかかわる通過儀礼

① **産着とお宮参り**　子の誕生には人間として最初の衣服である産着を着せる。お宮参りは，地域によって異なるが，生後1か月ほどすると近くの氏神などに初めてお参りをする人が多い。子どもには鶴亀などの吉祥文様がついた祝い着を着せ，子の将来の幸福を願う。現在でも，神社では，母子が着飾ってお宮参りをする姿を見かける。

② **七五三の祝い**　もともとは江戸時代に公家や武家の世界で行われていた衣服の祝いであった。3歳の時に，それまで剃り落としていた髪をこの歳から伸ばし始め，武家の間では，袴を初めて着ける儀式が袴着として5歳の11月15日に行われることが多くなった。民間では，紐付きの幼児の着物から紐なしの着物へ移行し，帯を初めて締める帯解きの儀式が江戸時代に7歳の女の子の儀式となった。このように，七五三の行事は公家，武家そして民間で行われていたものが江戸時代に交じり合って，今日行われているような晴れ着を着て11月15日にお宮参りを行うという行事が成立したものと考えられている。いずれにしても幼児から児童への移行の儀式であり，子の健やかな成長を祈るものである。

③ **成人式**　大人への仲間入りの儀式である。今日の日本では20歳が一般的であり，晴れ着姿の新成人が目立つ。女性の成人の儀礼は，奈良時代では髪を結い上げることであり，平安時代には裳を着ける儀式であった。男性の成人の儀式は，奈良時代から平安時代になると結髪と冠をかぶる形式となり，武家社会になると烏帽子を着ける儀式となり幼名から成人名に変わった。安土・桃山時代以降は前髪を剃り落とす儀式となり江戸時代を通して行われた。また，江戸時代の女性は娘時代には袖の長い振袖を着るが，結婚とともに袖の短い留袖となる。これは明治時代以降も継承され，今日でも和服の世界で生きている。かつての日本では大人と子どもは外見で明瞭に区分された。そのためには髪型や服飾が最もわかりやすく，服飾は区分の象徴として用いられたのである。

④ **結婚式**　婚礼衣装という特別な衣装が誕生したのは武家社会になってからであり，江戸時代には白無垢の打掛けに変化した。明治期には黒地に吉祥文様の振袖が婚礼衣装となり第二次大戦後まで続いた。洋装のウエディングドレスが一般的になったのは1950年代以降である。結婚式の色直しは，かつてはお互いに贈り合った衣服に着替えるという意味があったが，現在の披露宴では衣服の披露のようであり，貸衣装でいろいろ着飾ってみたい変身願望を満たす機会となっている。

⑤ **年祝い**　還暦は満60歳の祝いである。60年経過すると生まれたときの干支に戻るという意味で還暦という。生まれ変わる意味から赤ん坊と同様に赤いちゃんちゃんこや赤い頭巾を着けさせてお祝いした。かつては，還暦は長寿のスタートであった。還暦後は古希（70歳），喜寿（77歳），傘寿（80歳），米寿（88歳），卒寿（90歳），白寿（99歳），百祝いというように長寿の祝いがあるが，還暦の赤の服飾以外に特に決まった祝い着はない。

⑥ **葬式**　私たちは，人の不幸に出会うと，喪服を着て儀式に参列する。今日では喪服の色は黒が一般的であるが，古代から白の時代が長く続いた。平安時代頃から黒が用いられ始め，明治期になって洋装が取り入れられたときにもヨーロッパに倣って黒であった。これが次第に民間にも浸透し，洋装も和装も黒が主流となった。しかしながら，今日でも亡くなった人の最後の装いは白装束が多い。

動には違いがあるが，これはどこから来るものだろうか。外交的，内向的などの性格の違いや自尊感情が高いか低いかなど，各人のパーソナリティーの違いが装いに表れたものだろう。このように装いは，性格やパーソナリティーの情報を伝達することもできるのである。

（1）性：ズボンとスカート

女子大生と男子大学生と専門学校生を対象に「衣服におけるジェンダー意識」についてアンケート調査を行った結果[1]，女性のズボン着用については，男性・女性ともに好まれており，その傾向は女性のほうが強いことがわかった。しかしながら，結婚式やパーティーなど改まった場所では相変わらず性で区別された装いをするのが適当だと考えている（**図表11－1**）。今日のウエディングドレスでも18世紀や19世紀のコルセットほどではないものの，ウエストを絞る補正下着を身につけて女性らしいボディーラインを強調し，大きく膨らんだスカートからなるシルエットのドレスが多く用いられている。

（2）年齢：通過儀礼

古くから人は生活にリズムやアクセントをつけるため，また，人の健やかな成長を願う気持ちから人生の節目に儀式を行ってきた。このような儀式では衣服が重要な位置を占めるものが多い。わが国における衣服とかかわる通過儀礼については**コラム**（p.113）に述べた。

（3）制服（ユニフォーム）の象徴性

制服といわれるものには，警察官や自衛官などが法的な規制にしたがって着用する制服と，会社の職場の制服のように慣例に従って着用するものがある。制服には象徴的な機能（シンボル性）があり，職業，身分，地位を表している。職場の制服は，シンボル性を通して，企業のイメージの浸透と向上を目指している。学校の制服は，他校と比較してその学校の好ましいイメージや独自の教育観などをアピールし，生徒自身に学校への帰属意識をもたせることができる。警察官の制服を例に挙げて考えてみよう。制服を着用している人は警察官であることを人々に示し，人々は制服を通して警察官として対応する。着用者自身も私的な行為を抑圧し制服に付随した役割に専念することになる。また，制服には仲間意識を高め，団結力を高めるという機能もある。例えば，Ｊリーグの試合を観戦するサポーターは，チームと同じユニフォームを着たり，チームカラーを身につけて一体感を演出する。

2．服装の社会規範

服装については，年齢，性別，状況（TPO）によってそれぞれふさわしいと考えられる服種や装い方がある。これらは先に述べたように，衣服の象徴性によるところが大きい。その社会の多くの人が共有している行動の基準を社会規範という。衣生活においても，社会的な強制力の強さによって，一般的にエチケット，マナー，タブーなどといわれるさまざまな規範があり，逸脱すると嘲笑されたり非難されたりすることがある（p.121，**コラム**参照）。

社会規範に対して，個人がそれに同調するかそれとも逸脱するかについては，個人の見解に負うところが大きい。私たちは判断に迷った時に，他者の服装を基準にすることが多い。多くの人は，他者と同じ服装をして安堵し，違った服装のときは落ち着かなかったという経験があるだろう。若い人は，経験の乏しさから迷うことが多いだろう。そのような場合には年配者や専門家の意見に耳を傾けるのがよいだろう。

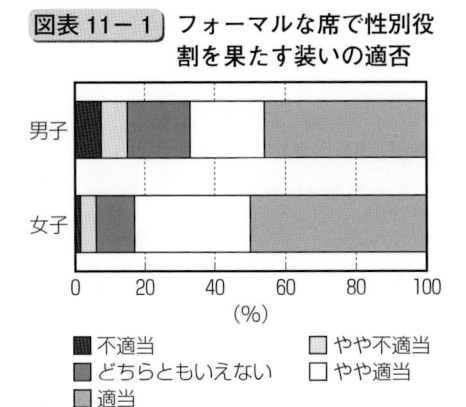

図表11-1 フォーマルな席で性別役割を果たす装いの適否

■不適当　　　■やや不適当
■どちらともいえない　□やや適当
□適当

column

性―ズボンとスカート―

　西洋服飾史をみると，古代ローマ以来，長い間，男性と女性の衣服の構造には大きな差はなかった。チュニック形式のゆったりとからだを覆う直線裁ちの衣服であり，同じ基本形の衣服に装飾品だけで変化を与えていたものであって，男性と女性のからだつきをあらわにするようなものではなかった。

　性による違いがファッションを支配し始めたのはおよそ西暦1200年から1400年ごろである。北欧のゲルマン民族の影響や十字軍の遠征による東洋の衣服の影響から下半身を覆うズボン形式の衣服が出現したが，これは男性のみに取り入れられ，その後，何世紀にもわたり，女性の両脚を別々に覆う服装は現われなかった。

　1851年に，動きやすさを重視した前あきの上着と緩やかに膨らんで足首で絞ったズボンからなるスタイルが，アメリカの婦人解放論者ブルーマー夫人（A. J. Bloomer）によって婦人解放運動の機関紙に掲載された。しかし，当時の社会通念では女性がズボンを履くことは許されなかった。1880年代に自転車が登場して，1890年代には女性にも普及した。サイクリングは安全性のために緩やかなズボンであるニッカポッカーを履くことを余儀なくした。ブルーマー夫人のかつてのズボンの試みをサイクリングという遊びによって復活させたことになる。

　その後，女性のズボンはスポーツや労働や防寒用に限られていて，ファッションとしての確固たる地位を占めるまでには1960年代後半から1970年代のパンタロンやジーンズの流行を待たなければならなかった。今日では，女性のパンツルックは子どもから高齢者まで一般的なファッションであり，ズボンが性を象徴する衣服であると考える風潮はみられない。

2 色と装い

1. 色彩感覚と感情

　色彩から受ける感覚には，明るい・暗い，硬い・軟らかい，派手・地味，強い・弱い，重い・軽い，暖かい・寒いなどがあり，見る人にかかわりなく共通な感覚であるとされている。色相・明度・彩度という色の三属性はこれらの色彩感覚と関連がある。明るい・暗い，硬い・軟らかい，重い・軽いは明度に，派手・地味，強い・弱いは彩度に，暖かい・寒いは色相との関連性が強い。例えば，黒と白では，黒は暗く，硬く，重いに対して白は明るく，軟らかく，軽いという感覚を生じさせる。オレンジ色は派手で強い感覚を与え，茶色は地味で弱い感覚を与える。赤は暖かく，青は寒く感じるというのも色が人にもたらす感覚の違いである。

　色を見たときに，私たちは感覚として知覚するだけでなく，感情や情緒として受けとめ，何らかのイメージを描く。例えば，緑を見て森や草原を思い浮かべさわやかな感情を抱き，赤を見ると太陽や血を思い浮かべ，情熱をイメージし，青を見ると空や海を連想して沈静をイメージする。色からの連想は主観的であり個人差があるが，その差は年齢や性別，性格，経験や境遇や文化の違いなどから生じてくるものである。しかし，多くの人が共通して抱く感情があり，明度と彩度を合わせた概念であるトーンによる分類は，**図表11－2**に示すような共通したイメージを表現しやすいといわれている[2]。図中には，春夏秋冬の季節を配しているが，季節のイメージは服飾の色を表現する上で重要な手がかりとなる。春の服はペール，ライト，ブライトなイメージの色，夏はビビッドな色，秋はディープな色，冬はダーク・グレイッシュな色が一般的である。

　色の連想が社会的，民族的，地域的に普遍化，慣習化すると，色は象徴性をもつようになる。古来，洋の東西を問わず，服飾の色によって身分を表す服制が敷かれたのもこの色の象徴性によるものである。

2. 流 行 色

　流行色とは，ある時期多くの人々によって受け入れられ，広く流行した色をいう。したがって，そこには，その時代の人々の関心事や社会状況，経済の動きなどが反映されている。

　図表11－3は戦後の日本におけるファッションと流行色の変遷を示す。戦後の復興期はアメリカンルックが全盛で派手な原色が流行した。1950年代には世の中が少し落ち着き，パステル調の流行に代わっていった。1970年代になるとドルショック・第一次オイルショックの影響で経済は低成長に転じ，環境に対する意識も高まり，自然志向を強めてナチュラルカラー，アースカラーが流行した。1990年代以降は長い低成長期の中で，人々のファッションは個性化が進み，多様なファッションの時代となり，今日では，色にしてもエコロジーカラー，モノトーン，マルチカラーもあるという複合の時代の中にある。2009年には世界同時不況が起こり，世界の政治経済の向かう先は混沌としている。ファッションにしても流行色にしても今後は未知数である。

図表11-2 トーン分類別色のイメージ

高明度	W ホワイト 清潔・洗練 冷たい・新鮮	p ペール 薄い 軽い・弱い 優しい・かわいい 淡い・フェミニン （春）	lt ライト 浅い・澄んだ 女性的・可憐 ロマンティック 清らか・さわやか	b ブライト 明るい・健康的 陽気・華やか 若々しい 軽快・輝いた （春）		
中明度	Gy グレイ 地味・中庸 おとなしい さびしい 消極的	ltg ライトグレイッシュ あっさりとした おとなしい・静か g グレイッシュ 濁った・地味 無機的 （冬）	d ダル 鈍い・穏やか ぼんやりした 落ち着いた シック・渋い くすんだ	s ストロング 強い・派手 情熱的 積極的 活気 （秋）	v ビビット 冴えた・明快 スポーティー 刺激的・情熱的 鮮やか （夏）	
低明度	Bk ブラック フォーマル 厳粛・堅実	dkg ダークグレイッシュ 重厚 暗い	dk ダーク 暗い・地味 ダンディ 丈夫・円熟した	dp ディープ 濃い・深い 伝統的・粋な 充実した （秋）		
		低彩度	中彩度	高彩度		

図表11-3 戦後の流行の変遷

年	社会・経済状況	ファッション	流行色
1945	終戦	もんぺ，更生服 もんぺからスカートへ	国防色（カーキ色）
1950	復興期 （特需景気）	アメリカンスタイル シネマモード	アメリカンカラー（原色調） 単色傾向 JAFCA発足（'53）
1955	（神武景気）	パリモード，ライン Hライン，Aライン Yライン，スピンドルライン	ビタミンCカラー
1960	（岩戸景気） （オリンピック景気）	レジャーファッション	配色志向 インターカラー発足（'63）
1965	高度成長期	ヤングファッション台頭	トリコロール， サイケデリックカラー
1970	情報化社会 低成長期	ヤングファッション全盛期 ファッションの多様化	自然色指向 ナチュラルカラー アースカラー
1980	安定成長期	ブランドファッション全盛期 （DCファッション）	ナチュラルカラー指向 モノトーン指向
1990 2000	停滞経済期	インポートファッション パーソナルコーディネートファッションへ	カラー複合時代 エコロジカラー，モノトーン，マルチカラー

これまで述べたように，流行色は時代の社会状況や経済状況によって変化するものであるが，流行色は人為的に作られるという側面もある。

　婦人服を中心に，カラーとファッションの情報の流れをみると，実シーズンより24か月前には国際流行色委員会（インターカラー；International Communication for Fashion and Textile Colors）が20～30色のトレンドカラーを発表する。18か月前から12か月前には世界中のカラー情報機関，素材協会，情報会社が選定する独自のカラーとファッショントレンド情報を発信する。この時点で，日本流行色協会（JAFCA：Japan Fashion Color Authority）ほかインターカラー加盟各国はインターカラーの提案色を基に自国の実情に合わせたトレンドカラーを発表する。12か月前から6か月前には世界各地でトレンドカラーが素材に色出しされて，素材展が開かれる。6か月前には世界各地でトレンドカラーがアパレル製品に色出しされて展示会が開かれ，デザイナーのコレクションも催される。このように繊維や糸から布を経てアパレル製品となる過程では，実シーズンの2年も前から流行色は決められていたということになる。

3　服装と流行

　流行とは何かについて，社会学では，新しい行動様式や思想様式が社会や集団の一定のメンバーの中に普及し，相当数の人々が一定期間行う社会的同調行動様式をいう。そして**図表11－4**のような特質をもつといわれる。まさにこれらの条件を満たすものが服飾の流行であろう。

1．流行の発生と伝播

　流行が発生するきっかけと伝播の仕方は，**図表11－5**のように，およそ三つに分類できる。

　わが国の高度成長期にあっては，多くの社会事象に対して個性の表現よりも他者への同調傾向が強かったために，こぞって流行を取り入れる傾向にあった。しかしながら，現代の社会では人々の価値観は多様化し，ライフスタイルも多様化している。ある流行が受け入れられるかどうかは，その流行の内容と人々のライフスタイルとの相性による。流行情報はすべての人々に伝達されるが，その内容に共鳴するライフスタイルをもった人々には受け入れられても他のライフスタイルをもつ人々には受け入れられない。したがって，多くの人々に普及する大流行はほとんどみられなくなり，小規模な流行が多くなってきた。

2．流行の型

　流行は普及の型によって，**図表11－6**のように三つに分類できる。**図表11－7**はこれを模式的に示したものである。

　「流行は繰り返す」という言葉はよく聞かれるが，衣服の流行はこの型に分類されるものが多い。衣服は人が身につけるものであるから，身頃，袖，衿などを根本的に変えることは

図表 11-4　社会学における流行の様式

① 既存のものとは違い新しい様式である（新奇性）
② 一定の期間ダイナミックに普及し，やがて衰退する（一時的）
③ 社会的・文化的背景と関連がある
④ 生活の根底を覆すような変化ではなく，ささいな変化である（些末性）
⑤ 一定の規模の採用者がいる

図表 11-5　流行が発生するきっかけと伝播の仕方

自然的発生	ストリートファッションにみられるように，人々の趣味や選択が自然に一致して，多くの人がそれを身につけるようになる場合
偶発的発生	高い地位にある人やマスコミで人気を博している人が，流行させることを意図せずに身に着けたものが広まっていく場合
作為的発生	企業が宣伝活動によって大衆に訴えかけて，作為的に流行を生み出す場合。ファッションショーや展示会による作品発表もこの中に入る

図表 11-6　流行の型

減衰型	短期間に普及し急速に衰退する型。文具や玩具や服飾小物などがこの型に該当する
一般化型	短期間に流行の採用者が急増し，ピークを過ぎても急激には低下することなく，ある一定期間普及が維持される型。衣服ではジーンズやTシャツがこれに当たる
循環型	ある流行が衰退して，相当期間を経てから再び普及する型

図表 11-7　普及の型による流行の分類

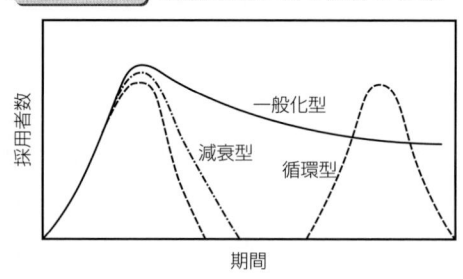

出典）酒井豊子，藤原康晴編著：『ファッションと生活—現代衣生活論—』，放送大学教育振興会，p.43（1996）

不可能であるが，丈や幅の変化，シルエットや色柄，素材，着方などの組み合わせによるちょっとした変化は可能である。衣服のある部分の丈や幅がある期間続くと，それとは違ったものが目新しくなる。それが流行してまたしばらくすると陳腐化するという現象が繰り返される。流行の周期は長短さまざまであるが，現代において，1970年代風のファッションが再び流行すると，親世代は懐かしく感じ，流行は繰り返すと思うことだろう。繰り返しだからといって，1970年代に母親が着ていた衣服を娘が着るとどんな印象だろうか。そのままでは古着を着たという印象でしかないかもしれない。繰り返しとは，昔のテイストが今風にアレンジされることによって新たな流行たり得るのである。20年から30年の時を経ると世代が交代し，親世代にとっては懐かしく，子世代にあっては，全く新しいものとして受け入れられ，このようにして流行は繰り返されるということになる。

　衣服の色についても流行が繰り返されるように思われるが，変動はかなり複雑で，時系列にみると規則性はないといわれる。

3．流行を採用する動機

　さまざまな流行現象は，その時代の社会的・文化的背景や人々の社会意識を反映している。ミニスカートからマキシスカートへ，また，マキシからミニへ，パンツスタイルの流行，ビッグファッションからボディーコンシャスへなどの変化は，その時代に生きた人々が何らかの動機に基づいて流行を採用したからである。流行の採用動機にはいろいろな要因があるが，**図表11-8**のように三つに大別できる。

　私たちは，同調性の欲求と差別化の欲求という二律背反の欲求を抱えている。どちらの欲求が強く表れるかは，その人の個性と流行の内容の兼ね合いで決まるだろう。流行の採用については，流行の衣服を早く採用する者は自己顕示すなわち差別化の動機が強く，遅れて採用する追随者にとっては同調性の動機が強く作用しているといえるだろう。

4　個性と服装

　人が衣服を着用して服装となる。私たちが衣服を購入する場合を考えてみよう。店には沢山の衣服がハンガーに掛けられたり，積み重ねられたり，マネキンに着せられていたりする。購入しようとする衣服はジャケットだと仮定すると，まず色や柄が気になり，次いでデザインに着目し，サイズを気にしながら試着を試み，素材や取り扱い性や動作性に配慮して購入を決定する。もちろん，似合うか似合わないかは大事な選択の条件であるし，手持ちの衣服とのコーディネートや着用のTPOも条件となる。このように，一枚のジャケットを購入するだけでも，私たちは装いのための条件を複合的に考える。それは，衣服そのものに個性があり，着用者の私たちにもそれぞれの個性があるからであり，両方の個性の適合を総合的に判断している。

図表11-8 流行の採用動機

新しさと変化を求める動機	人間には変化を積極的に求める好奇心という欲求があり，流行の衣服を身に着けるとワクワクし，変身願望も満たしてくれる。
自己顕示	最新の流行をいち早く採用することによって，周囲の者と区別して目立ちたい，賞賛されたいという自己顕示欲や優越感が満たされる。
同調性	集団に適応するためには，流行を採用することによって他の多くの人々に同調し，共有しているという一体感を得ることができる。

> **column**
>
> ## 服装についての社会規範
>
> 　男性が人と会うときに上着のボタンをかけるというような軽いエチケットから，結婚式や葬式ではフォーマルウエアを身につけるというような冠婚葬祭にかかわるマナー，アラブの女性が人前ではベールを脱いではいけないとされるようなタブーまで，社会的な強制力には違いがあり，社会規範から逸脱したときの制裁の受け方は異なる。エチケットやマナー違反は嘲笑されたり非難されたりすることが多いが，タブーとされるような服装には不謹慎，不道徳などのレッテルを貼られることもある。
>
> 　肌の露出に関する社会通念は，文化によって異なり，また，時代によっても変わってくる。先に述べた女性とズボンの着用（p.115，**コラム**参照）のようにかつては社会で認められず，ミニスカートで脚をあらわにすることなど不謹慎，不道徳，場合によってはわいせつともいわれかねない時代もあった。また，女子のズボンの着用が社会的に認められるのには長い時間を要した。
>
> 　このように，服装の社会規範は，その文化におけるその時代の社会通念であり，現在タブーとされている服装が将来ともタブーであり続けるかどうかはわからないことを示している。

1．衣服の個性

　衣服の個性を構成する要素は，色，柄，形態，素材，サイズなどである。これらの要素の組み合わせで多種多様な衣服の個性ができあがる。衣服の個性を評価する用語は数多く，ファッション雑誌などでは流行語的な用語も含めて多くの用語が用いられている。女子学生がよく使用する60語を選んで，女子学生に衣服の個性を評価してもらい，因子分析という手法で解析すると，衣服を評価するそれらの用語は派手／地味，カジュアル／ドレッシーの二つの評価次元から構成される平面にプロットされた。互いに類似の用語は近くにプロットされるということが明らかにされ，衣服の個性は基本的に，派手／地味およびカジュアル／ドレッシーの観点から評価されることが明らかにされている[3]。評価される衣服が異なったり，評価する人が男性，あるいは中高年の女性であったりすると評価の次元は異なってくると考えられる。

　衣服の形態の要因にはシルエット，服装形式，衿，袖，丈，切り替え線などがある。衣服の評価にどのようにこれらの要因がかかわっているかについて調べると，シルエット，袖，切り替え線が衣服の感覚評価に大きな影響を与えることが明らかにされた[4]。

2．着用者の個性

　着用者の個性は内面的なものと外面的なものに分けられる。内面的な個性は，性格，パーソナリティーなどであり，外面的な個性は，体型，ヘアスタイル，顔の身体的な特徴をいう。体型については9章1節「1．身体形態」(p.94)で述べたような身長の高低，肥痩，なで肩・怒り肩のような個性であり，顔については面長，丸顔，大小などであり，肌の色も身体的な個性である。

　図表11－9は，女子学生の個性のイメージについて，自己評価と他者による評価を比較して表したものである。自己評価と他者評価の間には差がみられ，他者評価のほうが一般的に好ましい評価の方に偏っていることがわかる。特に，太り痩せについては自分が思っているほど他人は太っているとは評価せず，むしろやや痩せていると評価している。幼いか大人びているかについても他者はやや大人びていると評価している点に違いがみられた。

　ここで，装いの一つであるメガネについての実験結果を紹介しよう。顔の印象が大いに異なる二人の被験者が，黒縁でデザインの異なる数個のメガネを着用した写真を印象評価の資料とした実験において，図表11－10に示すような被験者の個性の違いが，図表11－11に示すメガネを着用すると，メガネがもっている個性に追いやられてしまい，二人の印象が似てしまうということを表している。この場合，全身を評価対象としていないことがこのような結果になったのかもしれないが，身につけるものが着用者の印象評価を大きく左右することの一例である[5]。

　着用者の外面的な個性と衣服による表現との関係については，着用者が自分の個性をどのように認識しているかによって衣服による表現が異なる。例えば身長が低いことが嫌だと考える人はヒールの高い靴をはき，バストが小さいことを引け目に感じる人はブラジャーで大きく見せるように工夫し，ゆったりした衣服を着てバストが目立たないようにするなどの工夫をする。ガードルを使用する人は，ヒップアップと腹を引き締める効果に期待している。

図表11-9 個性のイメージの自己評価と他者評価

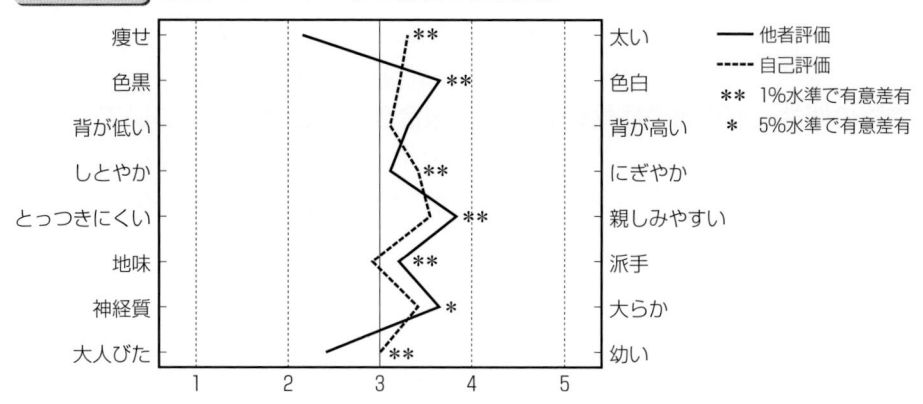

痩せ	**	太い
色黒	**	色白
背が低い		背が高い
しとやか	**	にぎやか
とっつきにくい	**	親しみやすい
地味		派手
神経質	*	大らか
大人びた	**	幼い

―― 他者評価
---- 自己評価
** 1％水準で有意差有
* 5％水準で有意差有

注）中央線の3は，「どちらともいえない」を示す。
出典）有馬澄子，布施谷節子：「個性のイメージと似合う服装のイメージとの関連―アリスミラーによる検証―」，東横学園女子短期大学紀要第33号，p.3（1998）

図表11-10 素顔の印象

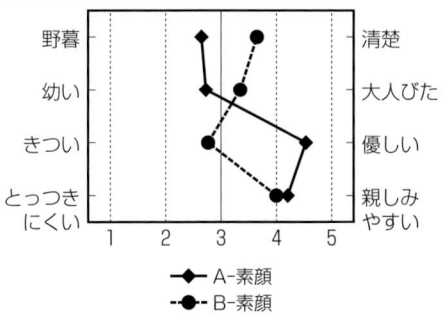

野暮 ― 清楚
幼い ― 大人びた
きつい ― 優しい
とっつきにくい ― 親しみやすい

◆ A-素顔
● B-素顔

注）中央線の3は，「どちらともいえない」を示す。
出典）筆者研究によるオリジナルデータ

図表11-11 メガネをかけた印象

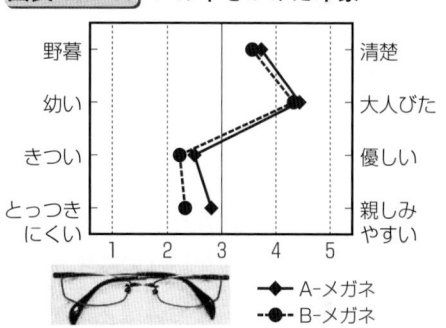

野暮 ― 清楚
幼い ― 大人びた
きつい ― 優しい
とっつきにくい ― 親しみやすい

◆ A-メガネ
● B-メガネ

注）中央線の3は，「どちらともいえない」を示す。
出典）筆者研究によるオリジナルデータ

また，内面的な個性については，控えめな人は派手な衣服や流行の衣服を着ることに抵抗があるだろう。しかし，気分がふさぐ日には，明るい服を着て気分転換してみようと考えたりする。このように，衣服が着用者の欠点だと考えるところをカバーし，長所だと考えるところをアピールするように，着用者は意識的・無意識的に，装い方を工夫しているといえる。

3．衣服の個性と着用者の個性の適合性：似合う・似合わないについて

女子学生を対象に，色布のイメージ評価と，色布を上半身にまとった場合の似合い度評価，さらに学生の個性の評価（p.123，**図表11-9**）から着用者の個性と似合う色の関連性を**図表11-12**に示した。

外面的な個性である身体の特徴と内面的な個性であるパーソナリティーとの関連性については，痩せている人は神経質，大人びていると評価される傾向があり，太っている人はおおらか，幼いと評価される傾向であった。また，色白の人はしとやか，地味と評価され，色黒の人はにぎやか，派手と評価される傾向がみられた。身長が低い人は幼いとみられることがわかっている[6]。

これらの結果から，着用者の個性のイメージは色布のイメージと適合しているといえるだろう。ただし，派手なイメージの人には派手な色というより，むしろ，地味な色が似合うと評価された。若い学生は反対のイメージの色によって着用者の個性を控えめにさせようとしているとも，また，地味な色を着用することによってより，着用者の個性をより際立たせようといているとも考えられる。**図表11-12**にみられるように，とっつきにくい，地味，神経質というような，女子学生にとって一般的にマイナスイメージをもつ人にとって，似合う色は明らかにならなかった。

実生活の中で，似合うか似合わないかを判断する要素としては，これまで述べたような内面的な個性と外面的な個性の要素が総合され，さらに着用者の立ち居振る舞いなどの動作の要素も加わる。衣服の個性の要素としても，前述したような要素だけでなくアクセサリーや小物，他の衣服とのコーディネートなど多種多様な要素を含んだ服装として判断されることになる。また，流行の要素は大きく，人々が見慣れていて親しみを感じている流行の衣服は，似合っているように感じさせる効果があることにも着目しなければならない[6]。

図表11-12 色布のイメージと似合う色

個性	似合う色	色のイメージ	個性	似合う色	色のイメージ
しとやかな	ピンク	しとやかな おおらかな	にぎやかな	黄 オレンジ	にぎやかな 派手，楽しい
とっつきにくい	－	－	親しみやすい	ピンク 水色 オレンジ	おおらかな あっさり にぎやかな
地味な	－	－	派手な	紫濃 黒	大人びた 地味な
神経質な	－	－	おおらかな	水色 黄 オレンジ	あっさり にぎやかな 派手な
大人びた	紫濃 紺	大人びた 地味な	幼い	緑濃 黄 オレンジ	にぎやかな 派手な 楽しい

12章 ユニバーサルデザインと装い

1 ユニバーサルデザインの意味すること

　高齢化率とは65歳以上の人口が全人口に占める割合をいう。**図表12−1**は世界の高齢化率の変化を比較したものである。これによると，1950年に開発途上地域の比率にほぼ等しかった日本は，その後他国を追い抜き急速な上昇を示し，現在では高齢化率が最も高い国となり，2035年にはほぼ3人に1人が高齢者となると推計されている。多くの悪条件の中をくぐり抜けこのような長寿国になれたのは，バランスのよい食生活や，医学の進歩による医療機関の充実や福祉施設など人を取り巻く生活環境が格段に向上したことによるであろう。またそのような環境に至ったのは，これまでを支えてきた高齢者やその他の多くの人たちの努力の集積の結果であろう。人がはじめて経験する，急激な速度で到来する高齢社会にどのように対応していくのか，身体機能に減衰のみられる高齢者だけでなく，身体機能にハンディキャップをもつ人たちも含めて，バラエティーに富んだ個性を認め合い，コミュニケーションをはかり，元気な若者たちや元気高齢者同士でも支え合って，できる力を皆それぞれが出し合いながら，心豊かに進んで行かなければならない。そのような全世界的状況を乗り越える考え方や対策として登場したのが"ユニバーサルデザイン（Universal Design）"である。

1．ユニバーサルデザインとは

　"ユニバーサルデザイン"は，アメリカのノースカロライナ州立大学のユニバーサルデザインセンター所長で建築家・工業デザイナーでもあるロナルド・メイス（Ronald. Mace）氏により提唱された概念である。彼は1985年にこの用語を文章に初めて用いた。すべての人に満足なデザインはありえないことを定義しつつ，すべての人に公平なデザイン姿勢を求めている。特殊なデザインや販売方法を考えるのではなく，一般的なマーケットの中で解決するデザイン手法で，ヨーロッパでは，インクルーシブ・デザイン（inclusive design）やサスティナブル・デザイン（sustainable design）に類似する。1997年にユニバーサルデザインセンターで掲げられたユニバーサルデザインの7原則を**図表12−2**に示す。

2．ユニバーサルデザインの展開

　北欧に比べると，日本の高齢社会への対応には遅れがある。交通手段としてデンマークでは自動車より自転車が多くの人に利用され，広い安全な自転車専用道路が整備されている。駅備えの自転車置き場でコインを入れて借り，返す時にはコインが戻る。鉄道の利用に関しても，自分の自転車と共に自転車のマークつきドアーから乗車できる。大きなエレベーター

で駅のホームに降り，車いすでも電車で乗り降り自由に出かけられる。チボリ公園には大きな入り口が二つある。一つは車いす利用者やその家族用である。わが国も，駅や公共施設のトイレに車いすや乳幼児同伴で使える設備を作る取り組みが盛んである。人の助けを借りずに自分で自由に行動できる環境整備が待たれている。

　高齢者の消費生活製品に対して，2000年に「高齢者・障害者配慮設計指針―消費生活製品の操作性」が日本工業規格 JIS S 0012 として，2002年には「高齢者配慮設計指針―衣料」が JIS S 0023 として作成された。これらに基づき設計すれば，ユニバーサルデザインの展開がスムースに行われ，企業側も生産性が高められる。

図表12-1　世界の高齢化率の変化

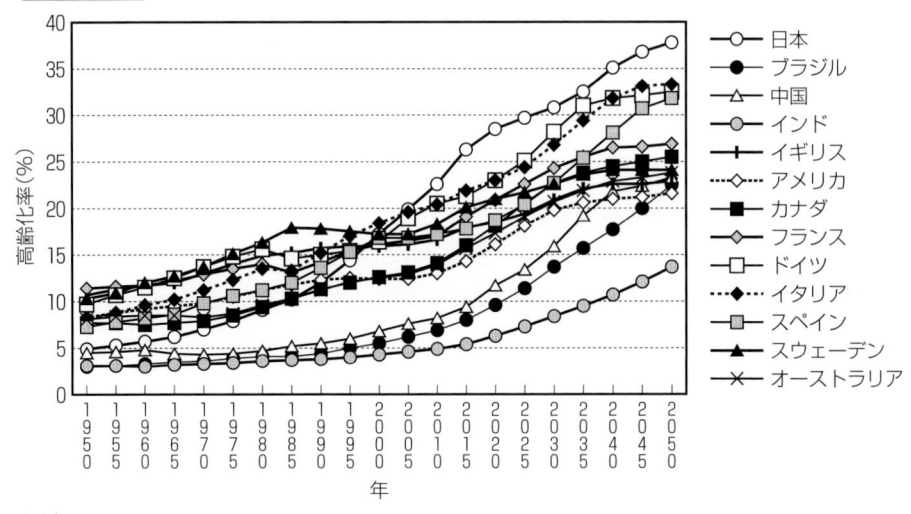

出典）Population Division of the Department of Economic and Social Affaires of the United Nations Secretariat, World Population Prospects: The 2008 Revision

図表12-2　ユニバーサルデザインの7原則

①	公平性	誰でも利用できる
②	柔軟性	誰にでも幅広く対応できる
③	単純性と直感性	誰でもわかりやすく利用しやすい
④	認知性	誰にでも適切に伝達・認知できる
⑤	失敗への許容性	失敗しても危険・エラーにならない
⑥	利用時の効率性	身体に負担がなく楽なこと
⑦	広さと適切な寸法	十分なスペースと利用サイズが多様なこと

2 衣服とユニバーサルデザイン

1．安全・健康・快適性

　ユニバーサルデザイン衣服を考える時，まず最も考慮すべきことは，安全性・健康性・快適性であろう。**図表12－2**（p.127）のユニバーサルデザインの7原則にこれを照らしてみると，安全性は⑤失敗への許容性に対応する。衣服においてもまず危険が起こらないように安全性が確保されなければならない。健康性は⑥の利用時の効率性に対応し，身体に負担がなく楽なことが配慮されなければならない。快適性は⑦広さと適切な寸法に対応し，十分で適切な寸法やゆとりなどが配慮されなければならない。また，快適性は⑤と⑥にもつながる。

　図表12－3は人の一生の各ライフステージの流れの中で，装いがどのように変化して行くのかを女子を事例に示したものである。発育期を乳幼児期・児童期・青年期・成人前期・成人中期・成人後期に分け，上段に形態の加齢変化をシルエットで示す。寝姿勢の新生児からお座り，ハイハイで移動できるようになり，立ち上がり歩く頃は，お腹が前突していて胴にくびれはみられない。次第に背が伸び痩せてすらりとした脚長のプロポーションの11歳頃を過ぎると，初潮を迎え，丸みを帯びた女性らしい体形に変化して行く。成人前期はプロポーションの美しい大人の体形に，成人中期は体幹部，ウエストが太めに，成人後期は皮膚にたるみや皺が生じ，次第に膝を屈曲し前屈みの不安定な立ち姿勢に変化する。

　下段は握力の測定結果をその回帰式で示している。20歳を過ぎると体力的にピークを向かえ，その後低下の一途を辿る。心の変化をみると，人に着せられていた幼児期を過ぎると，自分で更衣し，好みの物を取り合わせてファッションを楽しみ，自分らしい服装を試みる。身体機能の低下に伴い体に優しいゆったりとした着心地重視の志向となり，衣生活をその人なりに豊に楽しむ。このように衣服に求める要件は次第に変化していく。

2．高齢者の装い
（1）高齢者の体形および体力変化

　中年から高年に至る加齢変化を詳しくみていく。形態の高径として，①身長・②座高を，長径として③下肢長・④上肢長を，幅径として⑤肩峰幅を，周径として⑥胸囲・⑦腰囲を，その他に⑧体重，⑨背部皮下脂肪厚・⑩上腕部皮下脂肪厚と，体格を表す⑪BMI（Body Mass Index）を取り上げる。なお，BMIは，BMI＝体重（kg）÷（身長（m））^{2}　で算出する。機能では，循環機能として⑫最高血圧を，呼吸機能として⑬肺活量を，巧緻性や敏捷性をみる神経機能として⑭タッピング数（30秒間の打台の打数）を，体の柔軟性として⑮体前屈を，筋機能として⑯握力を取り上げる。**図表12－4**では中年男女を基準（M）としてモリソンの関係偏差折線法（p.101，**図表9－7**の注）参照）で高年男女を比較する。高年の平均年齢は男子71歳，女子68歳である。高径と長径は男女ともに中年より小さいが皮下脂肪やBMIは，男子ではスリム化するのに，女子では太めに移行する。身体機能全項目で男女とも有意に減衰している。

2 衣服とユニバーサルデザイン

図表12-3 ライフステージと装い（事例）

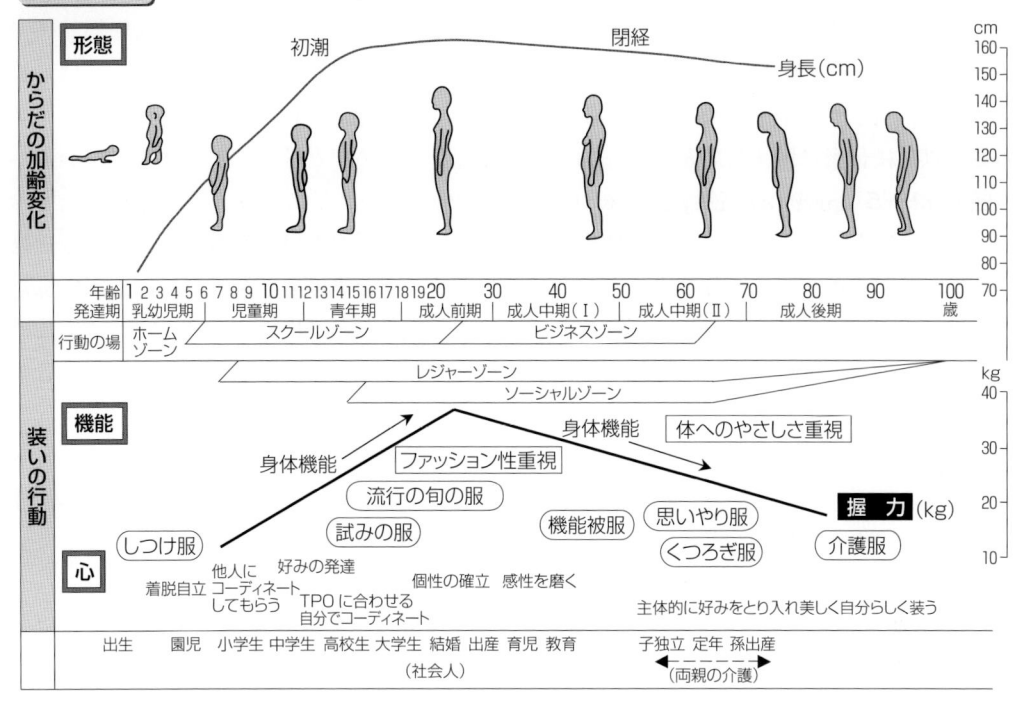

図表12-4 高年の体形および体力の中年との比較

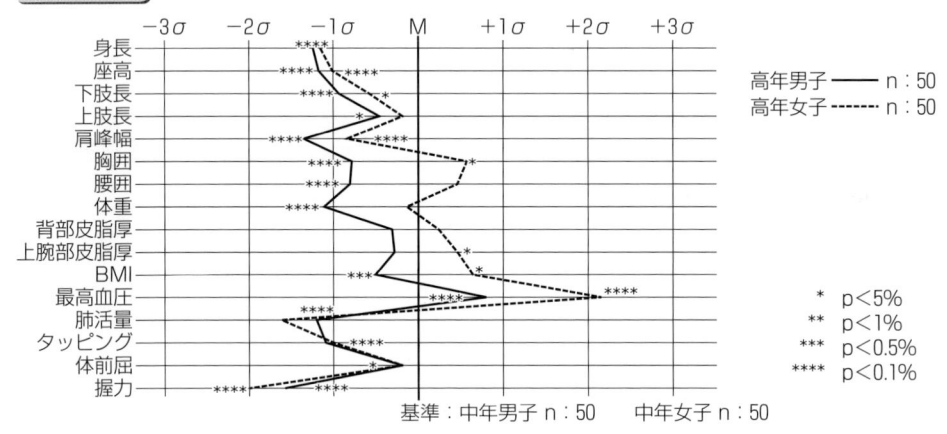

出典）Nobuko Okada：Anthropological Science, vol.96（1988）をもとに作成

* $p<5\%$
** $p<1\%$
*** $p<0.5\%$
**** $p<0.1\%$

図表12-5 成人用型紙を高齢者用に変更の事例

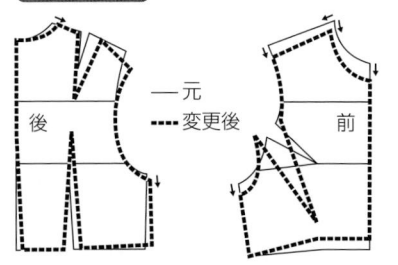

※後身頃は肩ダーツ・ウエストダーツをそれぞれ開いてから，アームホールを脇で下げた。

（2）高齢者の着衣基体とパターン

高齢者が衣服を購入する時の現状と要望点についてアンケート調査を行い男女の回答率で比較した。「高齢者の体型の欠点をカバーするパターンやデザインを考えてほしい」は，男子にくらべ女子が高率を占め有意な性差が確認された。痩身に移行する高年男子ではサイズの変更以外に体形に関する問題はみられないのでここでは高年女子の着衣基体を見ていく。

図表12－5（p.129）は高齢者用型紙（作製事例）を，同一サイズの成人型紙と重ねたものである。高齢者用の前身頃は前肩の体形に合わせて肩線位置を下げ，前首のため衿ぐりを繰り下げ，身頃の前丈の余剰分をカットし，バストポイントを下げる。後ろ身頃は，円背に対応して，肩ダーツを長く深くし，ウエストダーツも背中心線と肩甲骨に向かうダーツを長めに入れる。前肩で削ってアームホールが減少した分，アームホールを下げている。高齢者ボディに成人型紙トワルを着装させると，首がつかえ前でたるみ，背中のカーブにフィットせず，ウエストラインが前で下がり後ろで上がるが，高齢者型紙トワルはきれいなシルエットを保つ。このように女子の身体形態が大きく変化しているため，後期高齢者衣服は体形特性に適応するパターンに基づき設計されることが望ましい。

（3）高齢者の身体機能と衣服

身体機能が減衰すると加齢と共に衣服に求める要件も変化していく。60歳から80歳以上までを5歳刻みで男女別に5グループに分けた調査結果から，健康な高齢者の一般的加齢傾向が明らかになった。**図表12－6**にそのポイントを示す。60歳代は更衣に問題はなく，70歳以降，ウエスト部分のきつさの感じ方に変化が生じる。かぶり式Tシャツが着にくくなり前あきが好まれる。細かいスナップやカギホックが見にくく扱いが大変になる。ボタンの掛けはずしが難しく，更衣を面倒と感じるようになる。更衣の負担の少ない衣服や補助する衣服を提供することで，快適な衣環境に整える必要があろう。加齢の最終項目は「足首が動かしにくい」であり，ヒトの足首運動の重要性（p.37，**図表4－23参照**）を示唆している。

（4）高齢者の衣服設計の留意点

図表12－6から，高齢者の衣服設計に考慮すべき三つの事項，①加圧・圧迫の人体への影響，②脱ぎ着しやすいTシャツと前あき上衣，③可触・可視範囲およびボタンを取り上げる。

1）加圧・圧迫の人体への影響　ウエストに加圧カフを装着し，しゃがみ動作を3回繰り返してその間の血圧と心拍変動を観察した。若年では心拍数も血圧も実験前のレベルにすぐ回復するが，中年では心拍数のレベルが上がり，平均血圧もやや上昇傾向で体内の循環機能に影響が生じた。**図表12－4**（p.129）の最高血圧で中年と高年間に有意差がみられた結果からも，高齢者はウエスト圧迫の負荷影響を無意識的に逃れ，ゆるめを好むと推察できる。着用者の年齢，障害の程度，身体機能などにより衣服圧の許容範囲は相違する。靴下の履き口やパンティストッキングのウエストや足指先にかかる圧，スリムパンツの膝屈曲時にかかる圧，重い衣服を着た時の肩に掛かる圧や，ブラジャーなど，多くの衣服圧が身体に生じている。「ウエストがゆるめの服を選択」に配慮する程度を評定尺度化し，高齢者の独居と家族同居で比較すると，健康で快適な装いへの配慮が男女ともに独居では，有意に少ないことが明らかになっている。この結果は，高齢者の周りの人も高齢者の快適な着装に配慮

2 衣服とユニバーサルデザイン

図表12-6 高齢者の身体機能の低下と更衣の難易性の加齢変化

筋力・巧緻性の低下	③	ボタンかけはずししにくい（80歳） つまみにくい（80歳）
		指がこわばりうまく動かない（80歳） 重い服で肩こり
心肺機能の低下	①	ウエストゴムがよい（70歳） ウエストゆるめに（80歳）
柔軟性（関節可動域）の減衰		後ろ斜めに手が組めない（70歳）
	③	首の後ろで両手つかない（80歳）
		腰の後ろで両手つかない（75歳） 膝（75歳）・腰（70歳）が痛い
	②	Tシャツ着にくい（70歳） 前あき着やすい（70歳）
		袖に腕を通す時、肩・腕痛む（80歳）
視力の低下	③	服と同色ボタン見分けにくい（80歳） スナップはめにくい（80歳）
		暗いところで見えにくい（70歳） 細かいもの見えにくい（70歳）
姿勢制御能の低下		腰掛けてソックスはく（75歳） つかまり立つ（80歳）
		足首よく動く（65歳） 足首動かしにくい（80歳）
敏捷性・歩行能力の減衰		動作が緩慢
体力全般の減衰		更衣面倒（80歳）
		おしゃれの意欲喪失が生活意欲の低下につながらないよう、扱いやすい衣服を整える

注）（X歳）：X歳以降を示す
出典）岡田宣子：健常高齢者約1,000名のアンケート結果より得られた一般的加齢変化傾向，日本家政学会誌，56，（2005）より作成

図表12-7 上衣・腕ぬき動作の経時的変化

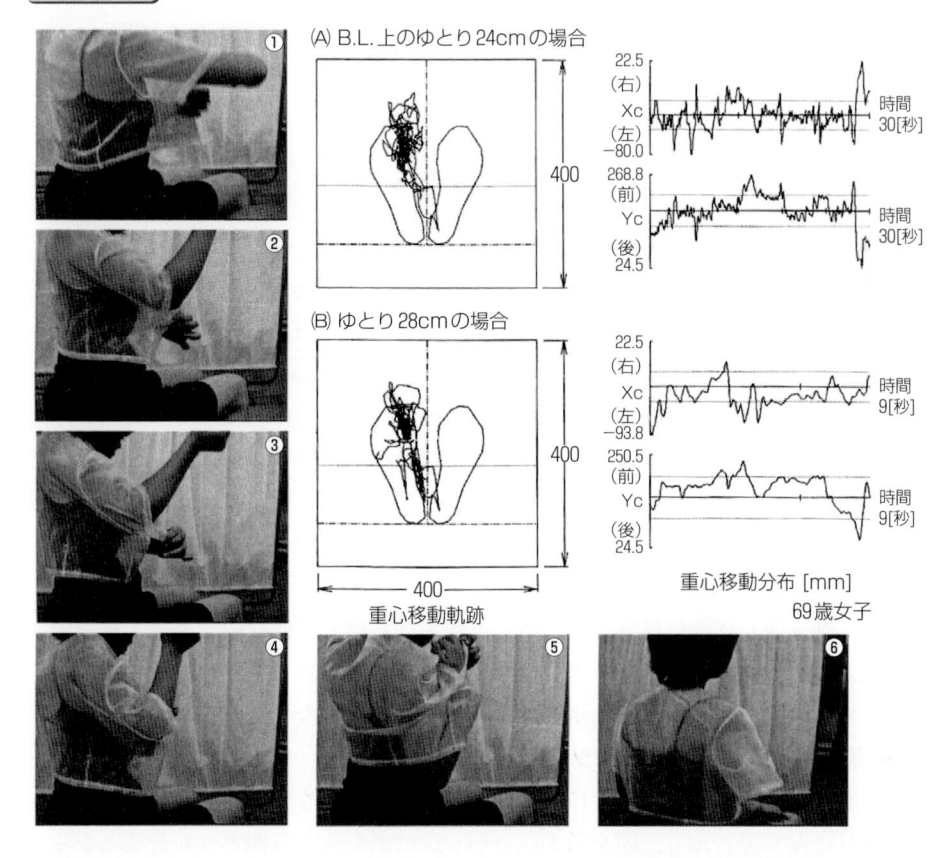

(A) B.L.上のゆとり24cmの場合

(B) ゆとり28cmの場合

重心移動軌跡　重心移動分布 [mm]　69歳女子

し，健康にかかわる情報を受容することの大切さを示唆している。

2）脱ぎ着しやすいTシャツ・前あき上衣のゆとり量　Tシャツの更衣は一般に，肩関節を90度ぐらい外転し頭の上で操作するが，適切なゆとり量があれば，袖から腕入れ・腕ぬきをし，頭部を前屈させて肩に負担を掛けずに脱ぎ着できる。**図表12－7**（p.131）は腕ぬき動作を視覚的にみたもので，腕の肘を①②③でアームホールからぬき，必要なゆとり量があれば④⑤⑥とぬくことができる。バストライン上のゆとり量を（A）24 cmと（B）28 cmに変えて重心動揺計のプレート上で腕ぬき動作をした時の重心移動軌跡を求めた。4 cmゆとりが多くなると腕ぬき時間が21秒短縮する。重心動揺を左右と前後の成分に分けると，4 cmゆとりが多い方が腕ぬきが楽に行われている。左右振幅の波形から，右腕を，その後左腕をぬいているが，衣服内の空間が狭いと動作が束縛され振幅のピーク数が増し身体の負担が増える。前あき上衣の場合では右手を通して背中の後ろを渡して左手を通す時，背に渡る寸法にゆとりが少ないと，肩・腕・手に負担がかかり更衣しにくい。高齢者用衣服は，かぶり式も前あきも12～13 cm若年よりゆとり量を多くすると更衣しやすくなる。

3）可触範囲と可視範囲およびボタン　70歳代グループでは男女ともに「後ろ斜めに手が組めない」や，「細かいものが見えにくい」人が70～80％を占め，これらは更衣の難易性に影響する。示指が触れる体表上の境界と，目視で確認できる体表上の境界を調べたところ，後ろあきには手が届かず，肩あき部は見えず，前の第一ボタンは目視できない。高年女子15名（73～80歳）のボタンの掛けはずし実験から，はずすより掛けるほうに時間を要し，直径が1.2 cmより2.0 cmの方が有意に扱いやすい。これらは幼児の結果と一致する。直径1.8～2 cmでつまみやすい形状のものを見える位置につける必要がある。

3．ハンディキャップと更衣しやすい衣服

高齢者も含めて運動機能にハンディキャップのある人が自分で更衣するには，更衣に必要となる動作空間としてゆとり量が組み込まれた衣服が必要となる。ここでは片側麻痺および片上肢障害の場合を例に更衣動作過程から扱いやすい衣服の条件を観察する。なお，障害のある場合，着る時は患側が先，脱ぐときは健側が先の更衣手順がある。

（1）片麻痺（右側）：ズボンをはく（図表12－8－①：右側麻痺）

首から下げた布に麻痺している右上肢を入れて固定すると動作しやすい。腰掛け，患側の下肢を健側の膝の上にのせ，固定した状態にして右ズボン穴に入れ，ズボンが入ったら下肢を床に下ろす。健側に足を通し体を支えて立ち上がりズボンを引き上げる。腰周りとウエストにゆとりがないと引き上げられない。ウエストはゴム式が適する。

（2）片麻痺（右側）：前あき上衣を着る（図表12－8－②：右上肢麻痺）

右の患側に袖を通し背中に健側上肢を回し上衣をひっぱり左側に引き寄せて袖を通す，背わたり寸法が少ないと健側にかなりの負担が掛かる。片手でボタン操作するのでボタンはやや大きく，つまみやすいものがよくボタンホールは一般にはたて穴が扱いやすい。

（3）片麻痺（右側）：長袖Tシャツを着る（図表12－8－③：右上肢麻痺）

患側の上肢に袖を通す。身頃周りにゆとりがないと入れにくい。健側の手掌でえりあきの後ろ側を握りこんで押さえて，頭を通す。首周りには頭を入れるゆとりが必要となる。

（4）片麻痺（右側）：長袖Tシャツを脱ぐ（図表12-8-④：右上肢麻痺）

健側の上肢を少しずつ袖の布を送りながら袖からぬく，袖口と袖全体にゆとりがないと手をすべらせにくくなる。健側の腕をアームホールからぬくには，人間生活工学研究センターの日本人の平均値（1997年）より，肩峰点から肘点までの長さ約30 cmが通るだけのゆとりがアームホール部分に必要となる。次に患側の腕を身頃からぬくがこれも身頃にゆとりがないと難しい。

（5）片麻痺（右側）：半袖ポロシャツを着る（図表12-8-⑤：右上肢麻痺）

長袖Tシャツを着る時とほぼ同じ。前途中あきのあき寸法は大きめがよく，ボタンもつまみやすい大きさのものがよい。

（6）片麻痺（右側）：半袖ポロシャツを脱ぐ（図表12-8-⑥：右上肢麻痺）

長袖Tシャツを脱ぐ時とほぼ同じではあるが，半袖から健側の腕をぬくことは至難の業

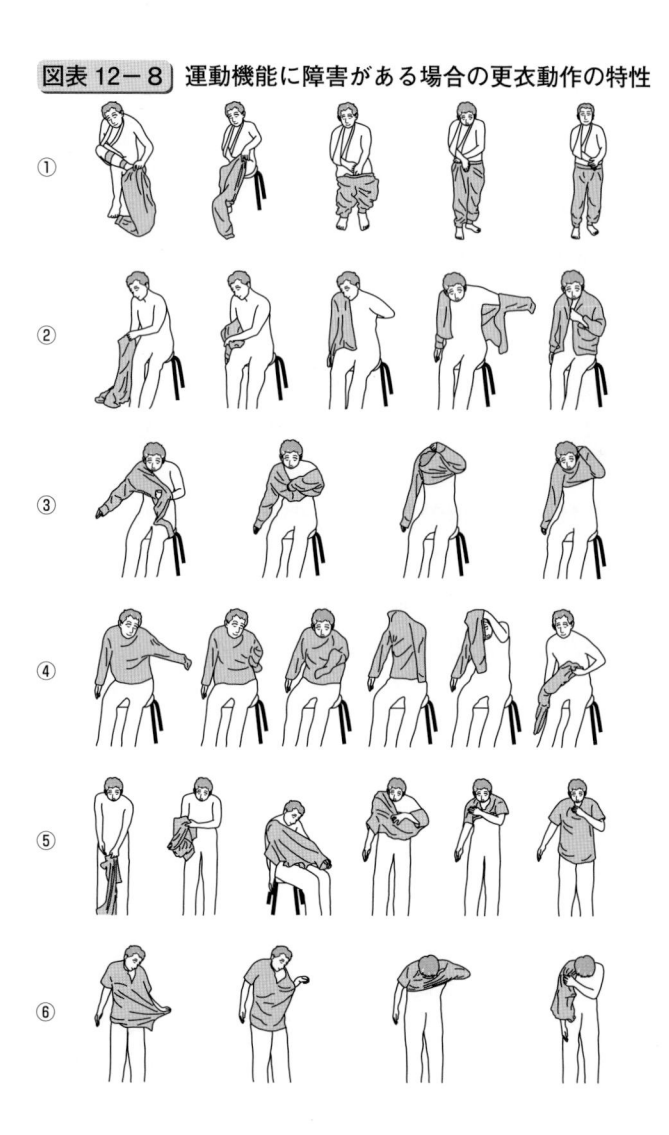

図表12-8 運動機能に障害がある場合の更衣動作の特性

である。手でできないところは口で噛んで引っ張ることも必要になる。不可能な場合は介助が必要となる。身頃やアームホール，袖にもゆとりがないと難しい。

　ハンディキャップのある人の場合，患側をカバーするために健側は，大変大きな可動範囲や衣服をつかむ力などを要求される。同じ動作を繰り返し行うと健側の疲労を助長することになるので，更衣することが負担にならないよう扱いやすい衣服への配慮が大切となる。

3　ユニバーサルデザイン衣服とその工夫

1．ユニバーサルデザイン衣服の市場展開

　ユニバーサルデザイン衣服は，デパートや量販店，専門店や福祉施設，通販などで取り扱われている。**図表12－9**に市販事例を示す。①の術後ブラジャーは，皮膚への圧迫や，縫い目や金具，カギホックが触れ痛んだり，パットと肌の間の汗で炎症が生じやすい。③の妊婦用パンツはお腹の形態に沿ってニット部分が伸びやすく，ウエストのゴムのサイズ調節機能もある。⑤の高齢者用パジャマはボタンのつまみやすい形状や大きさ・数，扱いやすいたて穴ボタンホールが配慮され，第1ボタンが扱いにくければ衿を開けて着られる。袖口調節やウエストのゴム調節，前を見分ける印などの，機能が付加されている。扱いやすい斜め穴ボタンホールのリバーシブルの上着，むくんだ足も入れやすく履き口のゆったりしているソックス，足の甲周りが調節できて，片足ずつ販売している室内用歩行靴などである。

　ユニバーサルデザイン衣服購入のポイントは，以下の八つの要件が挙げられる。①着用目的に合っている，②更衣動作しやすい，③身体形態に合っておしゃれで美しい，④身体機能に見合い，身体に優しく負荷が少ない，⑤日常生活動作がしやすい（トイレを含む），⑥取り扱いやすい，⑦着用者の好みに合っている，⑧快適で安全である。

2．ユニバーサルデザイン衣服の工夫とその事例

　ユニバーサルデザイン衣服には，ゆとり量を若年より約12 cm多く確保したいので見栄をよくする工夫や，動作時に生じる衣服圧への配慮，扱いやすい留め具の活用などがある。

（1）適切なゆとり量の組み込み

　1）パターンによる工夫　　デザイン上おかしくない程度の許容範囲のゆとり量を組込む。また，アームホールの底付近で脇線をカーブさせたり，アームホールの繰り下げや，袖山の高さと袖幅・袖下寸法との関係から，バストライン付近のゆとり量を確保する。

　2）素材による工夫　　縦・横，両方向などに伸びる伸縮性のある素材でゆとりに対応させる。また，剪断変形しやすい素材を用いることで体に追随しやすくする。織り地よりニット地の方が剪断変形性能がよい。伸びる素材を衣服全体に使う場合と伸びる部分だけに変化量として使う場合がある。

　3）デザインによる工夫　　素材も含めデザインで対応する。着用者の姿勢や動作，トイレでの更衣も含めてチェックし，あき位置や形状を考える。ゆとり量確保のための余剰分をギャザー・タック・プリーツ・フレア・パフ・ブルゾン・スリット・マチなど装飾的技法

3 ユニバーサルデザイン衣服とその工夫

図表12-9 ユニバーサルデザイン衣服の市場展開

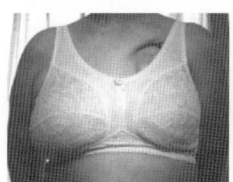

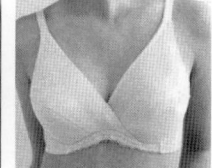

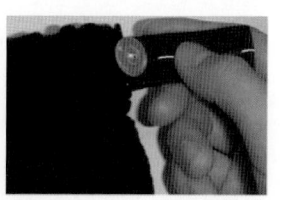

①術後用ブラジャー　②授乳用ブラジャー

ウエスト部分
・お腹まわりがニット地で伸縮・ウエストゴムは調節可
③妊婦用パンツ

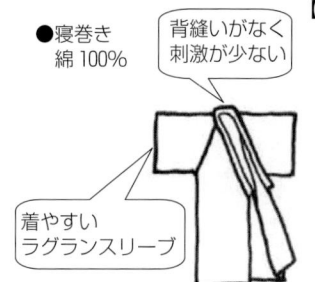

【尿ケア用品：尿とりパッド・紙パンツ】

●寝巻き　綿100％
　背縫いがなく刺激が少ない
　着やすいラグランスリーブ

●ブリーフ
　モレを吸水する快適パンツ
　本体 綿100％
　吸水部（表綿・吸水布）ポリエステル100％
　（中綿）アクリル80％、レーヨン20％
　縫い目からの滲み出し防止仕様
　モレ防止・ニオイ軽減

●ショーツ

●半袖打ち合わせシャツ
　綿100％
　抗菌防臭効果・面ファスナー付
　ゆったり身頃
　後丈が長め

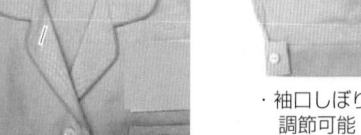

④下着・寝巻き

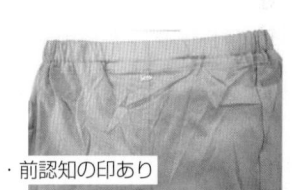

・ボタン穴…タテ
・第1ボタンは見えない場合，閉じなくてもよいデザイン

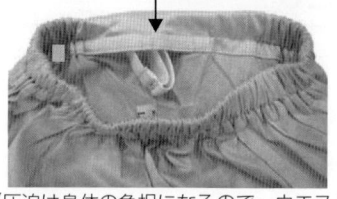

・袖口しぼり調節可能

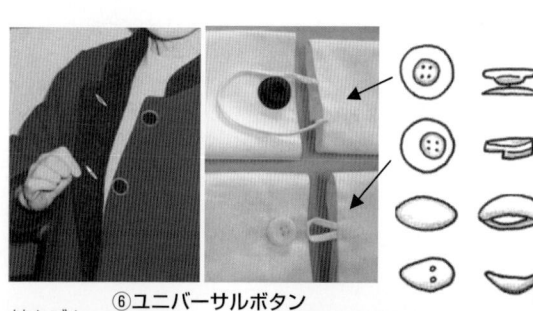

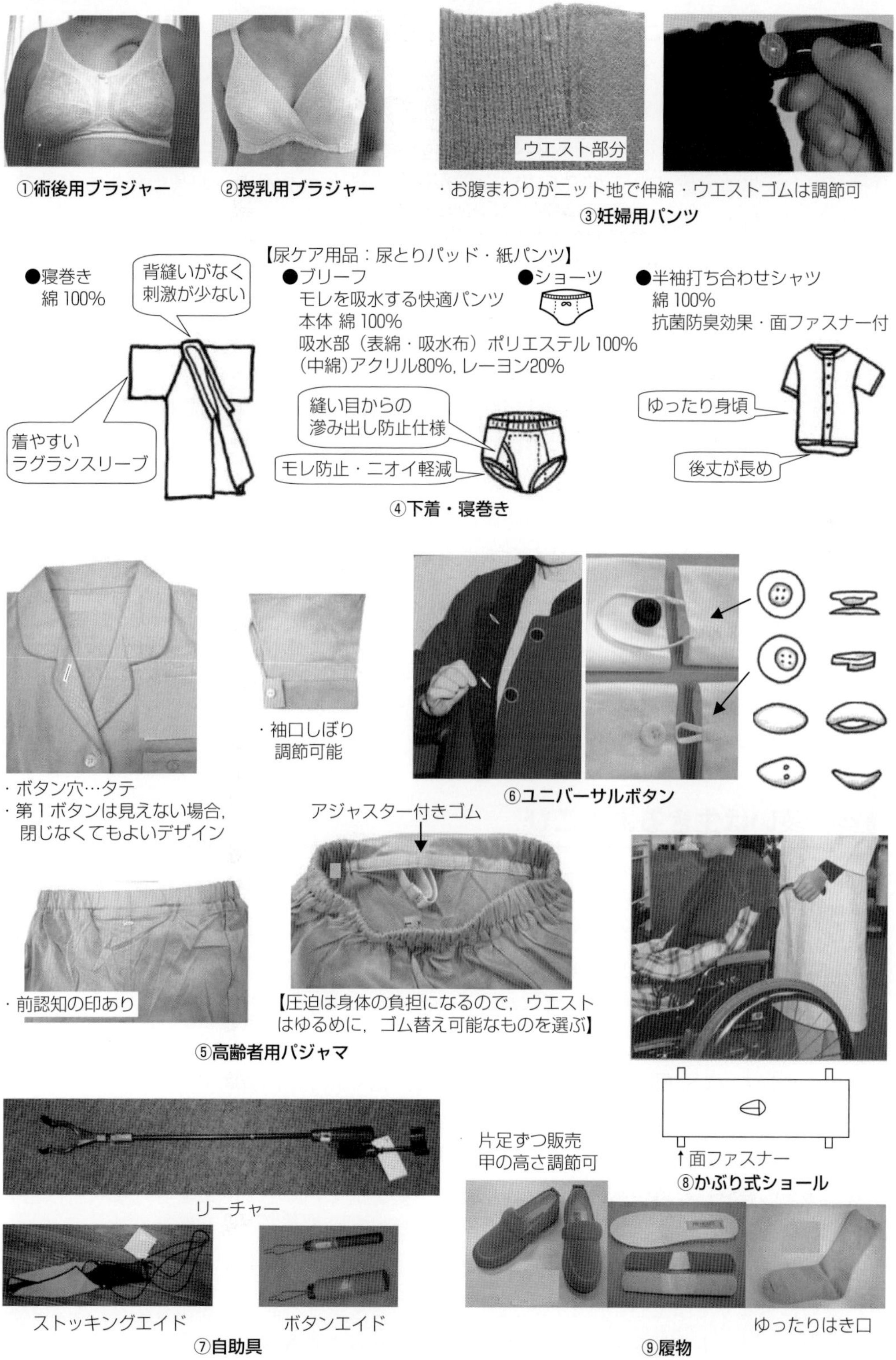

⑥ユニバーサルボタン

アジャスター付きゴム

・前認知の印あり

【圧迫は身体の負担になるので，ウエストはゆるめに，ゴム替え可能なものを選ぶ】

⑤高齢者用パジャマ

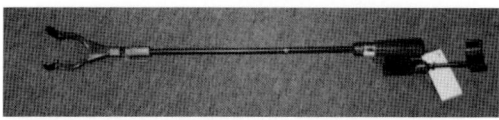

リーチャー

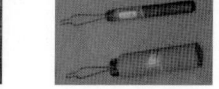

ストッキングエイド　ボタンエイド
⑦自助具

片足ずつ販売
甲の高さ調節可

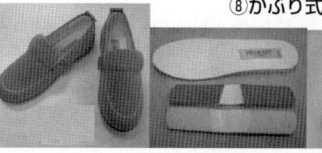

↑面ファスナー
⑧かぶり式ショール

ゆったりはき口
⑨履物

で効果的に扱う。構成線・切り替え線も有効に，袖は身頃とのかかわりを考えて体表変化に適応し更衣しやすく工夫する。着用目的に沿い，本人の満足のいくデザインを取り入れる。

（2）留め具・自助具による工夫（p.135，図表12-9）

留め具の扱いやすさは本人の目線でとらえることが重要である。見えやすい色のボタンや付け位置，扱いやすいボタンの数やつまみやすい大きさと形状，ボタンの立ち上がりをやや多く，ボタンホールを2mmぐらい大きくなど，工夫を積み重ね更衣しやすくなると更衣の意欲が育ち，生活全般に張りが出てよい影響が生じることがある。自助具の利用も有効で，遠位の足部に靴下をはかせるにはストッキングエイドが，リーチャーが手の代わりをする。ボタン操作を助けるボタンエイド，孫の手や松葉バサミなども工夫次第で有効活用できる。

（3）市販品のリフォーム

身体状況により市販品や不用衣服を扱いやすくリフォームする。ショール（p.135，図表12-9-⑧）の貫頭衣への工夫は，気分を高揚させたり，保温にも役立つ。一般に一回り大きいものを入手し（図表12-10），体形に合わせて作り替えたり，患部や患側に配慮して扱いやすく工夫する。カフスボタンのはめはずしを避け袖口をゴム式にしたり，ボタンをはめたまま手が通せるよう袖口を広くしたり，袖のアームホールの部分を④マチで広くしたり，⑤脇で広げたり，①～⑤上衣ゆとり量の確保は更衣しやすさにつながる。円背には③肩ダーツや背縫いにカーブを入れたり，余分な前裾をカットし，それを後ろに足して後ろ脇ダーツを入れたり，①②後ろにヨークを入れ背幅でゆとりを持たせて対応する。お腹が出ている場合の補正例⑥⑦をあげた。腰の曲がっている場合の⑨スカートやパンツや円背の人のワンピースも，⑧の車いす用パンツの扱いと同じ方法で，腰や背中の曲がり具合によりパタンの切り開きの数を増やしたり，切り開き量で開き具合を調整する。

4　装いは生きるよろこび

半身不随となった高年男子で，周りがびっくりするほどリハビリテーション効果が上がり，一日2時間一人で散歩ができるまでに回復した事例がある。毎朝，一人で寝間着から日常着に着替えるのに約1時間を要し，午後の散歩で外出着に着替えるのに30分以上を費やす。しかしファッションに前から関心があったことから，介助はしないで一人で時間がかかってもよしとしてきた。これも全身のリハビリテーションにつながったと思われる。また，おしゃれをしてベレー帽をかぶり外出することで，他の人との出会いやコミュニケーションが楽しさを倍増し，生き甲斐につながっている。この2時間は留守を預かる者の自由時間になり，お互いにそれぞれリフレッシュして有効に過ごせる貴重な時間である。

身体機能の減衰に伴い次第に高齢者の生活圏が狭まっていく中で，最も身近な衣服は色やデザインなど，その時に応じて気軽に気分の変化を楽しむことができる。首に巻くスカーフ1枚でも気分を高揚させて雰囲気づくりに役立つ。着装するヒトとしてこの世に存在する限り，装いは色どりを添え心と体を包み込み，人間として生きる誇りを保ちながら，希望ある未来に向かってヒトの営みを豊かにサポートしてくれるのである。

4 装いは生きるよろこび　137

図表 12-10 ユニバーサルデザイン衣服としての工夫

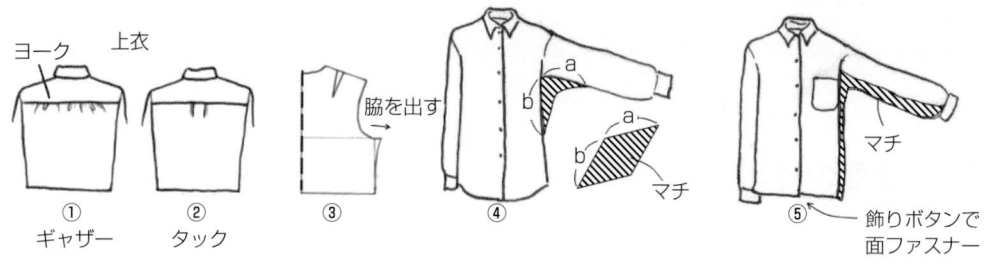

① ギャザー　② タック　③ 脇を出す（ヨーク／上衣）
①〜⑤ 更衣しやすいゆとり量の確保

④ マチ　⑤ 飾りボタンで面ファスナー
腕入れ・腕ぬきしやすくするためのゆとり量の確保

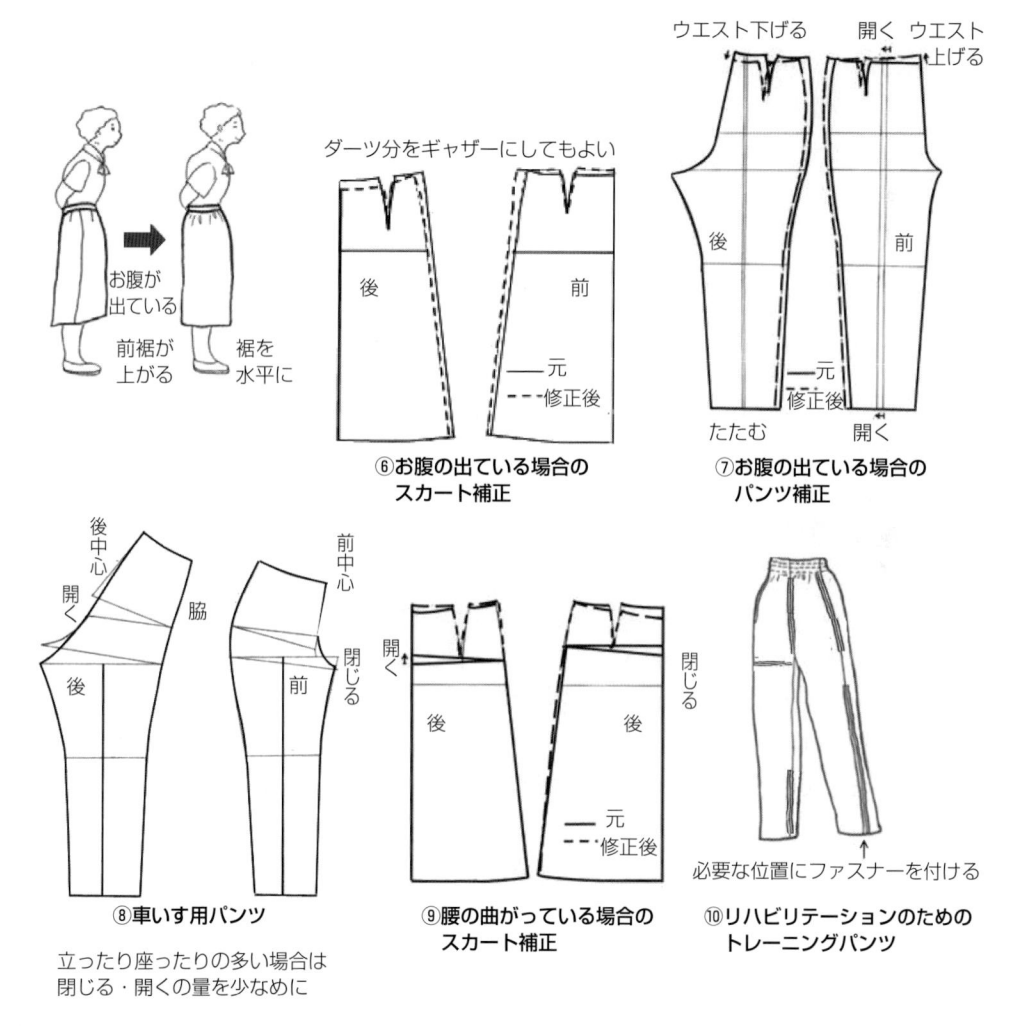

⑥ お腹の出ている場合のスカート補正
ダーツ分をギャザーにしてもよい
— 元　---修正後

⑦ お腹の出ている場合のパンツ補正
ウエスト下げる／開く　ウエスト上げる
たたむ／開く

⑧ 車いす用パンツ
立ったり座ったりの多い場合は閉じる・開くの量を少なめに

⑨ 腰の曲がっている場合のスカート補正

⑩ リハビリテーションのためのトレーニングパンツ
必要な位置にファスナーを付ける

安全性への配慮
薄暗いところでも目立つ色の服を着るように配慮し，交通安全につなげる
スカートやコートの裾で足元が隠れると歩行時に危険，足元確認できる着装に配慮

13章 装いと生活環境

1 衣服の再利用

1. 循環型社会

「循環型社会形成推進基本法」が2000年5月に成立した。大量生産・大量消費の大量廃棄型社会から，リデュース・リユース・リサイクル（Reduce, Reuse, Recycle）の3R循環型社会として，地球環境の保護と資源の有効活用を目指す方向に大きく軌道修正された。

わが国のごみ総排出量は，2000年の5,484万トンから2007年には7.3％減少し5,082万トン，さらに2015年には4,398万トンまで減少した。一人一日当たりに換算すると，毎日939gのごみを排出し続けていることになる。**図表13－1**に廃棄物の排出量削減と温室効果ガスの排出量の関係を示す。廃棄物の排出の，抑制と再利用，再生利用に取り組むことは，最終的には温室効果ガスの排出量の減少につながっている。容器包装（2000年），家電（2001年），食品（2001年），建設（2002年），自動車（2003年）についてはリサイクル法が施行された。また，再生品などの調達を推進するため，グリーン購入法（「国等による環境物品等の調達の推進に関する法律」）が2001年に制定された。しかし繊維については，しっかりとした方策が見出せずリサイクル法施行には至っていない。

2. 繊維産業

OECD（Organisation for Economic Co-operation and Development，経済協力開発機構）の資料から資源のリサイクル率をみると，2005年では日本の回収率はガラスが90％でドイツを上回り1位，紙・段ボール紙も66％とドイツ，フィンランドに次いで高い。1995年にペットボトルの回収・再資源化がはじまり，繊維やシートに利用（**図表13－2**）されている。ケミカルリサイクルは原料まで遡るリサイクル法で，使用済みのペットボトルや繊維製品に含まれる他素材，加工材，ごみや砂塵などを分離除去した後，ポリエステル（PET）をモノマー（単分子）レベルまで分解しPETの原料であるジメチルテレフタレート（DMT）やエチレングリコール（EG）として回収する。インテリア・学生服・ユニフォーム・衣料品などに利用しようと各繊維メーカーがさまざまな取り組みをはじめている。回収された高純度原料（DMT，EG）を，ポリエステル繊維，フィルム，樹脂の原料として使用したり，（PET）ボトルの完全循環型システムの構築も進められている。

日本の化学繊維工業の現状を経済産業省の「繊維・生活用品統計年報」でみると，2016年の生産量は約91万トン，5年前の約98万トンから減少を続けている。2014年の繊維製品輸出量も5年前の88％と減少傾向にある。日本の1世帯（平均2.35人）が2016年の1年

1　衣服の再利用

図表13-1 廃棄物の排出量削減と温室効果ガスの排出量の関係

- 排出抑制 Reduce
- 再使用 Reuse
- 再生利用 Recycle

→ 排気量の減少 → 焼却時の重油使用量減少等
→ 製造必要量の減少 → エネルギー消費の減少
→ 製造工程の変更
→ エネルギー代替 → 化石燃料消費の減少
→ 埋立処分量の減少 → 埋立処分場からのメタンの減少
→ 自然界への還元 → 土壌に蓄積する炭素量の増加

⇒ 温室効果ガス排出量の減少

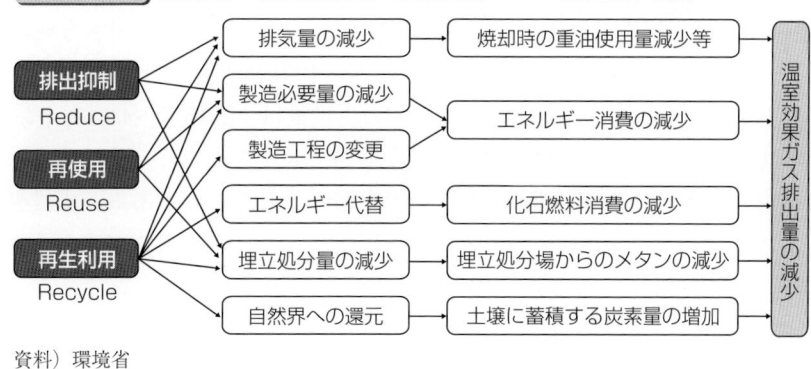

資料）環境省

図表13-2 ペットボトル再商品化製品の利用状況の年次推移

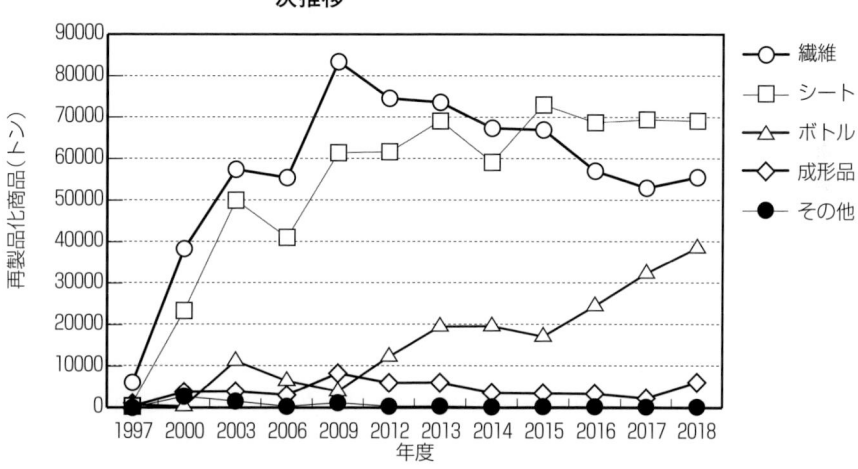

凡例：繊維、シート、ボトル、成形品、その他

資料）日本容器包装リサイクル協会

図表13-3 世界の国別合成繊維生産量の年次推移

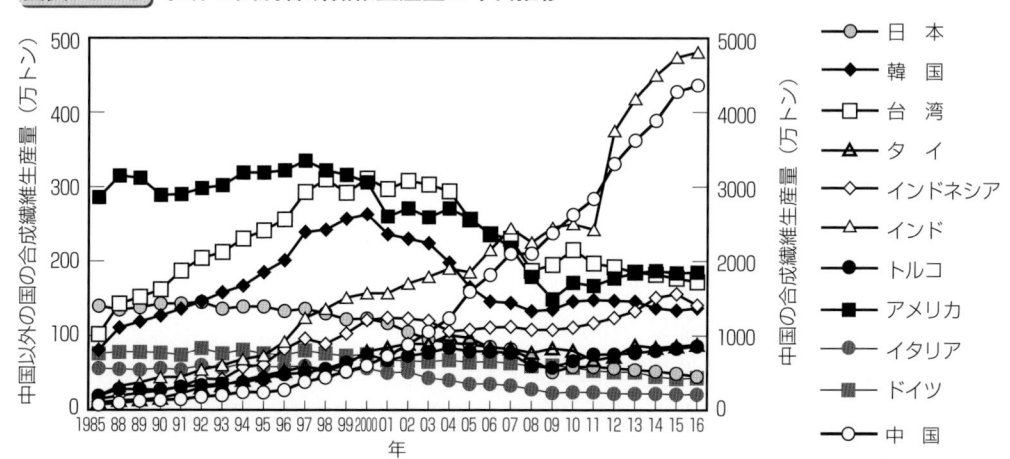

凡例：日本、韓国、台湾、タイ、インドネシア、インド、トルコ、アメリカ、イタリア、ドイツ、中国

資料）日本化学繊維協会：『繊維統計ハンドブック』の合成繊維生産量の合計を，縦断的に国別で整理し，2019年著者作成

間に支出した被服費は約11万6千円（総務省「家計調査」）で，10年前の73％に減少し，日本の繊維産業もその影響を受けている。**図表13－3**（p.139）は世界の国別合成繊維生産量の年次推移を示したものである。アジアでは，日本が1997年から，台湾と韓国は2000年頃から減少傾向に移行している。その一方で中国の生産量は，2016年（4364万トン）が20年前の1996年（267万トン）の16.3倍という急激な増加を示している。

図表13－4は2004年における繊維廃材の流れと量を示したものである。繊維製品の総排出量は193.6万トン，そのうち回収されるのは23.7万トン，その中で古着のケミカルリサイクル，ウエスや反毛としてマテリアルリサイクルされるのは20.6万トンである。譲渡や中古衣料としてリユースされるものは23.6万トン，大半は一般廃棄物として焼却または埋め立て処分される。2004年の繊維製品のリサイクル率（再商品化率）は13％で，ここ10年間ほぼ同率である。これはドイツが50％，アメリカが33％といわれる中で大変少なく，循環型社会にはほど遠い。故繊維業に回収された繊維品の用途は，中古衣料・ウエス・反毛にほぼ一定量再生されてはいるが，増え続ける故繊維のほとんどはリサイクル不能品として処理されているのが現状である。繊維廃材をマテリアルリサイクルするためには，①組成・素材が明確であること，②汚れがないこと，③単一素材からなること，④形状が一定していること，⑤量的に安定供給されることなどをクリアーしなければならず，ハードルが高い。マテリアルリサイクルだけでなく固形燃料化して，石炭代替えのボイラー燃料に利用するサーマルリサイクル（熱回収）も考える必要があろう。

3．グリーン購入

グリーン購入とは「購入の必要性を十分に考慮し，品質や価格だけでなく環境のことを考え，環境負荷ができるだけ小さい製品やサービスを，環境負荷の低減に努める事業者から優先して購入すること」である。グリーン購入ネットワーク（GPN；Green Purchasing Network）は1996年に設立され，外衣，下着，寝衣，和服，靴下，帽子，手袋のGPN-GL13「衣服」の購入ガイドラインが2000年10月に制定，2014年に一部改正された。ガイドライン項目は以下の六つである。衣服本体を示す①～④のうち一つ以上を満たすことを考慮して，環境への負荷ができるだけ少ない衣服を購入するようGPNでは進めている。

① **環境に配慮した素材を使用していること**：原産地で環境に配慮した天然素材，再利用素材，リサイクル素材，製造ラインで環境に配慮した素材を多く使用した衣服を選ぶことは，原産地や製造ラインでの有害化学物質の使用抑制や省エネルギー・省資源，廃棄物の有効活用，原産地の生態系に与える影響の軽減や，資源の持続的利用につながる。

② **省エネルギー・省資源につながる製品設計がされていること**：クールビズ・ウォームビズファッション，形態安定加工の衣服，水洗い対応の衣服などは，省エネルギー温度設定でも快適に過ごせたり，アイロンの使用回数を減らし，ドライクリーニング溶剤使用量を減らすため，省エネルギー・省資源につながる。

③ **長期使用を可能にするための製品設計がされていること**：生地や縫い目の強さ，色落ちのしにくさなどの耐久性に優れた衣服，サイズ調整機能付きの衣服，防汚加工された衣服などは衣服の長期使用を可能にする。

④ **使用後に回収され，原料または各種素材としてリサイクルされること**：購入にあたって

図表13-4 2004年度における繊維廃材の流れと量

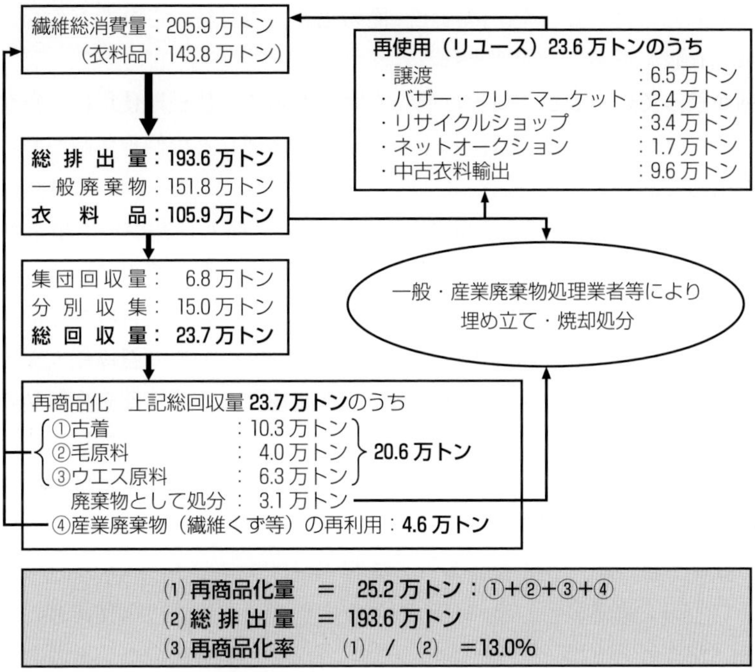

```
繊維総消費量：205.9万トン        再使用（リユース）23.6万トンのうち
　（衣料品：143.8万トン）         ・譲渡　　　　　　　　：6.5万トン
                                 ・バザー・フリーマーケット：2.4万トン
総排出量：193.6万トン             ・リサイクルショップ　　：3.4万トン
　一般廃棄物：151.8万トン         ・ネットオークション　　：1.7万トン
　衣料品　：105.9万トン           ・中古衣料輸出　　　　　：9.6万トン

集団回収量：　6.8万トン
分別収集　：15.0万トン           一般・産業廃棄物処理業者等により
総回収量　：23.7万トン              埋め立て・焼却処分

再商品化　上記総回収量23.7万トンのうち
　①古着　　　　　：10.3万トン
　②毛原料　　　　：　4.0万トン ┤20.6万トン
　③ウエス原料　　：　6.3万トン
　廃棄物として処分：　3.1万トン
　④産業廃棄物（繊維くず等）の再利用：4.6万トン

(1) 再商品化量　＝　25.2万トン：①+②+③+④
(2) 総排出量　　＝　193.6万トン
(3) 再商品化率　　(1) ／ (2) ＝13.0％
```

資料）（独）中小企業基盤整備機構まとめ

> **column**
>
> ## 緑の地球をこわし続けてきたヒト
>
> 　地球上の他の生物と違い，ヒトは自己の意志で自然の資源を使い，欲求を満足させるために大量生産・大量消費を行ってきた。その結果，地球温暖化やオゾン層の破壊による健康被害や，地球環境の疲弊が叫ばれている。
>
> 　地球上の大気には二酸化炭素（CO_2）などの温室効果ガスが含まれ，地球に到達する太陽の熱を逃がさないよう，ほぼ一定の気温が保たれてきた。しかし20世紀に入ると電力の消費や自動車用燃料の消費が増大し，大気中の温室効果ガス濃度が増加し続けている。さらにこのまま温暖化が進むと，氷河が解け，海面が上昇し水没する島や国が生じるのは明らかである。巨大なハリケーンの発生や，台風の到来，熱波や暑熱の増加など，生態系への影響が生じ，食料不足や感染症の増加が懸念され，住みにくい地球となる。
>
> 　温室効果ガス排出量をできる限り減らし自然を守る暮らしへ，ヒトの生活全体のスイッチを切り替える必要がある。

は，事業者の不要衣服のリサイクルシステムの有無や，適切な方法で原料または各種素材としてリサイクルされているか，確認が大切である。

⑤ **環境に配慮した包装材料を使用していること**：過剰な包装は避けて，包装材が古紙や間伐材などの環境配慮素材のものや，薄肉化，簡易包装，素材統一されたものなど，環境配慮に取り組まれた衣服を選ぶことが望まれる。

⑥ **修理体制が整っていること**：修理可能な衣服を選ぶことは長期使用につながる。購入時に，寸法直し，ファスナー交換，ほつれや生地破れの修理などの修理体制が整っている衣服を選ぶことが大切である。

　GPNはグリーン購入基本原則3「事業者取り組みの考慮」に基づいて事業者評価チェックリストを作成し，事業者にも責務を果たしてもらえるよう取り組んでいる。また，グリーン購入のための情報をインターネット上に公開している。子どもを含めた生活者の意識変革や情報の共有，地方行政の取り組みの浸透，サービス分野への取り組み拡大など，今後大きく進展していくと考えられる。グリーン購入で一番問題となる環境配慮型製品の価格も，行政からの助成などで購入促進がはかられれば，市場が活性化するものと思われる。日本の「グリーンコンシューマーになる買い物ガイド」では以下の10原則をあげている。

① 必要なものを必要なだけ買う。
② 使い捨て商品ではなく，長く使えるものを選ぶ。
③ 包装はないものを最優先し，次に最小限のものを選ぶ。容器は再使用可のものを選ぶ。
④ 作るとき，使うとき，捨てるとき，資源とエネルギー消費の少ないものを選ぶ。
⑤ 化学物質による環境汚染と健康への影響の少ないものを選ぶ。
⑥ 自然と生物多様性を損なわないものを選ぶ。
⑦ 近くで生産・製造されたものを選ぶ。
⑧ 作る人に公正な分配が保証されるものを選ぶ。
⑨ リサイクルされたもの，リサイクルシステムのあるものを選ぶ。
⑩ 環境問題に熱心に取り組み，環境情報を公開しているメーカーや店を選ぶ。

4．衣生活からみた地球を守る循環型社会

　図表13−5は衣生活の生産，購入，消費，廃棄，処理，再生の流れの中で，衣服と生活者・生産者のかかわりをみたものである。生活者は製品を使用し消費し排出する，排出者でもある。循環型社会の3Rの位置づけから，自分だけの欲求を押し進めるのではなく，常に循環型社会の物差しに照らし行動を起こす姿勢が問われている。些細なことでも日本の人口の構成員すべてがスイッチを切り替え行動することで大きな変化に繋がる。何が本当に必要なのか，購入品はエコに配慮しているかなど，グリーンコンシューマー10原則に沿って行動することや，「衣服」の購入ガイドラインでチェックすることなどが求められる。

　(社)日本アパレル産業協会では，リサイクル適品にマークを付して，回収・リサイクルすることを保証する「エコメイト企画」をスタートさせている。リサイクル適品とは，表生地，裏地，芯地などをポリエステルやナイロン100％使いとし，リサイクルが容易とした衣料品を指す。羊毛の場合は，表生地のみ規定し，羊毛95％以上としている。(財)日本環境

図表13-5 衣生活からみた地球を守る循環型社会

[環境配慮型製品の開発とゴミゼロ生活への志向]

(3R)
- リデュース（Reduce）……廃棄の抑制
- リユース（Reuse）……もう一度衣料として再利用
- リサイクル（Recycle）……原料に戻し再生産

天然資源の消費の抑制
麻・綿・羊毛

生産（製造・流通）

Reduce：商品輸送などのCO_2削減
　レジ袋、包装、必要？

企業取り組み事例（販売業者）紳士服・スーツ回収
- 製造工程での産業廃棄物（繊維くず）の再利用（2001年4月グリーン購入法導入）
- 生分解性ポリエステルなどを混ぜたウール地　廃棄時環境負荷軽減
- 再生デニム　くず糸、切り端再利用　独自デニム生地
- 紙糸　紙製の糸「オーショ」を欧州で拡販

ケミカルリサイクル
衣料繊維児全循環
何度リサイクルしても新品と同じ品質維持
制服、ユニフォーム、ジャケット等
（回収・輸送工程でCO_2 8割 排出量減少 エコサークル）

購入
- この商品本当に必要？
- 地球に優しくリサイクルしやすいエコ商品？
- 「もっと」の欲望
- 何を優先し何をあきらめるのか

特定ルートによる回収再生

消費・使用

Reduce：大切にむだなく使おう
- 地球に優しい洗剤・用剤、適量、詰め替え品。
- 洗いすぎず水はむだなく汚さないよう
- 形状記憶でアイロン省略、ウォッシャブルでクリーニング削減
- 冷暖房に頼りすぎず、温かく着装、涼しく着装

Rental：あまり使われない物はレンタル
古着の裂き布で作ったサリやメイクぞうり

廃棄

Reuse：
- 透明ビニール袋
- ぬれないよう靴下はペアで
- スーツは上下セットで
- ベルトやボタンは付けたまますぐ使えるよう
- 汚れは除き、きれいなもの

●雑巾
●リフォーム、修理
●染めかえ、

国内中古品
- 譲渡
- インターネット販売
- フリーマーケット、リユースショップ

海外中古品
- 日本人の体型に近いマレーシア・韓国・フィリピン等
- 夏物の需要が多いアジア諸国に輸出：靴下、Tシャツ、パンツ、ブラジャー等
- U社 自社製品回収、難民キャンプ等に寄贈

処理

再生

マテリアルリサイクル
- スクールユニフォーム カット
- 流電
- ウエス 粗裁断 → わた状 → 反毛 → 生地 → 紡績糸 → 再生ポリエステル

ケミカルリサイクル
- PETリサイクル
- キャップはずして燃えるごみへ
- ボトル水洗い
- ボトルをつぶし分別集
- 溶かして不純物除きチップに
- 再びポリエステル

サーマルリサイクル
- 熱回収
- RDF（固形燃料化）
- そのまま燃焼させて

焼却等
最終適正処理（埋立）
埋立地の確保困難（自然破壊）

Recycle

用途：
- シュレッダーダスト の問題
- 断熱、騒音、防音
- 自動車、建材用フェルト、カーペット、作業用手袋
- ユニフォーム、ニット素材、帽子

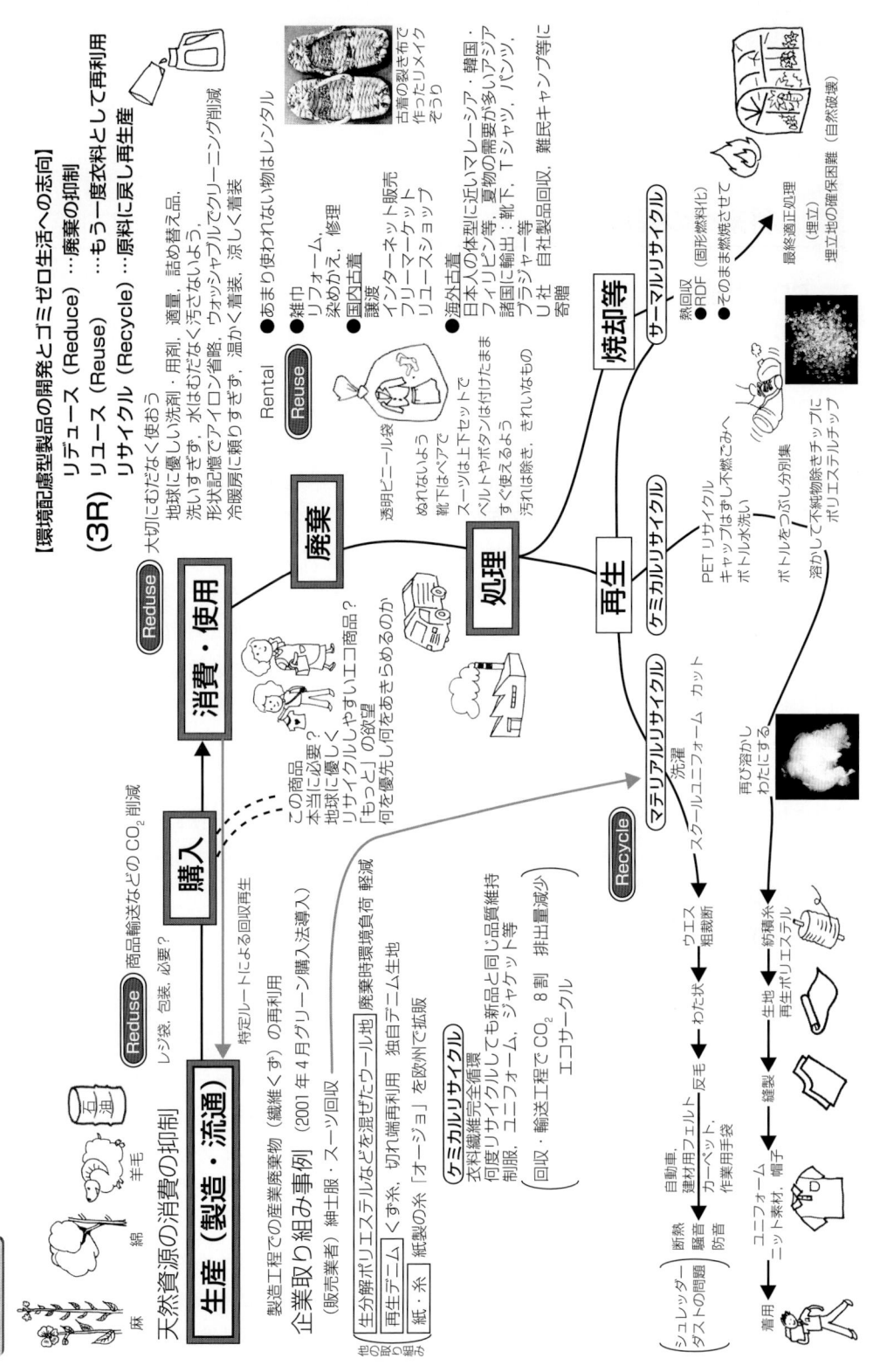

協会が1989年2月より運営するエコマーク制度のうち衣服分野では，リサイクル不能品で廃棄されてしまう衣服の円滑な発展を図るため，（社）日本アパレル産業協会で検討し，1996年よりエコマークの商品類型見直しを行った。**図表13－6**にそれらのマーク事例を示す。

2　将来への視点

1．CO_2 排出量

　日本の家庭で排出された一人当たり CO_2 排出量（2007年）は2.2トンで，日本人一人当たりの CO_2 総排出量（2006年）は9.7トンであった。2016年の世界の CO_2 排出量（約323億トン）の国別内訳をみると（**図表13－7**），日本は3.5％，中国は28.0％，アメリカは15.0％を占める。

　温暖化に関する取り組みは，1992年の（ほぼすべての国参加）国際的な「国連気候変動枠組み条約」からスタートした。1997年の（先進国参加）京都議定書のもとで本格化，温室効果ガスの排出について数値目標が設定され，排出量取引など新たな仕組みが同意された。2015年の（先進国・途上国参加）パリ協定では，平均気温の上昇を抑えることを目的に温室効果ガスの排出を実質ゼロにすることが採択された。2019年，第25回国連気候変動枠組み条約国会議（COP25）では温室ガス削減目標設定には至らなかった。

　国として経済的負担の試算をしてゆく中で，海外からの排出枠購入にたよらない具体策づくりが必要である。温暖化対策への技術開発とその普及，それをさらに国際的に貢献できる技術力に高められるかが問われる。低炭素社会の担い手づくりは，小さい頃からの環境教育で育まれる。地球環境を正しく認識し，循環型社会への意識がより高まれば，CO_2 消費量の削減に向けて強く発信でき，家庭で排出される一人当たり CO_2 排出量も，一人ひとりが積極的に責任ある行動を起こすことで減少する。

2．CO_2 削減に向けて

　「2050 日本低炭素社会」シナリオチーム作成の「低炭素社会に向けた12の方策」（**図表13－8**）によると，多用な新エネルギー・省エネルギー技術育成の可能性が日本にはあり，政府のリーダーシップと適所のサポート，国民の協力を得てこの削減シナリオを積極的に推し進めて努力していけば，2050年に想定されるサービスを満足しながら，主要な温室効果ガスである CO_2 を1990年に比べて70％削減することが可能になるという。

　経済性や効率を優先し，留まることなく増大する欲望に振り回された大量生産・大量消費の物の溢れていた時代から，手に入れて捨てる時代はもう終わり，サスティナブル（持続可能）なファッションへの取り組みが世界の大きなうねりとなりつつある。人間に見合った程ほどで満足し，物を慈しみ心を大切にする，心の豊かさの時代に価値軸が大きく軌道修正する。高齢社会の対応とも迎合して，本来の人の尊厳と生きる意味を豊かにゆったりと味わえる生活が，多分野から方策を巧みに取り込み工夫を凝らす中からもたらされることを期待したい。世界中に生息するヒトは皆，アフリカから始まる同じ祖先に辿り着く。霊長目・真猿

図表 13-6　エコメイトといくつかのエコマーク表示

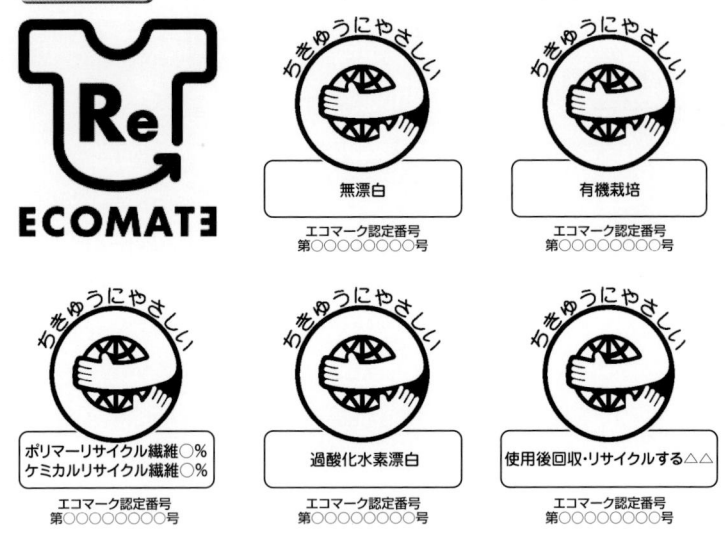

ECOMATE Re

ちきゅうにやさしい　無漂白
エコマーク認定番号　第○○○○○○○号

ちきゅうにやさしい　有機栽培
エコマーク認定番号　第○○○○○○○号

ちきゅうにやさしい　ポリマーリサイクル繊維○％／ケミカルリサイクル繊維○％
エコマーク認定番号　第○○○○○○○号

ちきゅうにやさしい　過酸化水素漂白
エコマーク認定番号　第○○○○○○○号

ちきゅうにやさしい　使用後回収・リサイクルする△△
エコマーク認定番号　第○○○○○○○号

図表 13-7　世界の国別 CO_2 排出量（比率）

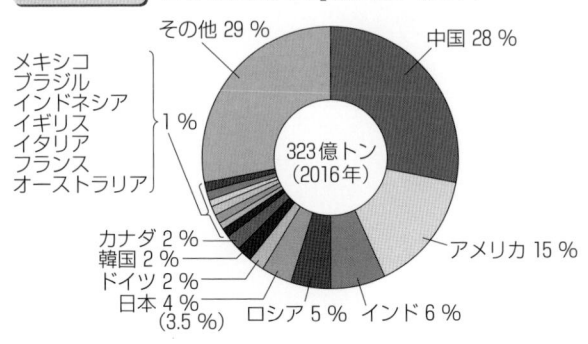

323億トン（2016年）

- その他 29 %
- 中国 28 %
- アメリカ 15 %
- インド 6 %
- ロシア 5 %
- 日本 4 %（3.5 %）
- ドイツ 2 %
- 韓国 2 %
- カナダ 2 %
- メキシコ／ブラジル／インドネシア／イギリス／イタリア／フランス／オーストラリア 1 %

資料）日本エネルギー経済研究所，エネルギー・経済統計要覧 2017 年版より著者作成

図表 13-8　低炭素社会に向けた 12 の方策

① 快適さを逃がさない住まいとオフィス
② トップランナー機器をレンタルする暮らし
③ 安心でおいしい旬産旬消型農業
④ 森と共生できる暮らし
⑤ 人と地球に責任を持つ産業・ビジネス
⑥ 滑らかで無駄のない組織的物資輸送・運用
⑦ 歩いて暮らせる街づくり
⑧ CO_2 をできるだけ出さずに作った電気を供給
⑨ 太陽（エネルギー）と風（力）の地産地消
⑩ 次世代エネルギー供給．
⑪ 「見える化」で賢い選択
⑫ 低炭素社会の担い手づくり

亜目・狭鼻下目・ヒト上科・ヒト科・ヒト属・サピエンス種・サピエンス亜種に属する。同じ亜種でありながら人種差別やヒト同士が争い，殺し合いが行われている。同じ仲間で，この地球を平和ですべての生物にとって住みやすい生物多様性を保てる環境に守り育て，豊かな地球を未来に伝えていきたいものである。

文　献

【1章】
●引用文献
1）デズモンド・モリス：『裸のサル』，河出書房新社，pp.45-46（1969）
2）トマス・カーライル：『衣服哲学』，山口書店，pp.43-45（1983）
3）エリック・ギル：『衣装論』，創元社，p.164, p.177, p.179（1931）
4）ローレンス・ラングナー：『ファッションの心理』，金沢文庫，p.19,（1973）

●参考文献
・スティーヴン・オッペンハイマー：『人類の足跡10万年全史』，草思社（2007）
・長谷川眞理子，長谷川寿一：『進化と人間行動』，放送大学教育振興会（2008）
・平井美奈子：『ひとつの日本文化論』，風濤社（1971）
・ウイルソン，P. J.：『人間―約束するサル』，岩波書店（1983）
・岡田宣子：配偶者選択における要因の分析，関東学院女子短期大学短大論叢，78（1987）
・深作光貞：『衣の文化人類学』，PHP研究所（1983）
・深作光貞，相川佳予子：『続　衣の文化人類学』，PHP研究所（1983）
・木村資生：『遺伝学から見た人類の未来』，培風館（1980）

【2章】
●参考文献
・小川安朗：『世界民族服飾集成』，文化出版（1991）
・田村照子，酒井豊子編著：『着ごこちの追求』，放送大学教育振興会（1999）
・田村照子編著：『衣環境の科学』，建帛社（2004）

【3章】
●参考文献
・ジェームズ・レーヴァー著，中川晃訳：『西洋服飾史』，洋版出版（1991）

【4章】
●引用文献
1）成瀬正春：衣服による皮膚障害，Jpn.J.Clo.Res，50（1），pp.3-8（2006）

●参考文献
・岡田宣子：からだつきの意識と衣生活行動，衣生活，307（4），pp.810-815（1993）
・岡田宣子：母と娘の体つきの意識 痩身志向について，日本家政学会誌，41（9），pp.867-873（1990）
・岡田宣子：各年齢男女の衣生活行動，日本家政学会誌，52（7），pp.611-612（2001）
・岡田宣子：日本人成人女子にみられる身体形質の近代化と衣生活意識との関連性，日本家政学会誌，39（7），pp.699-710（1988）
・岡田宣子：胴部圧迫時の衣服圧と圧迫感覚値との関係，繊維製品消費科学，36（1），pp.146-153（1994）
・岡田宣子：衣服圧の生体に及ぼす影響―体性感覚誘発電位を指標として，繊維製品消費科学，36（1），pp.138-145（1994）
・岡田宣子：足の踵の高さが中年女子の立位保持姿勢に及ぼす影響，人間工学，40（3），pp.155-162（2004）
・吉川翠，戸谷崎紀紘他：『寝室・寝具のダニ・カビ汚染』，井上書店（2000）
・近藤四郎：『足のはたらきと子どもの成長』，築地書館（1981）
・近藤四郎：『足の話』，岩波新書（1980）
・ボイス・オブ・アメリカ：『ストレスと人間』，誠信書房（1971）

・日本規格協会：『靴のサイズ（JIS S 5037）』，日本工業標準調査会審議（1983）
・ハンス・セリエ：『生命とストレス』，工作舎（1997）

【5章】
●引用文献
1）ISO 9920：Ergonomics of the Thermal Environment －Estimation of Thermal Insulation and Water Vapour Resistance of Clothing Ensemble－, ISO, Geneva（2007）
2）Whelan M E, MacHattie L E, Goodings A C：The diffusion of water vapour through laminae with particular reference to textile fabrics, Textile Research Journal, 25（3）, pp.197-223（1955）
3）竹中はる子：繊維集合体の伝熱機構（第1報）熱流に対して直角に配列された場合，日本家政学会誌，14（2），pp.77-83（1963）
4）薩本弥生，竹内正顕，長谷部ヤエ，石川欣造：衣服間隙と素材の熱伝導率が熱伝達に及ぼす効果，繊維学会誌，46，pp.206-215（1990）
5）潮田ひとみ，仲西正，中島利誠：湿度刺激と湿潤感覚の関係，繊維製品消費科学，42（5），pp.322-329（2001）
6）小柴朋子，田村照子：皮膚濡れ感覚の支配要因，繊維製品消費科学，36（1），pp.119-124（1995）
7）Gagge, A. P.：A new physiological variable associated with sensible and insensible perspiration. *Am J Physiol*, 120, pp.227-287（1937）
8）Havenith, G., Holmér, I., Parsons, K.:Personal factors in thermal comfort assessment: clothing properties and metabolic heat production. Energy and Buildings, 34, pp.581-591（2002）

●参考文献
・栃原裕編著：『人工環境デザインハンドブック』，丸善（2007）
・田村照子，酒井豊子編著：『着ごこちの追求』，放送大学教育振興会（1999）
・田村照子編著：『衣環境の科学』，建帛社（2004）

【6章】
●引用文献
1）百田裕子他：紳士用靴下の衣服圧について，繊維製品消費科学，34（4），pp.175-186（1993）
2）田村照子編：『衣環境の科学』，建帛社，p.67（2004）
3）三野たまき：被服圧からみた快適性，繊維と工業，64（12），pp.419-423（2008）
4）登倉尋實：ファンデーションによる皮膚圧迫のポジティブな面・ネガティブな面，繊維製品消費科学，42（5），pp.21-24（2001）
5）杉田明子他：中高年女性におけるガードル着用効果と快適性，繊維製品消費科学，43（6），pp.33-44（2002）
6）原田 隆：『着ごこちと科学』，裳華房，p.76（1996）

【7章】
●参考文献
・日本化学繊維協会編：『繊維ハンドブック2009』，日本化学繊維協会資料頒布会（2009）
・本宮達也，鞠谷雄士，高寺政行，高橋 洋，成瀬信子，濱田州博他編：『繊維の百科事典』，丸善（株）出版事業部（2002）
・日本衣料管理協会編：『基礎知識シリーズ 第1部』，日本衣料管理協会（2009）
・繊維学会編著：『やさしい繊維の基礎知識』，日刊工業新聞社（2004）
・日本学術振興会繊維・高分子機能加工第120委員会編：『染色加工の事典』，朝倉書店（1999）

【8章】
●参考文献
・本宮達也，鞠谷雄士，高寺政行，高橋 洋，成瀬信子，濱田州博他編：『繊維の百科事典』，丸善（株）出版事業部（2002）
・皆川 基，藤井富美子，大矢 勝編：『洗剤・洗浄百科事典』，朝倉書店（2004）

・酒井豊子，牛腸ヒロミ編著：『衣生活の科学』，放送大学教育振興会（2002）
・谷田貝麻美子，間瀬清美編著：『衣生活の科学』，アイ・ケイコーポレーション（2006）

【9章】
●引用文献
1）柳澤澄子，天野節子，石井万津子，磯谷藤枝，飯塚幸子：乳児服に関する基礎的研究（第1報）—乳児の成長について—，日本家政学会誌，26（4），pp.297-302（1975）
2）石井万津子，磯谷藤枝，飯塚幸子，天野節子：乳児服に関する基礎的研究（第2報）—乳児の体型の特徴について—，日本家政学会誌，26（6），pp.297-302（1975）
3）布施谷節子，高部啓子，有馬澄子：女子短大生のからだつきに対する意識とそれを形成する要因，日本家政学会誌，49（9），pp.402-407（1998）
4）高部啓子，布施谷節子，有馬澄子：女子短大生の他者のからだつきに対する評価，日本家政学会誌，49（9），pp.1021-1026（1998）
●参考文献
・通産省工業技術院，（財）日本規格協会，JIS衣料サイズ推進協議会：『日本人の体格調査報告書』，（財）日本規格協会（1984）
・日本規格協会：『JIS L 4005：1997 成人女子用衣料のサイズ』（1997）

【10章】
●引用文献
1）ファッションビジネス学会：『ファッションビジネス用語辞典』，p.8（1996）
2）日本衣料管理協会：『ファッションビジネス論』，p.11（2003）
3）日本衣料管理協会：『ファッションビジネス論』，pp.93-94（2003）
4）日本衣料管理協会：『新版消費科学』，p.78（2006）
●参考文献
・松山容子編著：『衣服製作の科学』，建帛社（2001）
・日本衣料管理協会：『改訂第2版 ファッション商品論』（2006）
・日本衣料管理協会：『ファッション販売論』（2001）
・日本規格協会：『JIS L 0111：2023 衣料のための身体用語』（2023）
・日本規格協会：『ISO規格の基礎知識』（2000）
・日本規格協会：『ANSI規格の基礎知識』（2000）
・日本規格協会：『ASTM規格の基礎知識』（2001）
・日本規格協会：『BS規格の基礎知識』（2001）

【11章】
●引用文献
1）渡邉かおり：ファッションにおける若者のジェンダー意識，平成17年度和洋女子大学生活環境学科卒業論文，pp.33-36（2006）
2）林　泉：『ファッションコーディネートの世界』，文化出版局，p.12（1995）
3）酒井豊子，藤原康晴編著：『ファッションと生活』，放送大学教育振興会，p.55（1996）
4）小林茂雄，鈴木　敦，柳　許子，永井淑子，矢田貝麻美子，平良美栄子：『衣生活論』，弘学出版，pp.18-23（2002）
5）布施谷節子，柴田優子：めがね着用による印象変化，日本家政学会第61回大会研究発表要旨集，p.50（2009）
6）有馬澄子，布施谷節子：女子短大生における個性のイメージと似合う色との関連性，東横学園短期大学紀要，第32号，pp.1-11（1997）

【12章】
●参考文献
・Wolfgang F.E.Preiser Elaine Ostroff：『ユニバーサルデザインハンドブック』，丸善（2003）

- Nobuko Okada：Assortative Mating of Modern Japanese －A Study by the Method of Family Line Investigation, Anthropological Science, 96（3）（1988）
- 岡田宣子：日本人の身体比例の年齢的変化，人類学雑誌，79（2）（1971）
- 岡田宣子他：乳幼児服設計のための身体計測的研究（第1報）・（第2報）・（第3報），日本家政学会誌，31（8）（1980）
- 岡田宣子他：幼児の身長について 立位身長と臥位身長との関係，小児保健研究，41（2）（1982）
- 岡田宣子他：乳幼児の身体成長の縦断的研究，東京家政大学研究紀要，55（2）（2015）
- 岡田宣子他：身長と体重からみた女子成長の縦断的研究，東京家政大学研究紀要，56（2）（2016）
- 岡田宣子他：子どもの着衣行動の発達からみた快適衣服設計，日本家政学会誌，64（10）（2013）
- 岡田宣子：かぶり脱ぎしやすさに対応した快適衿あき寸法，日本家政学会誌，65（9）（2014）
- 岡田宣子：子供のボタンのかけはずし行動からみたしつけ服の設計，日本家政学会誌，47（7）（1996）
- 岡田宣子他：成人男子の身体形態特性を表す要因の抽出と年齢的変化，日本家政学会誌，44（7）（1993）
- 岡田宣子：体つきの意識と生活行動 女性の下着の衣生活を中心として，日本家政学会誌，43（1）（1992）
- 鈴木直恵，岡田宣子：小学校3年生から6年生の女子の衣生活行動，繊維製品消費科学，41（10）（2000）
- 岡田宣子：高齢者の身体状況と被服に求められる要件の加齢変化，日本家政学会誌，56（6）（2005）
- 岡田宣子：高齢者の衣生活行動の現状と要望点―被服の調達と選択行動を中心として，日本家政学会誌，51（7）（2000）
- 岡田宣子：高齢者服設計のための基礎的研究―高齢者の脱ぎ着しやすい衣服ゆとり量，日本家政学会誌，55（1）（2004）
- 岡田宣子，渡部旬子：高齢者服設計のための基礎的研究―腕ぬき・腕入れ動作に対応したかぶり式上衣服の設計，日本家政学会誌，59（2）（2008）
- 岡田宣子：高齢者の加齢に伴い生じる身体機能の変化と被服に求められる要件，日本家政学会誌，51（9）（2000）
- 岡田宣子：高齢者服設計のための基礎的研究―若年と中年との比較に基づく高年の身体運動機能と着脱動作，民族衛生，65（4）（1999）
- 日本家政学会：『変動する家族』高齢者の衣生活と家族（岡田分担），建帛社（1999）
- 岡田宣子：ライフステージに対応した快適衣服設計，日本家政学会誌，62（9）（2011）
- 岡田宣子：高齢者と介護の視点から 快適で豊かな衣生活を目指して，東京家政大学人間文化研究所紀要（6）（2012）
- 岡田宣子他：ウエストにかかる衣服圧の姿勢別検討，日本家政学会誌，67（1）（2016）
- 岡田宣子他：ユニバーサルデザインからみた快適ウエスト衣服圧，日本家政学会誌，67（12）（2016）

【13章】

●参考文献
- 山崎義一：繊維製品3Rの動向，繊維製品消費科学，44（10）（2003）
- 茅 陽一：『環境ハンドブック』，産業環境管理協会（2002）
- 中島克巳，林忠吉：『地球問題を考える』，ミネルヴァ書房（1997）
- 環境省：『平成21年度版 環境白書』，環境省（2009）
- 坂倉秀夫：資源リサイクルと繊維の特集にあたって，繊維と工業，59（7）（2003）
- 環境省：低炭素社会に向けた12の方策，「2050日本低炭素社会」シナリオチーム（2008）
- 奥村宣也：ポリエステル製品のリサイクル，繊維工学，55（2）（2002）
- John Seymour, Herbert Girardet：『地球にやさしい生活術』，TBSブリタニカ（1990）
- 木村照夫：衣類の消費と廃棄・循環の実態と課題，廃棄物資源循環学会誌，21（3）（2010）

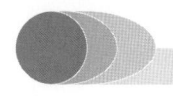

さくいん

英数字

3R	138, 142, 143
ASTM	110
AWI	78
BMI	128
CAD	105〜107
CAM	106, 107
CMC	84
cmc	86
CO_2	92, 141, 144, 145
DCブランド	104
EN	110
GPN	140.142
ISO	68, 80, 106, 110
JAFCA	118
JIS	76, 80, 106
──サイズ表示規格	80
LCA	92
OECD	138
REM	30
SI	68
SPA	104, 105
S撚り	68, 69
TPO	114, 120
UVA	28
UVB	28
Z撚り	68, 69

人名

オッペンハイマー	3
カーライル	4
カローザス	67
ギャッギ	48
ギル	4
ケッペン	6
セリエ	23
ツィッギー	102
ブルーマー	115
マリー・クワント	102
ラングナー	4
ロナルド・メイス	126

あ

アクリル	66, 67
麻	5, 65
足のアーチ	34
汗	82, 83
アセテート	66, 67
圧迫感	26, 54
アパレル	96, 104
──産業	104, 105
──製品	104
アポクリン汗腺	24, 25
編物	50, 64, 68
アメリカ材料試験協会	110
綾織	26
アレルギー性接触皮膚炎	28

い

異形断面化	74
衣生活行動	4, 22, 24, 25
一次品質	78
衣の起源	4
衣服	4, 22, 23, 94, 96
──圧	54〜56, 59, 130
──内気候	2, 42〜44, 46, 71
衣料用洗剤	82
色の三属性	116
インターカラー	118

う

ウールマーク	78
ウエール	69
ウェットクリーニング	86
ウォームビズ・ファッション	140
渦巻き式洗濯機	84
羽毛	32, 65
裏地	64
運動機能性	52, 54, 58, 60

え

エアパック型衣服圧計	54, 57
腋窩温	38
液相	46
エクリン汗腺	24, 25, 40
エコマーク	144, 145
エコメイト	142, 145
エスキモー	9, 10
エネルギー消費	142
エネルギーラベル	92
塩素系漂白剤	88
塩素系溶剤	92
円筒衣型	7

お

黄体ホルモン	38
オーストラリアン・ウール・イノベーション	78
汚染	26
オゾン層	28, 141
──保護法	92
お端折り	18
表地	64
織物	10, 50, 64, 68
温覚感受性	26, 27
温室効果ガス	92, 138, 141, 144
温受容器	44
温帯	10
温点	46, 47
温度依存性	86
温度感覚	26
温熱的快適感の閾値	50
温冷感	26, 44

か

海外衣料	110
開口部	10, 22, 48
外耳道温	38
回旋	53, 55
快適温度	32
快適性	22, 30, 52, 128
外転	53, 55
外套衣型	7
外反拇趾	34, 36
界面活性剤	28, 82, 84, 92
化学繊維	64, 66, 67
化学物質	28, 142
──の審査及び製造等の規制に関する法律	92
角質層	25, 28
撹拌式洗濯機	84
重ね着	10, 28, 48
可視範囲	130, 132

さくいん

可触範囲	130, 132
下制	53, 55
片側麻痺	132
家庭洗濯	82, 86
——等取り扱い方法	80
——等取り扱い方法の表示記号	81
家庭用品品質表示法	80
袴	15, 16
唐衣裳	14, 15
からだつき	94
——に対する意識	98, 102
カルボキシメチルセルロース	84
加齢	98
寛衣型	12
簡易包装	142
患側	132, 133
含気性	70
眼球運動	30, 31
環境汚染	142
環境温（環境温度）	40, 42
環境適応	6, 10
環境配慮型製品	142
環境負荷	90, 140
環境問題	90, 142
間隙量	48
感情移入	4, 5
杆状計	94
関節	53
汗腺	40
乾燥剤	88, 90
乾燥帯	11
寒帯	10
貫頭衣型	6, 7, 11
官能検査	54
寒冷環境	2, 10, 38, 40, 42

き

気圧	6
気温	6, 11, 32
気候	6, 10, 11
——調節	5, 38
——風土	6, 11
——変動	3
着心地	24, 25, 70, 94
気湿	32
既製服	94, 100, 104
——サイズ	106
——生産システム	106
——メーカー	104
気相	46
基礎代謝	38, 39, 41
絹	65
基本身体寸法	100, 108, 109, 111
キモノ型	7
吸汗速乾性	46
吸湿性	26, 32, 46, 48, 64, 65, 67, 70
吸水性	26, 62, 65, 67, 70
キュプラ	67
競泳用水着	60, 62, 63
仰臥位	32
曲率半径	53〜55
挙上	53, 55
気流	32
筋電図	30, 34, 35, 60, 63

く

空間識別閾値	26
クールビズ・ファッション	140
屈曲	37, 53, 55, 128, 130
靴のサイズ	36
国等による環境物品等の調達の推進に関する法律	138
グリーン購入	140, 142
——ネットワーク	140
——法	138, 143
グリーンコンシューマー	142
グレーディング	106, 107
クロー（clo）	43〜45

け

蛍光剤	84
蛍光増白	88
——剤	88, 92
——染料	88
経済協力開発機構	138
形態安定加工	140
形態安定性	72, 78
袈裟型	7
血圧	22, 23, 30, 31
結縛	2
ケッペンの気候区分	7〜9
結露	48
ケミカルリサイクル	138, 140, 143
限界水分率	50
健側	132, 133
健康	22, 28, 34, 37, 38, 52, 56, 128
——障害	52
——被害	141
原産国表示	80
現代人	4, 34
堅ろう性	76

こ

更衣動作	132
高温多湿	10
光化学スモッグ	92
交感神経	22, 23, 56
高機能性素材	74
抗菌・防臭加工	74
口腔温	38
高収縮加工	74
降水量	6
合成繊維	65〜67, 72
合成洗剤	92
合成染料	76
拘束感	26
恒長式番手	68, 69
巧緻性	2, 128
行動性体温調節	40
剛軟性	72
高密度織物	74
高齢化率	126, 127
コース	69
コーディネート	120, 124
呼吸	23, 30, 32
国際単位系	68
国際標準化機構	68, 80, 106, 110
国際流行色委員会	118
極細繊維	62
国民生活センター	90
腰布型	6, 7, 11
個性	122〜124
故繊維業	140
小袖形式	16
個体差	96
粉石けん	92
鼓膜温	38
コルセット	52, 102, 114
コロシ寸法	36
コンピュータ支援製造	106

コンピュータ支援設計	106	収縮	53	身長計	94
コンフォートリミット	50	重心移動軌跡	34, 132	伸長弾性	72, 73
さ		自由神経終末	25, 26	伸展	53, 55
サーカディアンリズム	30, 38	重心動揺	34, 35, 132	振動抑制効果	57, 59
サーマルマネキン	42〜44	羞恥心	4, 5	心拍数	56, 130
サーマルリサイクル	140, 143	柔軟仕上げ	88	真皮	24, 25, 28
サイズ規格	106	十二単	14	深部感覚	26
サイズ調整機能	140	周波数分析	34	新毛	78
サイズ表示	80	修理体制	142	人類	2, 3
海外衣料	110	重量感	26	**す**	
少女用衣料	108, 109	朱子織	68	水干	15, 16
少年用衣料	108, 109	循環型社会	138, 142〜144	水質汚染	90
成人女子用衣料	110, 111	省エネルギー	140	水分移動	44
成人男子用衣料	108, 109	商業洗濯	82, 86	水分率	50
乳幼児用衣料	107, 108	省資源	140	睡眠	30, 33, 38, 56
再生繊維	64, 66, 67	少女用衣料	108, 109	──障害	30
再生羊毛	78	少年用衣料	108, 109	──段階	30, 31
彩度	116	蒸発	2, 6, 11, 40	裾除け	18
再付着防止剤	84	消費者苦情	90	ステープルファイバー	64
再利用素材	140	消費者センター	52, 90	捨て寸	36
窄衣型	12	商品企画	106	ストレス	22, 32
酸素系漂白剤	88	静脈瘤	58	ストレッチ性	60
産熱	38, 39, 42	褥瘡	32	スフ	64
し		食道温	38	スポーツウエア	60
次亜塩素酸ナトリウム	88	植物繊維	10, 64, 65	**せ**	
紫外線	28, 29, 67	初潮年齢	98	生活者	142
──A（UVA）	28, 29	触覚器	26	生活排水	90
──B（UVB）	28, 29	暑熱環境	2, 40, 46, 50	性差	98
──遮蔽	28	自律神経	56	静止空気	46
──透過	28, 29	──系	22, 23, 40, 56	性周期	38
弛緩	53, 59	自律性体温調節	40	成人女子用衣料	110, 111
色彩感覚	116	白装束	113	成人男子用衣料	108, 109
色相	116	寝衣	32, 140	製造小売業	104
識別性	4, 5	人為環境	22	生体恒常性	22, 23
自己顕示	120	寝具	32	成長	4, 24, 96, 97
視床下部	30, 31	芯地	64	──曲線	96
自助具	135, 136	人種差	100	──量	96
自然環境	6, 22	伸縮性	72, 78	静電気	72
湿潤感	26, 46, 48, 50	寝床環境	30, 32	性能向上剤	84
湿度	6, 32	親水性	46	制服	114
脂肪酸ナトリウム	84	──繊維	50, 64, 71	生物多様性	144
絞り染め	18	身体機能		生物的進化	2
しみ抜き	82		22, 100, 126, 128, 130, 131	生分解	92
湿り感	48	身体形態	94	石油系溶剤	92
社会規範	114, 121	身体装飾	4	石けん	84
斜文織	68	身体保護	5	接触感	26

接着布	64
繊維	64
——産業	138
——消費量	66
——製品品質表示規程	80
——組成表示	86
——廃材	140
洗剤	82
——濃度	86
洗浄効果	86
洗浄補助剤	82, 84
洗浄力	84
染色	76
——堅ろう性	76〜78
洗濯	82
——機	84
——用合成洗剤	84
剪断変形	134

そ

装飾性	4
装飾の要求	4
相対湿度	42, 43, 82
増白	88
足囲	35, 36
足長	35, 36, 96
疎水性繊維	50, 65, 71
組成表示	80

た

体温	22, 23, 38
——調節	6, 11, 24, 38〜40
体幹	26
耐久性	140
体型	96, 98
加齢	98
人種差	100
性差	98
成長	96
民族差	100
体形型	6, 7, 10, 11
耐光性	74
体肢	26
退色	76
体性感覚野	26, 32
耐洗濯性	78
帯電性	72
帯電防止	88

体内時計	30
体熱平衡	38
体熱放散	11
対流	39, 40
大量消費	141, 144
大量生産	141, 144
大量廃棄型社会	138
唾液分泌量	56
たてメリヤス	68, 69
ダニ	32
短繊維	64, 68
断熱性	46
反物	18

ち

地球温暖化	92, 141
——対策	144
着衣基体	22, 94, 130
着床期	34
着装シミュレーションシステム	96
中古衣料	140, 141
中枢神経	56
中性洗剤	84
超極細繊維	74
長繊維	64, 68
直腸温	38
直立二足歩行	3
チンパンジー	2, 3

つ

ツーウエイストレッチ	60
通過儀礼	113, 114
通気性	46, 70

て

低温低湿	10
低炭素社会に向けた12の方策	144, 145
テックス	68, 69
デニール	68, 69
てん足	52, 53
伝導	38, 39
天然繊維	64〜66
天然染料	76
天然素材	140

と

透湿性	32, 46, 48, 70
同調性	120

動物繊維	64, 65
特殊加工	74
特定物質の規制等によるオゾン層の保護に関する法律	92
ドライクリーニング	80, 86
——溶剤	92, 140
ドラム式洗濯機	84
取り扱い絵表示	86
ドレーパリー	12
ドレープ性	72
トレンドカラー	118

な

内転	53, 55
内分泌系	23, 40
ナイロン	66, 67
長着	18, 54
長襦袢	18
中わた	64
並幅	18
難燃加工	70
難燃性素材	76

に

二次品質	78
日内変動	30, 31, 38, 39
ニット	68
日本アパレル産業協会	142, 144
日本工業規格	76, 80, 106
日本人の体格調査	94
日本流行色協会	118
ニューウール	78
乳幼児用衣料	107, 108
人間・衣服・環境系	22, 23

ぬ

濡れ感	48

ね

ネアンデルタール人	2, 3
寝返り	30, 32
寝姿勢	26, 32, 33
熱回収	140
熱可塑性	67
——繊維	65, 72
熱帯	11
熱抵抗	42
熱伝導率	38, 40, 70
燃焼性	70
寝間着	26, 28, 43

の

脳波	56
糊付け	88
ノンレム睡眠	30, 31, 33

は

パーソナリティー	112, 122, 124
配偶者選択	5
排出量取引	144
羽織	18
袴	18, 54
履物	34
パターンメーキング	106
肌着	26〜28
肌ざわり	32
肌襦袢	18
パチニ小体	25, 26
発汗	40
——機能	2
撥水性	10, 48, 70, 80
パワーストレッチ	60
半合成繊維	65〜67
番手	68
ハンディキャップ	132
パンティストッキング	57
ハンマートウ	36

ひ

ヒール靴	34, 35, 37
皮革	68, 69
皮下組織	24, 25, 57
非言語情報伝達機能	112
皮脂	24, 82
——腺	24, 25
非接触三次元計測法	94, 96
直垂	15, 16
引っ張り強伸度曲線	54, 55
人の尊厳	144
皮膚	24, 25, 28, 34, 57
——温	38, 40
——感覚神経	26
——障害	28, 52
——濡れ率	48, 50
——剥離	82
——変形	24, 25
腓腹筋	34, 35
被覆面積率	44
日焼け止めクリーム	29

漂白	88
——剤	82
表皮	24, 25, 28
表面張力	86
平織	26, 68
ピリング性	72
ビルダー	82, 84
品質	78
——管理	78
——検査	78
——保証マーク	78, 79
——要求項目	78
——要求度	78

ふ

ファンデーション	53
フィラメント	64
——糸	68
風速	32
風土	6
フェルト	64
不感蒸散	30, 40
——量	40
副交感神経	22, 23
服装制度	14
不織布	64, 68
物理的刺激	28
プロポーション	96

へ

平均皮膚温	38, 39, 42, 44, 45
平面構成	20
変色	76
変身願望	4, 5

ほ

防炎加工	70
防汚加工	140
放射	39〜41
——率	40
防しわ性	72
防水性	48, 70, 80
紡績糸	68
防虫剤	88
放熱	6, 10, 11, 38, 39, 41
保温性	10, 32, 70
歩行周期	34
母指対向性	2
補整効果	56, 57

補整用下着	52
ホメオスタシス（Homeostasis）	22, 23
ホモ・サピエンス	3
ポリウレタン	67
ポリエステル	50, 66, 67
ホルモン系	22

ま

マーキング	106, 107
マイスナー小体	24, 25
前開型	6, 7, 10
巻尺	94
巻垂型	6, 7, 11
摩擦抵抗	60
マテリアルリサイクル	140, 143
マルチン式人体計測法	94

み

脈拍	30
民族衣装	20
民族差	100
民族服	6, 10, 112

む

無効発汗	42

め

明度	116
メラトニン	30, 31
メラニン色素	28
メリヤス	26, 68
メルケル盤	24, 25
綿	50, 65

も

毛包受容器	25, 26
モリソンの関係偏差折線	98, 128
モントリオール議定書	92

ゆ

有害化学物質	140
有機溶剤	82
有効発汗	40
友禅染め	18
浴衣	16, 54
ゆとり	58, 128, 132〜134, 136, 137
ユニバーサルデザイン	126〜128
——衣服	134, 135, 137
——の7原則	126〜128
ユニフォーム	112, 114
輸入浸透率	66

よ

陽イオン界面活性剤	88
羊毛	50, 64, 65
浴比	86
よこメリヤス	68, 69
汚れ	82

ら

ライフサイクルアセスメント（LCA）	92
裸足	34, 35
裸族	5
ラミダス猿人	3
ランドリー	86

り

リサイクル	138, 140, 142, 143
——素材	140
——適品	142
——法	138
——率	138, 140
離床期	34
立位姿勢	32
立体構成	20
リデュース	138, 143
リハビリテーション	136, 137
リフォーム	136, 143
流行	118〜121
——色	116, 118
リユース	138, 140, 141, 143
臨界ミセル濃度	86

る

ルフィニ小体	25, 26

れ

冷覚感受性	26, 27
冷却効果	2
冷受容器	44
冷帯	10
冷点	46, 47
レース	64
レーヨン	66, 67
レオタード	53
レム睡眠	30, 31, 33

ろ

ろうけつ染め	18

わ

和服文化	20

【編著者】

| 岡田 宣子（おかだ のぶこ） | 元東京家政大学 家政学部 教授 | 1章，4章，12章，13章 |

【著者】（五十音順）

植竹 桃子（うえたけ ももこ）	元東京家政学院大学 現代生活学部 教授	10章
川端 博子（かわばた ひろこ）	埼玉大学 教育学部 教授	6章
深沢 太香子（ふかざわ たかこ）	京都教育大学 教育学部 教授	2章，5章
布施谷 節子（ふせや せつこ）	元和洋女子大学 生活科学系 教授	3章，9章，11章
三ツ井 紀子（みつい みちこ）	元千葉大学 教育学部 教授	7章，8章

ビジュアル 衣生活論

2010年（平成22年）9月10日　初版発行
2024年（令和6年）1月25日　第9刷発行

編著者　岡田　宣子
発行者　筑紫　和男
発行所　株式会社 建帛社 KENPAKUSHA

〒112-0011　東京都文京区千石4丁目2番15号
TEL (03)3944-2611
FAX (03)3946-4377
https://www.kenpakusha.co.jp/

ISBN 978-4-7679-1445-9　C3077
©岡田宣子ほか，2010.
（定価はカバーに表示してあります）

幸和印刷／常川製本
Printed in Japan

本書の複製権・翻訳権・上映権・公衆送信権等は株式会社建帛社が保有します。

JCOPY〈出版者著作権管理機構 委託出版物〉

本書の無断複製は著作権法上での例外を除き禁じられています。複製される場合は，そのつど事前に，出版者著作権管理機構（TEL 03-5244-5088, FAX 03-5244-5089, e-mail: info@jcopy.or.jp）の許諾を得て下さい。